공유 시대

공유 개념과 공유 행위에 대한 분석

일러두기

- 이 책 3장의 일부는 저자의 논문 「공유와 웹 2.0: 키워드의 출현(Sharing and Web 2.0: The Emergence of a Keyword)」(John, 2013a)에서, 6장은 저자의 논문 「파일 공유와 컴퓨팅의 역사: 파일 공유는 왜 '파일 공유'라 불리는가?(File Sharing and the History of Computing: Why File Sharing is Called 'File Sharing')」(John, 2014)에서 발췌한 것이다.
- 이 책의 여러 아이디어는 학회, 특히 인터넷연구자학회(Association of Internet Researchers)와 국제커뮤니케이션학회(International Communication Association)에 이미 소개된 바 있다.
- 본문에 나오는 외국 인명과 지명, 단체명 등은 국립국어원의 표기법을 기본으로 하되, 해당 지역 언어 고유의 발음에 최대한 가깝게 표기하는 것을 원칙으로 했다.

이 도서의 국립중앙도서관 출판예정도서목록(CIP)은 서지정보유통지원시스템 홈페이지(http://seoji.nl.go.kr)와 국가자료공동목록시스템(http://www.nl.go.kr/kolisnet)에서 이용하실 수 있습니다.
CIP제어번호: CIP2019006665

The Age of Sharing

공유 시대

공유 개념과 공유 행위에 대한 분석

니컬러스 A. 존 지음　배현석 옮김

한울
아카데미

The Age of Sharing(1st Edition)
by Nicholas A. John

차례

1

도입

2015년 말, 비공식적으로 열리는 한 퇴근 후 행사가 하이테크 공유 경제 기업들이 입주해 있는 맨해튼의 로어 이스트 사이드(Lower East Side)에서 열렸다. 토론자 가운데 한 사람이 각기 다른 공유 모델에 대해 토론하고 있었다. 어떤 모델은 무상 공유(sharing for free)에 기반을 두고 있는 반면 또 어떤 모델은 유상 공유(sharing for money)를 포함한다고 그녀는 말했다. 나는 누군가가 손을 들고 그 연사에게 이의를 제기하기를 기다렸지만, 아무도 방금 들은 그 문장에 혼란을 느끼지 않은 것 같았다. 나는 전에 '유상 공유'라는 개념을 우연히 떠올린 적이 있었다. 처음 그 개념을 마주했을 때 나는 그 개념이 '무상 판매(selling for free)'와 같이 단순한 명사 모순(contradiction in terms)+이 아닌지 궁금했다. 아니면 이것은 어쩌면 언어를 통해 작동하는 이데올로기를

+ 의미상 서로 모순되는 단어로 구성된 진술을 뜻하는 논리학 용어 _옮긴이

보여주는 고전적인 사례일 수 있는데, 이 경우 착취적인 세상의 이치를 감추기 위해 긍정적인 연관성을 가지고 있는 단어가 사용된다. 그러나 '공유'라는 단어의 오용이나 심지어 고의적인 남용을 지적하는 것은 너무 쉬운 일이며, 그런 지적으로는 공유의 변화하는 의미와 다층적인 의미에 맞서 싸울 수 없다. 누군가가 '유상 공유'라고 말할 수 있고 청중이 그 말을 이해할 수 있다는 사실, 그리고 돈의 교환이 공유 가능성을 무효화한다는 반박, 이 둘은 역사적 맥락과 문화적 맥락에 대한 이해를 필요로 한다. 이제 나는 그러한 맥락화(contextualization)를 위해 노력할 것이다.

첫 단계로 우리는 오늘날 사람들이 얼마나 많이 공유하고 있는 것처럼 보이는지 관찰할 수 있을 것이다. 우리는 온라인에 접속해서 사진, 상태 업데이트, 생각, 밈(meme),+ 의견, 정보를 공유한다. 우리는 오프라인에서도 공유하고 있으며 공유 경제(sharing economy)의 성장을 목격하고 있다. 사람들은 앱을 이용해 자신들의 여분의 방, 자동차, 전기 드릴, 자유 시간, 전문지식, 카우치, 작업 공간, 남은 음식, 애완동물을 공유하고 있다. 우리는 우리의 정서도 공유하는데, 이전의 그 어떤 세대보다 더 자주 그리고 더 많은 상황에서 공유한다. 어떤 사람은 매우 어릴 때부터 이렇게 의사소통하는(communicate) 방법을 배운다. 예를 들면 미국의 유아원++에는 '공유 서클(sharing circle)'이라는 것이 있

\+ 유전자처럼 재현되거나 모방을 되풀이하며 전승되는 언어·노래·태도·신앙·식사 의식·기술 따위의 관습이나 문화 _옮긴이

++ 미국의 공교육은 우리나라의 유치원 격인 킨더가튼(kingdergarten)부터 시작된다. 즉, 학령기는 유치원에 입학하는 만 5세부터 시작된다. 그러나 요즘에는 조기교육의 영향으로 학령기가 점점 빨라져 킨더가튼의 전 과정인 프리스쿨(preschool), 즉 유아원에 자녀를 많이 보내는 추세이다. 유아원의 대상은 킨더가튼 이전 연령인 만 5세 이하 어린이들이다. _옮

는데, 한 친구가 그 서클에 앉아서 자신이 겪은 독특한 경험에 대해 이야기하는 동안 다른 친구들은 자신의 차례를 기다리면서 그 이야기를 듣는다.

동시에 이러한 활동의 일부를 기술하기 위해 '공유'라는 단어를 사용하는 것도 논란이 되고 있다. 예를 들어, 공유 경제를 비판하는 어떤 사람들은 "그것은 실제로 공유가 아니라 임대(renting)/판매(selling)/거래(trading)"라고 말한다. 마찬가지로 페이스북(Facebook)은 광고주와 데이터를 공유하는 것이 아니라 판다고 말할 수도 있을 것이다(비록 페이스북은 공유라는 단어를 사용하지만 말이다). 그러나 이러한 비판적인 주장을 다루기에 앞서, 그러한 주장이 제기되고 있다는 사실 자체가, 무언가가, 즉 공유라는 개념 자체가, 위기에 처해 있음을 시사하는 것이라고 나는 생각한다.

'공유'는 우리가 온라인에서 상호작용하는 방식을 포함해 디지털 미디어로 포화된(media-saturated) 자본주의 사회와 경제의 최첨단에 있음을 의미하는 것이자 이러한 사회와 경제에 대한 비판적인 입장을 의미하는 것이다. 따라서 지금은 공유 시대이다. 공유는 패권적인 (디지털) 문화를 지원하기도 하고 파괴하기도 한다. 즉, 예를 들어 당신이 소셜 미디어에서 업데이트와 사진을 더 많이 공유하면 할수록 이러한 플랫폼들이 더 부유해진다는 점에서 공유는 이러한 문화를 지원하며, 또 당신이 다른 사람과 실제 물건을 더 많이 공유하면 할수록 모두가 물건을 살 필요가 더 줄어든다는 점에서 공유는 이러한 문화를 파괴한다. 더욱이 어떤 사람들은 공유는 (분배적 종류의 공유이든 의사소통적

긴이

종류의 공유이든) 진정하고 깊이 있는 인적 연계(human connections)+로 이어진다고 말한다.

이 책에서 나는 '공유'라는 단어가 언제 적절하게 사용되고 있는지에 대해 어떤 입장을 취하지는 않을 것이다. 실제로 공유에 대해 내가 조사해본 바에 따르면, 많은 단어들처럼 공유의 '적절한' 의미와 공유라는 단어의 사용도 시간이 흐르면서 꽤 심하게 변해왔다. 공유는 시간을 초월한다고 생각하는 사람들에게 이러한 새로운 사실은 놀라울 수도 있고 어쩌면 그들을 다소 불안하게 만들 수도 있다. 다음에서 나는 공유가 진정한 인간관계(human relationships)의 토대라는 생각이 어떻게 1930년대까지만 거슬러 올라가는지 보여줄 것이다. 1930년대는 도시생활과 특히 광고가 진정한 사람됨(personhood)에 대해 심각한 의문을 제기하던 때였다. 더욱이 공유의 이타적 의미, 즉 '배려(caring)로서의 공유'는 고작 1970년대에 시작되었을 뿐이다. 이 책은 '공유'의 의미 변화(와 특히 2000년대 중반에 우리가 온라인에서 사용하는 것과 같은 의미가 확고하게 자리 잡은 과정)를 추적한다. 이를 통해 오늘날 이 용어의 지배적인 사용과 이러한 사용에 대한 비판이 공히 자본주의에 의해 자가 형성된 어떤 의미에 뿌리를 두고 있음을 보여준다. 따라서 나는 '공유'라는 단어를 사용하는 '적절한' 방식에 관해 불가지론(不可知論)++의 입장을 유지하기는 하지만, 그럼에도 공유의 좀 더 새로운 의미 가운데 하나를 전파하는 데 있어 강력한 소셜 미디어 회사들이 수행하는 역할과, 이러한 회사들이 이 개념의 친사회적인 함축적 의미와 관련해

\+ 'human connections'는 'human relationships', 즉 인간관계와 같은 의미로 사용되지만 relationships와 구별하기 위해 이 책에서는 '인적 연계'로 번역한다. _옮긴이

++ 경험적인 것의 존재나 본질은 인식 불가능하다는 철학적 이론 _옮긴이

가지고 있는 관심 모두에 주의를 게을리 하지 않는다.

공유는 감정을 매우 자극하는 개념이다. 첫째, 우선 그것은 어린 시절과 깊이 연관되어 있으며, '친절하게 공유'하는 것은 유아원생들이 잘 받아들일 것으로 기대되는 가장 기본적인 기량 가운데 하나이다. 둘째이자 반복되는 것으로, 공유는 항상 좋은 것이어서 당신은 친절하지 않게 공유할 수 없다. 우리는 공유는 배려이며, 그래서 공유 주위에는 따스한 빛이 감돈다고 이야기한다. 이 따스한 빛은 〈그림 1.1〉에 표현되어 있는 것처럼 아이러니한 입장을 자초하기도 해서, 무언가를 공유라고 부르는 것(그것도 예쁜 색깔로 부르는 것)은 그것의 부도덕함을 감출 수 있다. 즉, 만약 우리가 그것을 공유라고 부른다면 우리는 그 어떤 일을 해도 그냥 넘어갈 수 있을 것이다. 따라서 〈그림 1.1〉의 만화는 이 책의 핵심인 공유의 특징, 즉 공유는 윤리적 차원을 지닌 하나의 행위 또는 일련의 행위이기도 하고 동시에 윤리적인 내포적 의미를 지닌 단어이기도 하다는 특징을 잘 포착하고 있다. 이 책은 이 둘 모두를 살펴보는 것을 목표로 하고 있다.

이 책은 다음과 같은 공유의 세 가지 영역, 즉 소셜 미디어의 구성 활동으로서의 공유, 경제 행동 모델로서의 공유, 그리고 스피치의 한 범주로서의 공유에 초점을 맞춘다. 이렇게 해서 이 책은 기술적으로 매개되는 우리의 사회생활에 대해, 생산자이자 소비자로서의 우리의 경제생활에 대해, 그리고 우리의 정서적인 대인관계적 삶에 대해 말할 것이다. 언뜻 보기에 이 세 영역은 꽤 분명히 구분되기 때문에 이 영역들을 합칠 명쾌한 이유는 없는 것 같다. '공유'라는 단어는 그것들 각각과 연관되어 있다는 것으로 충분하지 않은가? '공유'는 이러한 행위들이 구성되고 개념화되는 데 중요한 부분이기 때문에 그것으로 충분하

그림 1.1 **공유는 배려이다(Sharing is caring)**

자료: 익스플로즘.넷(Explosm.net)에 실린 웹툰 '사이어나이드와 해피니스(Cyanide and Happiness)', http://explosm.net/comics/2432

다고 나는 주장한다. 또한 공유는 공유의 각기 다른 영역이 서로와 스스로를 구성한다는 측면에서 은유이기도 하다. 〈그림 1.2〉는 이러한 점을 잘 보여주고 있다.

공유에 대해 이야기할 때 우리는 암시적으로나 명시적으로 일련의 가치를 다루게 된다. 나중에 나는 여기서 논의하는 공유의 세 가지 영역 각각이 특정한 가치를 실현하는 방식을 보여주고 그 방식에 대해 상세히 설명할 것이다. 우선은 공유에 대해 말할 때 우리는 더 큰 개방성, 신뢰, 사람들 간의 이해를 촉진하거나 촉진한다고 알려져 있는 친사회적이라고 알려진 행동에 대해 이야기하고 있다고만 말해두자. 이 때문에 페이스북 설립자이자 CEO인 마크 주커버그(Mark Zuckerberg)

그림 1.2 **공유의 영역들**

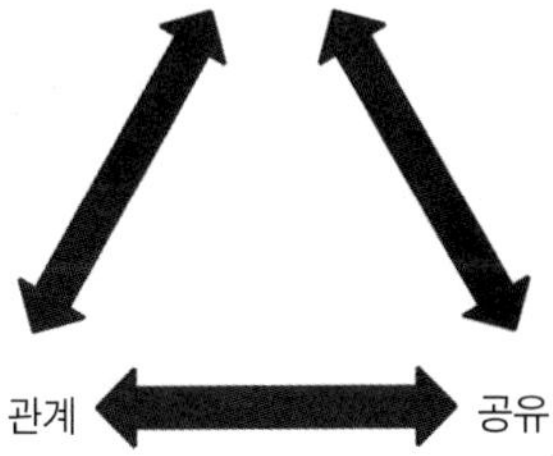

는 (페이스북에서) 공유하는 것은 이 세상을 더 연결된 장소로 만든다고 말할 수 있으며, 공유 경제 전도사들은 이기적이고 파괴적인 초자본주의(hyper-capitalism)+의 해악에 대한 처방으로 공유를 홍보한다(Botsman and Rogers, 2010). 그리고 도널 카보(Donal Carbaugh)는 스피치 범주의 공유는 '관계를 포용하는(relational embrace)' 이야기라고 정의한다(Carbaugh, 1988).

넓은 사회적 행위 범주로서의 공유이든 다양한 행위를 기술하는 데 사용되는 단어로서의 공유이든 간에, 공유가 점점 증가하고 있다는 것이 이 책의 주장이다. 우리 시대는 공유 시대이다.

+ 제러미 리프킨(Jeremy Rifkin)은 『접속의 시대(The Age of Access)』에서 정보혁명으로 인해 자본주의가 전혀 다른 양태를 보이고 있음에 주목하면서 사유재산은 계속 존재하겠지만 물건을 사고파는 것이 우선이던 소유 중심의 산업 자본주의는 상품화된 문화 체험에 접속하는 것을 중시하는 초자본주의로 바뀌고 있다고 주장한다. _옮긴이

1. 공유란 무엇인가

우리는 이 질문에 다양한 방식으로 답할 수 있다. 그 가운데 하나는 구매(Belk, 2010)나 대여(Larrimore, Li, Larrimore, Markowitz and Gorski, 2011) 같은 다른 자원 관리 방식과 공유 간의 차이를 조사하는 것이다. 이 질문에 이런 방식으로 대답할 때, 우리는 공유 행위가 띠는 '공유성(sharing-ness)'의 특성을 분리하기 위해 노력한다. 그런 다음, 파악해낸 이러한 특성을 통해 우리는 서로 다른 활동에 '공유'라는 타이틀을 부여해야 할지 말지를 결정할 수 있으며, 각기 다른 맥락에서 그 타이틀의 적절성을 둘러싸고 다른 사람과 논쟁할 수 있다. 이러한 논쟁은 파일 공유 분야에서 발생하는데, 우리는 이 분야에서 예를 들어 "그것은 공유가 아니라 온라인 절도야"와 같은 지적을 들을 수도 있다. 러셀 벨크(Russell Belk)는 '의사-공유(pseudo-sharing)'에 대해 이야기함으로써 다소 유사한 전략을 취한다(Belk, 2014). 그러나 이것은 공유가 무엇인지에 대해 내가 질문한 취지가 아니다. 또한 이 책의 목적은 특정한 행위가 정의상 공유로 간주될 수 있는 범위를 벗어나는 경계를 정하는 것이 아니다. 그와 같은 접근방법이 공유의 미묘한 의미 차이를 제공하지 못한다는 말은 아니며, 나는 여기에도 속하지 않고 저기에도 속하지 않는 경우가 야기하는 복잡성을 인식하고 있다. 그와 같은 접근방법은 각기 다른 행위를 범주화하는 데 사용될 수 있는 정의나 개념화를 지적(知的)으로 독려하긴 하지만, 내가 이미 암시한 대로 그것은 내가 밀고 나가는 방향이 아니다.

이에 반해, 이 책이 채택하는 비규범적 접근방법(non-prescriptive approach)은 어떤 종류의 일들이 실제로 '공유'로 불리는지 질문하는 데서 출발한다. 실제로 공유에 대한 나의 관심은 2010년 어느 시점에 '공유하다'라는 단어가 인터넷을 도배하고 있는 것을 목격한 후에 시작되었다. 이러한 목격은 나의 사회학적 상상력에 불을 지폈고 '공유'라고 불리는 다른 행위들을 조사하게끔 나를 이끌었다. 그래서 만약 '공유란 무엇인가?'라는 질문을 이해하는 방식 가운데 하나가 어떤 것은 사전 정의된 범주 내에 들어가고 어떤 것은 들어가지 않는지를 파악하는 것이라고 한다면, 공유의 의미에 대한 내 질문에서 나는 어떤 사회적 행위와 현상을 우리가 실제로 '공유'라고 부르는지 묻고 있다. 이것은 "우리는 어떤 행위를 공유라고 불러야 하는가?"(규범주의적 접근방법)라고 묻는 것과 "우리는 어떤 행위를 공유라고 부르는가?"[언어학자들은 이것을 화용적(話用的) 접근방법(pragmatic approach)이라고 부른다]라고 묻는 것 간의 차이이다.

전자보다 후자의 질문을 선호하는 데는 여러 타당한 이유가 있으며, 그럼에도 내내 전자의 질문을 마음에 담아두는 한 가지 이유도 있다. 우리가 '공유'라고 부르는 행위를 조사하는(공유라는 용어를 사용하는 것이 다른 맥락에서 정당화되는지 여부를 묻는 것이 아닌) 첫째 이유이자 주된 이유는 그것이 무엇이든지 간에 '공유'는 하나의 은유이며, 은유적 사용을 다룰 때 'x는 정말 y인지' 여부에 대한 질문은 고려할 가치가 없기 때문이다(그 연주자는 실제로 지붕을 무너뜨리지 않았다; 나의 박식한 친구는 실제로 걸어다니는 사전이 아니다). 다양한 행위가 '공유'라고 불린다는 사실은 삶의 여러 영역이 다른 영역에서 온 은유를 사용함으로써 어떻게 구성되는지를 살펴볼 수 있는 기회로 이용되어야 한다. 따라서 '공유란 무엇인가?'라는 질문에 대해 다음과 같이 대답할 수도 있을 것이다: 공유는 은유로, 우리는 그러한 은유에 의거해 살아나간다(G.

Lakoff and Johnson, 1980).

이것은 우리가 문자 그대로의 비은유적인 공유의 의미에는 관심이 없다고 말하려는 것이 아니다. 비은유적 의미는 공유라는 개념이 의미하는 바를 이해할 수 있도록 우리를 이끌어줄 뿐만 아니라 차후의 은유적 사용을 우리가 해독할 수 있도록 도와주기 때문에 우리는 비은유적 의미에도 관심 있다. 『옥스퍼드 영어사전(Oxford English Dictionary)』은 '공유'의 원래 의미를 나누는 것(dividing), 즉 분할하는 것(splitting)으로 본다. 이렇게 이해할 때, '(큰 가위로) 자르는 것(shearing)'과 '공유' 간에는 언어적 근접성이 있음이 분명해진다. 마찬가지로 따라서 '플로셰어(ploughshare)'(쟁기날)는 모든 마을 사람이 그것을 공유하기 때문이 아니라 그것이 땅을 공유하기 때문에, 즉 산산조각 내기 때문에 그렇게 불린다는 것을 우리는 알게 된다.[1] 이러한 분할의 의미는 초창기 공유가 지녔던 의미의 중심이며 또한 공유의 개념을 다음과 같이 단순하게 이해할 때도 중심이 된다: 공유는 당신이 당신 것의 일부를 다른 사람에게 나누어주는 것이다. 따라서 공유는 분할과 분배에 관한 것이며, 그렇기 때문에 공유는 분배의 정의(正義)에 대해 의문을 제기한다. 우리는 공정한 몫(fair share)이란 무엇인가를 자주 묻는다. 이것은 중요한 질문인데, 왜냐하면 공유가 자원을 분할하고 분배하는 것에 관한 것일 때, 그것은 제로섬 게임이어서 사람들에게 돌아갈 몫이 제한적이기 때문이다. 만약 공유가 윤리적 행위로 개념화된다면, 그것은 공유가 원래 물질 자원의 분배와 관련되어 있기 때문이다.

앞에서 언급했듯, 오늘날에는 소셜 네트워크 사이트(social network site: SNS)상의 업데이트 게시, 또는 좀 더 일반적으로 말해 정보의 디지털 전송, 특정한 방식의 상품 및 서비스 교환, 그리고 우리의 정서에 대해 이야기하기나 정서적인 내포적 의미를 지닌 정보 전달하기(대개 말로)를 포함한 다양한 행위가 '공유'로 불린다. 이러한 점을 감안하면, 아마도 사람들은 우리가 '공유'라고 부르는 행위에 내재된 일련의 핵심 가치를 추정할 수 있을 것이다. 반면에 오늘날 '공유'라는 단어의 다의성은 어쩌면 동음이의어에 지나지 않을 수도 있다. 즉, 우리는 동일한 단어를 사용하지만 실제로 그 단어는 다른 맥락에서 상당히 다른 의미를 지닌다. 이 책의 목적 가운데 하나는 오늘날 공유의 서로 다른 의미들이 서로 관련되어 있음을 보여주는 것이다. 적어도 어떤 행위가 '공유'라고 불릴 때, 그러한 행위에 참여하고 있는 자들 간에는 어떤 특정한 입장이 공유되고 있다고 가정되며, 이러한 입장은 개방성, 신뢰, 그리고 어쩌면 공통성 의식(sense of commonality) 같은 가치를 포함할 수도 있다.

그러나 우리는 성찰적인 사회적 행위자이기 때문에 2차적인 문제가 야기된다. 즉, (〈그림 1.1〉의 만화에서처럼) 공유에 대해 이야기할 때 우리는 어떤 가치가 실현되는지 알며, 그래서 우리는 이러한 가치를 그러한 행위와 연관 짓기 위해 특정한 행위를 공유라고 기술하기를 원할 수도 있다. 공유는 전략적으로 이용되기 때문에, 즉 사실은 회피되기 때문에, 여기서 '공유'라는 단어는 수사적인 의미를 띠게 된다. 예를 들어, 집카(Zipxar)+ 설립자인 로빈 체이스(Robin Chase)는 회사 초기에 '카셰어링'이라는 용어가 부정적인 내포적 의미를 지니고 있다고 믿은 나머지 그 용어를 사용하지 못하게 했다고 설명했다(Levine, 2009). 그

+ 카셰어링(car-sharing) 서비스로, 렌터카와 비슷한 개념이다. 렌터카와의 가장 큰 차이는 시간당 차를 빌릴 수 있다는 것인데, 자동차 종류에 따라 시간당 약 6~13달러면 자신이 원하는 차를 골라서 빌릴 수 있다. _옮긴이

러나 오늘날 카셰어링이라는 용어는 집카의 소개 페이지(About)에 두드러지게 (정확하게 말하면, 첫 네 문장에 네 차례) 등장한다.[2] 이미 언급했듯이, 파일 공유를 비판하는 사람들은 어떤 행위를 '공유'라고 부르는 것의 수사적인 의미를 주시해왔는데, 이들은 그러한 행위와 그 행위에 붙여진 이름 모두를 탐탁잖아 한다. 더욱이 '공유'와 흔히 연관되는 긍정적인 가치를 염두에 둔 채 미디어계의 페이스북과 구글의 프라이버시 정책을 읽고 나면 그들이 광고주나 (경찰, 검찰 등의 _옮긴이) 법집행 기관과 어떤 정보는 공유하고 어떤 정보는 '공유하지' 않는지에 대해 알게 되는데, 이 경우 무언가 삐걱거림이 존재한다. 이 시점에서 우리는 '실제로 공유하는 것이 아닌' 특정한 행위들이 존재한다는 견해로 되돌아가고 있는 것 같다: SNS는 정보를 광고주와 공유하는 것이 아니라 광고주에게 파는 것이라고 우리는 말하고 싶을 수도 있을 것이며, 이러한 구분은 인터넷과 소셜 미디어의 정치경제학을 이해하는 데 절대적으로 중요하다. 이 예는 우리로 하여금 이러한 특정한 맥락에서 '공유'라는 단어가 사용되는 것을 조사하도록 고무한다(3장 및 6장의 '파일 공유' 사례 참조). 이러한 조사 결과, 우리는 컴퓨터가 갓 등장한 초창기인 1950년대에는 이 용어가 꽤 도덕적 중립을 유지하면서 사용되었음을 알 수 있는데, 그 당시에는 시간 공유(time sharing)가 가능한 한 많은 사용자를 컴퓨터에 접근 가능하게 해주는 기제였다.[3]

따라서 '공유'에 대한 분석을 통해 우리는 현대 문화, 특히 현대의 디지털 문화에 대한 통찰력을 갖게 될 것이라고 나는 주장한다. 이 점에서 '공유'는 디지털 시대의 핵심어로 간주될 수도 있을 것이다(John, 2016). 레이먼드 윌리엄스(Raymond Williams)는 자신의 고전 『키워드(Keywords)』(1976)[+]에서 "사람들이 맺고 있는, 명시적이지만 흔히 그렇듯 암시적인 연계—몇 번을 보아도 나에겐 의미의 특별한 구성(이 구성은 우리의 많은 중요한 경험에 대해 논의하는 방법일 뿐만 아니라 또 다른 수준에서는 그 경험을 이해하는 방법이기도 하다)처럼 보이는 것—"에 특별한 관심을 보였다(Williams, 1976: 15). 『키워드』는 이러한 '암시적 연계'를 살펴보며, 또한 공유가 오늘날 '우리의 많은 중요한 경험', 즉 우리의 온라인 삶, 경제적 존재로서의 우리의 삶, 그리고 대인관계를 통해 사는 우리의 삶과 관계 있다는 이유에서 '공유'라는 단어에 특별한 관심을 기울인다.[4]

핵심어들(keywords)은 우리에게 그 핵심어들이 작동하고 있는 문화에 대해 중요한 것을 말해준다. 물론 핵심어들이 전체 문화를 요약해주는 것은 아니다(어떤 하나의 단어나 상징도 그렇게 할 수는 없을 것이다). 하지만 핵심어들을 분석하는 것은 그러한 분석을 가치 있게 해주기에 충분할 정도의 측면들을 분명히 알 수 있게 해준다. 만약 우리가 '공유'와 공유가 중요한 개념인 사회적 영역들을 연구한다면, 우리는 그러한 영역들이 어떻게 연관되어 있는지에 대해 무언가를 알 수 있을 것이다. 그런 의미에서 나는 '공유'를 핵심어라고 부르고, 따라서 '공유'에 주목하는 것이 중요하다고 주장한다. 그러나 그보다 더, 공유 시대를 사실로 받아들이는 것은 이 단어, 이 은유 자체가 그러한 영역들이 연관되는 방식의 기초가 됨을 의미한다.

지금까지 나는 이 책이 초점을 맞추고 있는 공유의 영역에 대해 언급했으며, 원래 공유는 문자 그대로 물질 자원의 물리적 분할을 의미한다고 특별히 언급했다. 계속 진행하기에 앞서, 나는 '공유'라는 단어

+ 김성기·유리 옮김(민음사, 2010) _옮긴이

의 의미, 개인과 인간 전반의 기본적인 상태로 공유를 개념화하는 것, 공적/사적 분할의 흐릿한 경계 양쪽 모두에 걸쳐 있는 공유에 대해 이야기할 것이며, 그리고 이 장의 마지막 부분에서는 이어지는 내용에 대해서도 이야기할 것이다.

2. 공유의 의미

사전이 우리에게 어떤 단어의 의미를 제공해줄 것이라는 믿음은 잘못된 것일 수 있다(Williams, 1976). 그럼에도 사전은 때로 좋은 출발점이 된다. 먼저 '공유'를 사전적 정의에서 보면, 그것은 자원의 분할 또는 분배를 의미했으며 지금도 그러하다는 것을 우리는 이미 알고 있다. 물론 분배로서의 공유는 문화적 규범의 지배를 받는다. 이러한 규범은 수렵-채집 사회에 대한 초기 인류학의 주된 초점 가운데 하나일 뿐만 아니라(예를 들어, Morgan, 1881; Stefansson, 1913 참조), 어린이들 사이의 의례적 공유와 교환에 대해 카트리엘(Katriel)이 기술하고 있는 것의 주제이기도 하다(Katriel, 1987, 1988). 이러한 연구들을 보면 공유가 사탕이나 사냥감의 분배를 포함하든 포함하지 않든 간에 공유는 사회적 관계를 구성하는 요소임이 분명해진다. 실제로 카트리엘은 모스(Mauss, 1966[1925])와 다른 학자의 연구에 의거해 어린이들이 특별한 즐거움을 주는 것을 공유하는 행위를 "또래 집단과의 사회적 관계를 표현하고 규제하는 기능을 하는 의례적인 제스처"로 본다(Katriel, 1987: 307).

공유의 또 다른 의미는 누군가와 공통된 무언가를 갖는 것인데, 그 무언가는 구체적일 수도 있고 추상적일 수도 있다. 예를 들어, 학생들이 기숙사 방을 공유할 때, 그 방은 공유되고 있음에도 각자에게 속해 있으며, 방 자체도 나누어지지 않고 온전한 상태로 남아 있다. 이 논리는 또한 관심사, 운명, 신념, 또는 문화와 같이 소유될 수 없는 추상적인 공유물에도 적용된다. 여기서도 마찬가지로 공유는 분배에 관한 것이지만, 추상적이고 수동적인 방식, 그리고 제로섬 게임이 아닌 방식이다. 즉, 예를 들어 두 사람이 어떤 신념을 공유하고 있다는 사실은 다른 사람들 역시 그 신념을 공유하는 것을 배제하지 않는다. 의미 있게도 '공유'를 이런 식으로 사용하는 경우에는 '공유자(sharer)'가 존재하지 않는다. 우리는 우리가 살고 있는 이 지구를 공유하고 있지만, 아무도 다른 사람과 능동적으로 무언가를 공유하고 있지는 않다; 오히려 이런 맥락에서 공유의 의미는 '함께하는 것(partaking of)'에 더 가깝다. 그럼에도 공유의 이러한 의미는 여전히 사회적 결속(social bond)을 의미한다. 즉, 운명을 공유하는 사람들은 그러한 운명에 의해 서로 묶여 있고, 특정한 신에 대한 믿음을 공유하는 사람들은 그러한 신념을 공통적으로 지니고 있다. 또 어떤 사람들은 이 지구를 공유하고 있는 사람들은 따라서 지구와 서로에게 신세를 지고 있다고 말하기도 한다.

공유는 분배 행위이기도 하지만 의사소통 행위이기도 하다. 우리가 우리의 감정이나 정서에 대해 이야기할 때가 바로 그런 경우이다. 16세기 『옥스퍼드 영어사전』이 정의 내린 앞의 두 가지 공유의 의미와 달리, 이러한 공유의 의미—한 사람의 내적 상태를 다른 사람에게 전하는 것—는 다소 새로운 것처럼 보이지만, 그것은 곧 중요한 사회적 행위가 되었다. 실제로 『옥스퍼드 영어사전』이 공유의 의미를 "한 사람의 정신적 경험을 다른 사람에게 전하는 것"으로 처음 언급한 때는 불과

1932년으로, 1920년대와 1930년대에 인기 있던 기독교 운동인 옥스퍼드 그룹(Oxford Group)+ 운동(이것에 대한 더 자세한 내용은 2장 및 5장 참조)의 맥락에서 그러한 정의가 제공되었다. 이와 관련해 『옥스퍼드 영어사전』은 옥스퍼드 그룹이 '공유'를 '고백과 간증'을 의미하는 것으로 정의 내렸다는 A. J. 러셀의 말을 인용한다(Russell, 1932). 분명 옥스퍼드 그룹은 공유 행위에 엄청난 중요성을 부여했다: 딕 B(Dick B.)는 익명의 알코올 중독자 모임(Alcoholics Anonymous)(모든 지원 단체처럼 이 단체에서도 공유는 집단을 구성하는 활동이다)의 정신적 뿌리에 관한 방대한 저서에서 "거의 모든 옥스퍼드 그룹의 책에는 고백에 의해 이루어지는 '공유'에 대한 논의가 많이 포함되어 있다. 신과의 공유, 그리고 서로 간의 공유에 강조점이 주어져 있다"라고 기술했다(B., 1997: 326). 여기가 바로 현대 서구 사회에서 친밀한 관계 형성과 유지에 매우 중요한 감정 공유라는 개념이 처음 등장한 시발점이었다.

3. 공유와 인간의 조건

지난 몇 년간 지나치게 많은 책들이 인류와 인류의 공유, 협력, 관용의 성향을 칭찬해왔다. 동시에 개인적 수준에서 나타나는 친절과 공유의 성향을 살펴보는 심리학 문헌들도 나타났다. 이 절의 목적은 이러한 문헌의 과학적 타당도를 평가하는 것이 아니라, 이러한 문헌이 묘

+ 1921년 미국인 프랭크 버크먼(Frank Buchman)이 영국 옥스퍼드에서 결성한 신교 운동 조직 _옮긴이

사하는 내러티브를 보여주는 것이다. 이것은 다소 진부하게 다음과 같이 말할 수 있다: 우리(인간 전체와 개별 인간 모두)는 자연적인 공유 성향을 지니고 있는데, 이러한 성향은 시간이 흐르면서 예측 불허의 자본주의 문화에 속아서 사라진다(이러한 주장의 다른 버전은 1990년대의 인터넷과 2010년대의 SNS 같은 '새로운' 기술이 우리를 더 협력적으로 만들고 있다는 것이다. 나는 4장에서 기술적 현상으로서의 공유 경제의 구성에 대해 논의하면서 다시 이 문제로 돌아올 것이다).

개인적 수준에서, 친공유(pro-sharing) 성향의 글들은 어린이의 행동에 공유와 협력이 깊이 뿌리박혀 있음을 보여주는 발달 심리학자와 진화 심리학자의 연구를 소개한다. 예를 들어, 협업적 소비(collaborative consumption) 커뮤니티의 총아인 마이클 토마셀로(Michael Tomasello)의 『우리는 왜 협력하는가(Why We Cooperate)』(2009)+는 레이첼 보츠먼(Rachel Botsman)과 루 로저스(Roo Rogers)의 책 『내 것은 네 것(What's Mine is Yours)』(2010)에 인용되었으며, 셰어러블.넷(Shareable.net)의 2009년 상위 15권의 책에 포함되었다. 보츠먼 및 로저스와 셰어러블.넷 웹사이트가 토마셀로의 책을 통해 전하고자 하는 메시지는 "전(前) 언어기(preverbal)의 어린이는 다른 사람과 공유하고 다른 사람을 도우려는 성향을 타고났다"[5]는 것과 "어린이는 선천적으로 사교적이고 협력적"이라는 것이다(Boatsman and Rogers, 2010: 69). 또한 이것은 사람들이 소유하고 있는 물건을 공유할 수 있게 하는 웹사이트상의 이미지에 어린이를 사용하는 이유를 설명해준다. 예를 들어, 지금은 없어진 이코셰어링.넷(ecoSharing.net)은 '당신이 가진 것을 공유하는

+ 허준석 옮김(2011, 이음) _옮긴이

그림 1.3 **이코셰어링.넷(ecoSharing.net)**

것이 얼마나 즐거웠는지 당신은 기억하는가?'라는 글 위에 공원에서 미소를 띤 채 이어폰을 하나씩 나누어 끼고 아이팟(iPod)을 함께 듣고 있는 6살쯤 되어 보이는 두 소녀의 사진을 사용했다(〈그림 1.3〉 참조).[6] 공유 행위(여기서는 우리가 소유하고 있는 물건을 공유하는 것으로 이해된다)를 받아들임으로써 우리는 더 순진하고 소박했던 어린 시절로 돌아가고 있는 것이다.

자연스러운 행위라고 알려진 공유는 또한 근대 이전의, 또는 심지어 선사시대의 인간 사회의 표상을 통해 전달되기도 하는데, 근대 이전의 사회나 선사시대의 사람들은 우리의 현 라이프스타일보다 더 '자연스러운' 방식으로 산 것으로 여겨진다. 예를 들어, 온 더 커먼즈(On the Commons) 운동 웹사이트는 '우리가 믿는 것(What we believe)'이라는 제목의 페이지에서 "공유지에서 일하는 것은 우리 모두가 평등하고 호혜적인 관계, 소속감, 진정한 공동체, 그리고 자연계에 대한 사랑, 경이로움, 존중감을 가지고 있는 깊고도 아주 오래된 기억을 되살리기 위해 일하는 것이다"라고 주장하고 있다.[7]

내가 여기서 인간 정신이나 인류의 발전에 대한 이러한 해석의 정확성에 대해 논평하고 있는 것이 아니라 이것이 공유에 대한 분석에 매우 자주 등장하는 내러티브임을 지적하고 있음을 되풀이해서 말하는 것은 중요하다. 그러한 내러티브가 매우 강력한 이유는 그것이 개인적 수준과 사회적 수준 모두에 작용하기 때문이다. 즉, 개인은 물론 사회 전체가 협력과 공유를 시작하지만, 시간이 흐르면서 자본주의와 초소비주의(hyper-consumerism)에 오염된다. 공유 지지자들에 따르면, 공유로 되돌아가는 것은 따라서 좀 더 자연스러운 상태로 되돌아가는 것일 뿐만 아니라 도덕적으로 더 우월한 상태로 되돌아가는 것이다. 이러한 이슈는 4장에서 훨씬 더 자세하게 다룰 것이다.

4. '공유'에 대한 조사

이 책이 공유에 관해 쓴 첫 책은 아니다. 단언하건대, 특히 온라인 공유와 소비자 행동으로서의 공유와 관련해 공유에 대한 관심이 급격히 증가하고 있기 때문에, 이 책이 공유에 관한 마지막 책이 되지도 않을 것이다. 공유에 관한 잡지 특별판이 발행되고 있으며,[8] 학회와 스터디 데이(study day)+도 열리고 있다.[9] 학계에 대한 관심과 나아가 공유

+ 공부를 위한 모임으로, 온종일 회의, 세미나 등을 하면서 특정한 주제를 공부하는 날을 말

의 개념과 공유 행위에 대한 관심도 눈에 띄게 고조되고 있다.

공유의 개념 자체를 명쾌하고 다루는 글에 대한 관심은 특별히 높다. 예를 들면, 바트 캐메어츠(Bart Cammaerts)의 '파괴적 공유'에 관한 논문(Cammaerts, 2011)과 데이비드 브레이크(David Brake, 2014)와 그레이엄 메이클(Graham Meikle, 2016)의 소셜 미디어에 관한 책들은, 대단히 흥미로우면서도 이론(異論)이 있는 공유라는 단어 자체의 의미 및 디지털 문화를 구성하는 데 있어 공유가 수행하는 역할보다는 '공유'라는 단어가 '자연 환경' 속에서 사용되는 방식에 대해 더 많은 것을 우리에게 가르쳐준다. 앨프레드 허미다(Alfred Hermida)의 베스트셀러 『모든 사람에게 말하라(Tell Everyone)』(2014)도 마찬가지이다. 수렵-채집인들 사이의 음식 공유에 대한 대부분의 인류학 서적도 그렇다(이것에 대한 주목할 만한 예외를 보려면 Bird-David, 2005 참조).

그러나 공유에 관한 몇몇 이전 연구는 공유를 명쾌하게 다루고 있다. 러셀 벨크의 영향력 있는 글들이 공유에 대한 연구를 크게 자극했다는 데에는 의심의 여지가 없다. 벨크는 공유를 "근본적인 소비자 행동"으로 보고, 공유를 상품 교환과 선물주기(gift-giving)와 구별되는 범주로 설정하고자 한다(Belk, 2010: 715). 공유는 "제3의 분배 유형"이라고 벨크는 말한다(Belk, 2007: 128). 그는 또한 이러한 접근방법을 사용하여 "의사-공유(pseudo-sharing)"라는 신조어를 만들어냈는데, 의사-공유란 "공유로 가장한 상거래 관계"를 말한다(Belk, 2014: 11; 또한 Eckhardt and Bardhi, 2015). 공유 경제를 다룬 4장에서 우리는 '실제로 공유가 아닌', 공유라고 불리는 행위가 존재하는 것에 대해 자세하게

한다. _옮긴이

논의할 것이다. 지금은 나의 관점이 이러한 관점과 차이가 있다는 점만 적시하기로 한다. 나의 관점이 다르다고 하는 이유는, 당신이 이웃에게 드릴을 무료로 빌려주는 것(lend)과, 거래를 중재한 인터넷 회사에 약간의 몫을 챙겨주면서 당신이 이웃에게 드릴을 임대해주는 것(rent)이 같다고 내가 생각하기 때문은 아니다. 그러나 '공유 경제'의 개념에 이러한 행위 모두가 포함될 때, 우리는 어떤 행위가 '진정한 공유'이고(Belk, 2014) 어떤 것이 진정한 공유가 아닌지를 판정 내리는 대신, 공유라는 측면에서 이것이 의미하는 바에 대해 곰곰이 비판적으로 생각해볼 것을 나는 제안한다. 그리고 어쨌든 두 거래 모두 당신의 사적 소유물이 제한된 기간 동안 낯선 이에게 건네졌다는 점에서 유사한데, 이는 단지 '의미론적 혼란(semantic confusion)' 이상의 것이 연루되어 있음을 시사한다. 그럼에도 폭넓음으로 주목받고 있는 벨크의 글은 분명 중요하며 소비의 한 유형으로서의 공유에 대한 일부 연구를 자극했다(이것에 대해 피상적으로나마 알고자 한다면, Albinson and Yasanthi Perera, 2012; Bardhi and Eckhardt, 2012; Harvey, Smith and Golightly, 2014; McArthur, 2015; Ozanne and Ballantine, 2010 참조).

공유는 또한 미디어 및 커뮤니케이션 학자들의 관심도 끌었다. 이와 관련해 초기에 기여한 학자로는 펠릭스 슈탈더(Felix Stalder)와 볼프강 쉬츨(Wolfgang Sützl)이 있는데, 공유의 윤리에 관한 그들의 학술지 특별호는 매우 시의적절하게 발행되었다. 도입부에서 그들은 "공유는 네트워크화된 환경에 고유한 핵심 문화 가치의 하나로 등장했다"라고 분명히 말한다(Stalder and Sützl, 2011: 2). 그리고 예를 들어 안드레어스 위텔(Andreas Wittel, 2011)은 '공유의 성질과 디지털 시대에 이루어진 그러한 성질의 변화'를 다루었다. 요차이 벤클러(Yochai Benkler, 2006)

와 열렬한 디지털 지지자인 레드비터, 셔키, 그리고 탭스캇 및 윌리엄스가 제시한 공유에 대한 경제적 접근방법(Leadbeater, 2008; Shirky, 2010; Tapscott and Williams, 2006)이 위텔에게 유용한 글 재료가 되었다. 이들과 달리 위텔은 "공유의 사회적 성질"과 디지털 기술이 그러한 성질에 미치는 영향을 살펴본다(Wittel, 2011: 5). 그는 앞에서 내가 그러했듯이 비물질적인 것을 공유하는 것은 아무런 희생을 수반하지 않음에 주목하면서 물질적인 것을 공유하는 것과 비물질적인 것을 공유하는 것을 유용하게 구분한다. 또한 그는 디지털 시대가 "공유의 개념 자체"의 변화에 영향을 주고 있다고 본다(Wittel, 2011: 6). 그러나 벨크 및 다른 학자들과 같이 그 역시 "공유라는 용어는 디지털 객체(digital object)+에게는 꽤 문제가 되고, 어쩌면 오해를 불러일으킬 수도 있다"고 생각하며, "절도처럼 공유도 단순히 이데올로기적 이유에서 디지털 문화의 언어가 된 것 같다"라고 덧붙인다(p. 6). 위텔처럼 나 역시 '공유'를 둘러싼 이데올로기에 관심이 있지만, 공유라는 단어를 사용하는 것에 '문제가 있다'고 생각하지는 않는다. '공유'를 은유로 볼 때, 그리고 이 책이 취하고 있는 용어 사용에 대한 광범위한 화용적 접근방법에 의거해서 볼 때, '공유'라는 용어를 새로운 행위에 적용하는 것은 온라인 사회성(online sociability), 디지털 방식으로 매개되는 커뮤니케이션 유형, 그리고 재산(property)의 개념화에 대해 의문을 제기하는데, '공유'를 면밀하게 분석하는 것은 이러한 의문에 답하는 데 도움을 줄 수 있다.

+ 특정한 컴퓨터와 관련된 소프트웨어에 의해 읽히고 저장되고 유통되는 디지털 파일을 디지털 객체라고 한다. _옮긴이

제니 케네디(Jenny Kennedy) 역시 중요하게 기여했다. 벨크와 위텔처럼, 그녀 역시 공유의 "의미론적 풍부함"을 경계하며 소셜 미디어 플랫폼은 플랫폼 사용을 촉진하기 위해 "공유와 공유 이전의 활동들과의 연관성"을 부당하게 이용할 수 있다고 본다(Kennedy, 2013: 129; 또한 Kennedy, 2016 참조). 그러나 케네디는 "실제로 공유가 아닌" 행위를 지적함으로써 공유라는 용어의 사용을 규정하기보다는, "공유라는 용어의 편재성과 일상성으로 인해 그 용어를 사용해 기술하고자 하는 다양하고 복잡한 사회적·문화적·경제적·정치적 과정이 잘못 전해진다"라고 말했다(p. 135). 나는 이러한 입장에 전적으로 공감한다. 그러나 나는 한 걸음 더 나아가 이러한 과정들의 복잡성이 '공유'라는 단어 그 자체에 포함되어 있다고 생각한다. 이것은 레이먼드 윌리엄스가 "몇몇 중요한 사회적·역사적 과정이 언어 내에서 일어난다"라고 했을 때 그가 말하고자 한 바라고 주장하는 사람도 있을 수 있을 것이다(Williams, 1976: 22).

현재의 공유 이론가들 중에서는 케네디의 접근방법이 나와 가장 가깝다. 우선 대부분의 평론가와 달리 그녀는 공유가 "독특한 유형의 의사소통"이라는 점을 명쾌하게 인정하면서 네트워크화된 문화에 특별히 주목한다(Kennedy, 2014: i). 그녀는 공유를 둘러싸고 "담론적으로 꼬여 있는" 3개의 큰 실타래를 푸는데, 이 세 실타래는 내가 제시한 공유의 세 영역과 (동일하지는 않지만) 가깝다(Kennedy, 2015: 5). 그녀는 "경제로서의 공유", "척도화된 분배(scaled distribution)로서의 공유", 그리고 "사회적 행위 강도(social intensity)+로서의 공유"에 대해 언급하

\+ 평가하기, 공유하기, 블로그하기, 추천하기, 댓글달기 등과 같은 사회적 행위가 일어나는

고 있는데, 여기서 그녀는 공유를 "공개(disclosure) 및 정서(affect)"와 관련해 정의한다(p. 468). '공유 경제', 온라인 공유, 그리고 우리의 치유 문화(therapeutic culture)를 지탱하는 의사소통 유형으로서의 공유에 대한 나 자신의 초점은 케네디의 연구와 분명 일치하는 점이 있다. 더욱이 케네디는 닉 쿠드리(Nick Couldry)를 따라 "사람들이 모든 상황과 맥락에서 미디어와 관련해 무엇을 하고 있는지" 물으면서 실천 접근방법(practice approach)+을 취한다(Couldry, 2012: 39; Kennedy, 2016: 469에서 재인용). 실제로 쿠드리가 쓴 '행위로서의 미디어'라는 제목의 장(章)에는 "미디어의 본질은 추정되어야 하는 것이 아니라 추궁되어야 한다"라고 적혀 있다(Larkin, 2008: 3; Couldry, 2012: 33에서 재인용). 케네디는 이것을 공유에 적용하는 것처럼 보이는데, 나는 전적으로 그것에 동의한다.

공유에 관한 다른 추가적인 글들도 앞으로 만나볼 수 있을 것이다. 그러나 내가 방금 언급한 학자들은 특히 나에게 도움을 주었다. 비록 나는 벨크가 추구하는 바를 따라 끝까지 그와 함께하지는 않지만, 그는 우리가 택하기를 원할 수도 있는 경로를 밝혀주는 등불이다. 위텔은 특

속도를 말한다(www.clickz.com/social-intentisy-a-new-measure-for-campaign-success/629956) _옮긴이

+ 셰리 오트너(Sherry Ortner)는 실천을 '사람이 하는 모든 것'이라고 간단하게 규정한다. 사회를 분석하기 위해서는 머릿속의 관념보다는 구체적인 실행(praxis)이 중요하다고 여긴 그녀는 1960년대 이후 여러 가지 인류학의 사조 가운데 실천 이론을 가장 중요하게 생각한 것으로 보인다. 그녀에 따르면, 인간의 행위가 바로 실천이며 이러한 실천은 물론 개인의 심리적인 동기에 따른 것이지만 인류학자의 관심은 그러한 개인의 심리적인 동기가 아니다. 그녀는 사회체계가 개인의 의식의 변화를 야기하고 보속성(perseveration)을 가지고 있기 때문에 이러한 실천이 유지된다고 본다. 또한 이러한 실천은 사회 체계를 재생산할 수 있으며, 그렇기 때문에 사회를 변화시킬 수도 있다고 설명한다. _옮긴이

히 공유의 디지털적 성질에 결정적으로 주목한 최초의 연구자 집단 가운데 한 사람이다. 그리고 공유에 대한 케네디의 실천 이론(practice theory) 접근방법은 매우 유익하며 이 책에 소개된 공유에 대한 비규범주의적(non-prescriptivist) 접근방법과 서로 매우 잘 어울린다.

이 책은 공유에 대한 이러한 논의에 추가해서 공유가 지닌 의사소통적 측면을 더할 뿐만 아니라, 공유가 대인관계의 특정한 스타일을 의미하는 의사소통의 한 유형(이것은 정직성, 개방성, 호혜성, 배려, 신뢰, 그리고 공정성에 기반을 두고 있다)이라는 통찰력까지 더하고 있다. 정직성, 개방성, 호혜성, 배려, 신뢰, 공정성은 공유 경제의 공표된 가치들이기도 하며(예를 들어, Buczynski, 2013 참조) 인터넷 상상계(imaginary)+의 일부를 구성하기도 한다(Flichy, 2007). 나는 이미 앞에서 이러한 가치들에 대해 힌트를 준 바 있으며, 이러한 가치들은 이 책 전체에서 반복적으로 논의될 것이다.

5. 이 책의 내용

방금 언급한 가치들은 오늘날 공유가 약속한 내용의 일부이다. 그러나 '공유'가 늘 그러한 가치들과 연관된 것은 아니다. 2장에서 나는

+ 상상계는 상상력이 작동하는 기반이 되는 각종 요소들의 총체를 말한다. 상상력은 영어로 'imagination', 즉 이미지를 다루는 능력으로, '이미지 작용'으로 번역할 수도 있다. 이미지 작용으로서의 상상력은 이미지를 구성하는 능력이다. 상상계는 이런 이미지 작용이 실행될 수 있는 기반이다. 즉, 상상계는 상상 또는 상상력의 활동 대상으로서, 이미지, 허구, 전설, 신화, 상징 등 상상적인 것 모두를 가리키는 개념이다. _옮긴이

공유가 언제 배려가 되었는지 물으면서 '공유'에 대한 통시적인 분석에 착수한다. 이 분석은 2세기에 걸쳐 영어로 된 문서에서 '공유'라는 단어가 사용된 약 4500가지 사례를 토대로 하고 있는데, 분석 결과 오늘날 사용되는 '공유'와 연관된 가치들을 지닌 공유가 점진적으로 등장했음을 확인할 수 있다.

3장에서 나는 공유의 세 가지 영역 가운데 첫째 영역에 대해 다루기 시작하며, 공유를 인터넷 및 소셜 미디어와 관련해 논의한다. 이 장의 목표는 우리는 왜 공유하며 무엇을 공유하는지를 묻는 것이 아니라, 인터넷과 소셜 미디어에 등장하는 '공유'라는 단어의 수적 우세를 비판적으로 살펴보는 것이다. 예를 들어, 나는 '공유'라는 단어가 초기 인터넷에 어떻게 소급 적용되었는지 보여준다. 학자와 평론가들은 인터넷의 친사회성(prosociality)에 대한 글을 썼는데, 몇몇 학자와 평론가는 인터넷은 공유에 관한 것이며 늘 그래왔다고 말했다. 그러나 1990년대와 2000년대 초에 인터넷에 대해 쓴 글들은 실제로 '공유'를 언급하지 않는데, 이는 공유와 인터넷 간의 명시적인 연계가 좀 더 최근에 이루어졌음을 시사한다. 2000년에서 2010년 사이의 44개 SNS 홈페이지를 분석한 결과, 2005~2007년이 '공유'가 온라인 참여의 필수 요소가 된 시기임을 알 수 있었다. 이는 공유라는 단어가 오늘날 수적으로 우세하게 된 중심에는 미디어 조직이 있음을 암시한다. 이것에 대한 한 가지 예외는 해킹 분야인데, 이 분야에서는 공유가 늘 핵심 가치이자 핵심 행위로 이야기되어왔다. 물론 이것은 공유가 오늘날 디지털과 관련된 내포적 의미를 분명히 지니고 있다는 생각을 강화하는데, 이 점은 내내 반복될 것이다.

4장은 공유 경제에 관한 장이다. 온라인 공유에서와 마찬가지로, 이 장은 '공유'라는 단어가 공유 경제라는 맥락에서 하는 일에 초점을 맞춘다. 공유 경제에 대해 이야기함으로써 나는 오늘날 '공유 경제'로 알려져 있는 것보다 더 넓은 범위를 살펴본다. 특히 이 장은 [위키피디아(Wikipedia)와 오픈 소스 소프트웨어(open source software)에 의해 시작된] 생산의 공유 경제에 대해 논의하는데, '공유'라는 용어는 소비 행위에 적용되기 전에 생산 행위에 먼저 사용되었다. 협업적 소비에 대한 신문 기사를 분석함으로써 나는 공유 경제의 이 부분, 즉 협업적 소비가 담론상 어떻게 기술적(技術的)인 것으로 그리고 디지털적인 것으로 구성되었는지 보여준다. 이 분야는 흔히 돈이 관련된다는 이유로 "그것은 실제로 공유가 아니다"라는 말을 들을 가능성이 아마도 가장 높은 분야이다. 그러나 그러한 특정한 합창에 내 목소리를 보태는 대신, 그러한 주장을 아주 면밀히 조사하고(예를 들어, 주식을 뜻하는 shares가 돈과 관련되어 있다는 이유로 그렇게 불려서는 안 된다고 말하는 사람은 없다) 이것과 관련해 '공유'의 은유를 채택하는 것이 그럼에도 우리에게 무언가를 가르쳐주는지 여부를 물어볼 것이다.

이어서 5장은 이야기(talk)의 한 범주로서의 공유에 대해 살펴본다. 이 장에서 나는 공유가 1930년대에 공개 고백이라는 옥스퍼드 그룹의 행위에서 이야기의 한 유형으로 등장했음을 밝혀낸다. 옥스퍼드 그룹은 집단 상황에서 죄를 고백한 기독교 운동으로, 이들은 이러한 행위를 '공유'라고 불렀다. 옥스퍼드 그룹은 익명의 알코올 중독자 모임의 전신이기 때문에, 현대 치유 문화가 출현하는 데 중요한 역할을 했다. 이 장에서 나는 옥스퍼드 그룹에서 시작해 리얼리티(reality) TV를 거쳐 소셜 미디어에 이르기까지 '공유'의 의미를 추적한다. 이러한 모든 문화 현장에서 우리는 근대적 자기(modern self)+에 대한 유사한 (그러나 반드시 동일하지는 않는) 가정, 특별히 진정성(authenticity)과 우리의 내적 자기를 공개하거나 최소한 다른 사람에게 알리는 것의 가치에 대한 가정을 발견한다. 그러니까 의사소통의 한 유형으로서의 공유는 동등한 사람 간의 정직하고 진정한 의사소통에 대한 기대를 반영하고 구성한다는 점에서 우리의 친밀한 (그리고 다른) 관계를 구성한다는 중요한 의미를 지니고 있다.

6장에서는 앞의 장들이 우리에게 공유에 대해서 말해준 것을 토대로 실제로 분석해본다. 이러한 분석의 대상은 파일 공유이다. 이 장은 '파일 공유'라는 용어에 대한 논의와 그 용어를 둘러싼 토론('그것은 실제로 공유가 아니다'라는 말이 아니나 다를까 또 한 번 등장한다)으로 시작한다. 나는 이러한 논의에 '토렌팅(torrenting)'이라는 파일 공유 포럼(파일 공유의 윤리에 대해 토론하는 포럼)에 올라온 450개가 넘는 토론 게시글 분석을 더한다. 나는 그러한 토론에서 '공유'라는 은유가 존재하는 것이 그 토론에서 채택된 몇몇 입장에 어떻게 영향을 주는지 보여준다. 달리 표현하면, 나는 적어도 파일을 공유하는 최상의(가장 윤리적이고 가장 효율적인) 방법을 둘러싼 상호작용에 참여한 일부 파일 공유자에게 어떻게 '공유'가 진정 그들이 신조로 삼을 만한 은유인지를 보여준다.

+ 'self'를 '자아'라고 번역하는 경우도 있는데, 'self'는 '자기'로, 'ego'는 '자아'로 번역하는 것이 옳다. _옮긴이

6. 스타일에 대한 두 가지 주석

아마 독자 여러분이 이미 알아챘겠지만, '공유'라는 단어에 어떤 때는 따옴표가 붙어 있고 또 어떤 때는 붙어 있지 않다. 스테파노 프리델리(Stefano Predelli, 2003)는 따옴표에 대해 논의하면서, 따옴표는 따옴표 속에 들어 있는 용어와의 거리를 암시하는 역할을 할 수 있다고 본다. 그래서 때때로 사람들이 '공유'에 따옴표를 붙일 때 그들이 의미하는 바는 자신들이 이야기하고 있는 것이 실제로는 공유가 아니라는 것이다; 실제로 그들은 심지어 어느 정도의 적대감을 시사하기도 하며 또한 비록 자신들이 이 단어를 사용하고 있기는 하지만 그 단어가 적절하지 않다고 생각한다는 점을 전하기도 한다. 공유에 대한 글을 읽을 때, 매우 여러 차례 내게 떠오른 생각이 바로 이러한 따옴표 사용이었으며, 이것은 허공에다 (손가락으로) 따옴표 표시를 하는 것과 유사한 의미를 전한다. 그러나 내가 '공유'에 따옴표를 붙일 때는 대개 공유 행위가 아닌 '공유'라는 단어 또는 용어에 대해 내가 이야기하고 있음을 나타내는 것이다. 이것은 이 책이 공유와 '공유'에 대한 것이라고 내가 말할 수 있는 이유를 설명해준다. 그러나 나는 일관되게 타협하지 않겠다고 약속하지는 않으며, 공유에 대해 논의하고 있는지 아니면 '공유'에 대해 논의하고 있는지는 독자들이 맥락을 통해 이해할 것이라고 믿는다. 확신이 안 설 경우, 그것은 아마도 '공유'에 대한 논의일 것이다.

독자들은 또한 ("우리 사회는……", "우리는 ……을 이해한다"와 같이) 1인칭 복수대명사를 사용한다는 것도 눈치 챘을 수 있다. '우리'라는 표현을 사용하는 것은 현대 서양의 미디어-포화 사회에 살고 있는 사람들 사이의 어떤 공통점을 가정하는 것이지 그들의 경험에 집착하려는 의도는 아니다. 비영어 사용자들의 경우에는 '우리'라는 표현에서 배제될 수도 있다. 특히 일부 언어는 공유되는 것이 '당신의 사탕'인지 아니면 '당신의 정서'인지에 따라 '공유'를 나타내는 단어가 서로 다르다. 바꾸어 말하면, 일부 언어는 공유의 분배적 논리를 나타내는 단어와 의사소통적 논리를 나타내는 단어가 각기 다르다. 단 하나의 단어에 이러한 두 가지 유형의 의미가 합쳐져 있는 것은 영어 사용자가 공유라는 단어를 이해하는 방식에 영향을 미친다. 이것은 이 책이 내세우는 주장에서 매우 중요한 부분이다. 영어 이외의 언어에 익숙한 독자는 이 책이 '공유'에 대해 내세우는 주장이 독일어 teilen, 프랑스어 partager, 스페인어 compartir 등에 똑같이 적용되는지 여부에 대해 나보다 더 잘 알 것이다.

2

공유는 어떻게 배려가 되었나

이 장은 '공유'의 과거 의미들과 현재 의미들 간의 차이, 그러한 의미들과 연관되어 있는 문화적 변화, 그리고 그러한 의미들이 어떻게 기록되어 있는지에 대해 조사한다. 오늘날 '공유'는 강한 규범적인 내포적 의미를 가지고 있다는 점을 감안할 때, 이 장은 공유가 언제 어떻게 배려(caring)가 되었는지를 이해하기 위한 시도로 해석될 수 있다.

이 책이 의지하고 있는 핵심적인 통찰은 오늘날 '공유'라는 단어를 구성하고 있는 특정한 의미 구성체(configuration)를 통해 공유라는 단어는 현대 문화에서 특별한 힘을 가진 용어가 되었을 뿐 아니라 그러한 문화를 이해할 수 있게 해주는 용어가 되었다는 것이다. '공유'가 현대 사회의 중요한 측면을 반영하고 재생산하는 일단의 의미를 품고 있는 단어라는 바로 그런 이유에서 공유는 이 책에 기술된 그러한 문화적 작업을 수행할 수 있다. 다시 말해 우리, 즉 서구 사회의 영어 사용자들이 오늘날 공유에 대해 이야기할 때, 우리는 그 개념을 우리의 조부모는 물론 조부모의 조부모와도 다르게 이해한다(이런 목적에서라면 당신이 16세인지 116세인지는 중요하지 않다). 공유가 컴퓨터-매개 커뮤니케이션(computer-mediated communication: CMC)의 한 행위를 나타낼 수도 있다는 생각은 분명 1970년대, 심지어는 1980년대에 살았던 사람에게도 낯설었을 것이다. 동시에, 친밀한 관계가 공유를 기반으로 하고 있다는 생각은 1950년대에 살았던 사람의 마인드셋(mindset)에 들어 있지 않았을 것이다. 반면에 공유를 분배의 한 양식으로 개념화하는 것은 우리 증조부모의 조부모뿐만 아니라 그들의 증조부모의 조부모에게도 일반적이었을 것이다. 더욱이 앞으로 살펴보겠지만, 오늘날 공유의 다양한 의미는 이전 시기의 공유의 의미와 사용에 뿌리를 두고 있으며, 우리는 그 뿌리를 추적해볼 수 있다.

여기서 나는 '공유'에 대한 화용적 분석을 제시한다. 제프 페어슈렌(Jef Verschueren)은 화용론(pragmatics)을 "언어의 사용 속성과 과정이라는 관점에서 언어적 현상을 연구하는 것", 즉 다른 말로 하면 "언어 사용에 대한 연구"라고 정의한다(Verschueren, 1999: 1). 이 접근방법에 따르면, 의미는 "언어 사용 과정에서 역동적으로 생성된다"(p. 11). 더욱이 이 책은 전체적으로는 현재의 다양한 의미와 내포적 의미 간의 상호작용을 이해하려고 노력하면서 '공유'에 대해 공시적 견해(synchronic view)를 취하는 반면(de Saussure, 2011[1916]), 이 장은 '공유'가 언제 어떻게 오늘날과 같은 의미를 지니게 되었는지 살펴보면서 통시적 접근방법(diachronic approach)+을 취한다.

+ 공시성과 통시성은 소쉬르가 자신의 언어학을 발전시키면서 구분한 것으로, 이후 구조주의의 많은 작업에서 근본적인 구분이 되었다. 현상에 대해 공시적 접근방법을 취한다는 것은 역사의 한순간에서 이 현상에 접근하거나, 또는 이 현상을 역사의 외부에 존재하는 어떤 것

1. 사전 속의 '공유'

『옥스퍼드 영어사전』에 '공유' 또는 '공유하다'가 처음 실린 때는 16세기 중반으로 거슬러 올라간다. 이 단어의 의미는 부분들로 자른다, 즉 잘라낸다는 것이었다. 그러나 심지어 이처럼 매우 물리적인 의미를 지닌 공유도—가장 초기의 이 단어(고대 영어 'scearu')가 사타구니를 가리킨 것처럼[1]—은유적일 수도 있다. 16세기에 '공유'의 의미는 '(큰 가위로) 자르는 것(shearing)'에 가까웠다. 당시 『옥스퍼드 영어사전』에 실린 예문은 다음과 같다: 'cultor shares the soyle'(쟁기가 흙을 잘라낸다); 'Aples [are] shared in peeces'(사과가 잘려 조각났다). 좀 더 일반적으로 우리는 'sharinges'가 'fragmentes'(조각들)와 유사하다는 것을 안다. 이러한 분할의 의미는 왕국, 국가, 그리고 부(富)와 같이 사과보다 더 추상적인 실체에도 적용되었다.[2] 여기서 '공유하다'라는 동사는 사람이 공유, 즉 물건을 나누는 일을 하는 것을 의미한다. 『옥스퍼드 영어사전』은 또한 공유가 다른 사람과 공통되는 무언가를 가진다는 의미도 지니고 있다고 지적한다. 그 무언가는 운명, 지출, '격렬한 싸움을 좋아하는 것', 또는 병일 수도 있을 것이다.

『옥스퍼드 영어사전』에 실려 있는 '공유하다'와 '공유'라는 단어는 꽤 중립적이다. '공유'라는 단어가 나타내는 소유물의 분할 및 할당에는 심지어 19세기까지도 도덕적 측면이 없는 것처럼 보이며, 어떤 특정한 조건을 나누어 갖는 사람들의 사례도 매우 객관적으로 제시된

으로 접근하는 것을 뜻한다. 그러므로 통시성은 현상의 역사적·시간적 측면과 관련되어 있다. 언어의 역사적 기원과 발전에 관심을 두던 19세기 언어학의 접근방법과는 반대로, 소쉬르의 구조 언어학은 언어를 변하지 않는 구조로 조사한다. _옮긴이

다. 바꾸어 말하면, 『옥스퍼드 영어사전』은 공유가 좋다거나 얻기 위해 애써야 할 어떤 것임을 전혀 시사하지 않는다. 확실히 이는 오늘날 볼 수 있는 방식은 아니다. 우리는 하버드 대학교(Harvard University) 법학 교수인 에머리 와쉬번(Emory Washburn)이 1860년에 쓴 두꺼운 법학 서적에 나오는 한 인용문에서 이 사실을 확인할 수 있다. 이 인용문은 지주와 소작인 간의 특정한 합의에 관한 것인데, 이 인용문에서는 '공유'를 소작인이 지주에게 지불하는 하나의 방식이라고 말한다. "이 나라에서 흔히 볼 수 있는 농지를 세 주는 한 방식으로, 이 경우 소작인은 농지를 경작하고, 그런 다음 수확물을 지주에게 나누어준다" (Washburn, 1860: 364). 불행하게도 우리는 이 책을 읽는 현대의 독자들이 이것은 실제로 공유가 아니라 임대료를 지불하는 것이라고 주장하면서 '공유하다'라는 단어를 이렇게 사용하는 데 대해 항의했는지 여부는 알지 못한다.[3] 그러나 '공유하다'라는 단어가 『옥스퍼드 영어사전』에서 '다른 사람 또는 다른 사람들에게 몫을 나누어주는 것에 동의하다'라는 정의 아래에 포함된 것으로 볼 때, 이 단어를 그런 식으로 사용하는 것이 꽤 잘 받아들여졌다는 것을 알 수 있다. 더욱이 지주와 소작인 간의 불평등한 권력관계를 감안할 때 소작인이 수확물을 지주와 나누어 갖는 것에 대해 이야기하는 것은 어리석어 보일 수도 있다. 그러나 이로 인해 '공유'에 대한 우리의 이해와 우리와 '공유' 간의 연관성을 시대착오적으로 매우 다른 문화적 맥락에서 바라보게 될 것이다. 실제로 그렇게 함으로써 우리는 오늘날의 공유에 대한 우리의 가정(예를 들면, '공유'와 '지불'은 양립할 수 없다; 공유는 또래들 사이에서 일어나며 수직 위계를 수평화한다; 공유는 자발적인 행위이다)을 많은 부분 드러내 보여줄 것이다. 오늘날 우리는 더 이상 지주와 소작인 간의 관계를 공유의 하나로 선뜻 기술하지 않을 것이다. 이는 어떤 어린이가 자기를 때리겠다는 위협 때문에 자신을 괴롭히는 아이와 사탕을 공유했다고 말하는 것과 같다. 오늘날 '공유'는 평등, 상호성(mutuality), 자유롭게 시작되는 관계를 의미한다. 그다음 질문은 이러한 가치들이 언제 공유와 관련되었는가 하는 것이다.

적어도 이 질문에 대한 답변의 일부는 『옥스퍼드 영어사전』이 제시하는 공유의 좀 더 새로운 의미들 가운데 하나에서 찾을 수 있다. 나누는 것 및 공동으로 가지는 것으로서의 공유의 의미에 더해, 공유는 '다른 사람들에게 자신의 정신적인 경험을 전하는 것'이라는 좀 더 새로운 의미도 가진다. 『옥스퍼드 영어사전』은 이 의미를 다른 집단 구성원이 있는 데서 자신의 죄를 공개 고백하는 특이한 행위를 하고 이러한 유형의 의사소통을 '공유'라 불렀던 종교 운동인 도덕 재무장(Moral Rearmament) 운동 및 옥스퍼드 그룹과 매우 구체적으로 연관 짓는다. 우리는 5장에서 공유가 어떻게 오늘날 치유 문화의 구성 요소가 되었는지 살펴볼 것이며, 나는 공유의 이런 의미가 확립되는 데 있어 옥스퍼드 그룹이 차지한 역할에 대해 다소 자세하게 살펴볼 것이다. 그러나 여기서는 『옥스퍼드 영어사전』이 1930년대에 '이야기하기로서의 공유(sharing-as-telling)'의 의미를 확고히 했다는 사실을 언급하는 것만으로 충분하다고 생각한다. 이런 의미에서 공유는 공유자에게 일종의 구속(救贖)+을 가져다주며 참석자들 사이에 연대감을 향상시킨다고 일컬어졌다. 오늘날 이런 종류의 치유적 공유는 익명의 알코올 중독자 모임 및 일반적인 지원 단체와 쉽사리 연계된다: 그와 같은 상황에서

+ 죄의 사함 _옮긴이

참여자들이 공유한다는 것은 그들이 어려움을 극복하도록 도와주는 것을 의미하며 또한 그것은 집단 구성원들 사이의 연대감을 만들어준다. 이것은 공유가 미덕이 되는 매우 중요한 순간이다. 의미심장하게도 익명의 알코올 중독자 모임은 실제로 옥스퍼드 그룹에서 파생되었다. 옥스퍼드 그룹에서는, 그리고 나중에는 익명의 알코올 중독자 모임에서는 이야기하기로서의 공유가 어떤 수준의 연대감, 평등과 수직위계의 부재, 신뢰, 개방성, 참된 (결함을 지닌) 자기에 대한 표현, 그리고 호혜성을 의미하게 된다. 이런 의미의 공유가 등장하고 그 의미가 확고해지면서 새로운 의미장(semantic field)+이 생겨나게 되었다.

지금까지 우리는 『옥스퍼드 영어사전』에 나오는 공유의 정의를 충실히 따랐다. 이제 공유의 변화하는 의미 및 공유와 일련의 친사회적 가치 간의 관계에 대해 더 자세히 설명해보고자 한다.

2. '공유'와 말뭉치 분석++

레이먼드 윌리엄스는 우리에게 단어를 이해하기 위해, "그리고 특히 아이디어와 가치를 포함하고 있는 단어를 이해하기 위해" 사전에

\+ 한 단어가 가지고 있는 의미 영역을 체계화하는 것 _옮긴이

++ 말뭉치 또는 코퍼스(corpus, 복수형은 corpora)는 자연언어 연구를 위해 특정한 목적을 가지고 언어의 표본을 추출한 집합이다. 컴퓨터의 발달로 말뭉치 분석이 용이해졌으며 분석의 정확성을 위해 해당 자연언어를 형태소 분석하는 경우가 많다. 말뭉치 분석은 확률/통계적 기법과 시계열적인 접근으로 전체를 파악하는 방식으로, 언어의 빈도와 분포를 확인할 수 있는 자료이자 현대 언어학 연구에 필수적인 자료이다. 말뭉치 분석은 인문학에 자연과학적 방법론이 가장 성공적으로 적용된 경우로 볼 수 있다(https://ko.wikipedia.org/wiki/%EB%A7%90%EB%AD%89%EC%B9%98). _옮긴이

지나치게 의존하지 말라고 경고한다(Williams, 1976: 17). 실제로 우리가 관심을 가지고 있는 단어가 핵심어이거나(Ortner, 1973; Wierzbicka, 1997), "의미가 모호한 문화적 개념"일 때(Carbaugh, 2007: 177), 분명 사전은 충분하지 않을 것이다. 더욱이 언어학자 데버라 캐머런(Deborah Cameron)이 언급했듯이, "심지어 가장 면밀한 사전편찬학도 원자료의 불가피한 제한점으로 인해 어떤 주어진 시기에 단어가 사용되는 범위에 대한 부분적인 암시 이상을 결코 보여주지 않는다"(Cameron, 1995: 126). 따라서 『옥스퍼드 영어사전』이 예를 들어 '파일 공유'에 대해 정의하고 있지만, '공유'가 컴퓨터-매개 커뮤니케이션을 의미하는 것으로 정의하지도 않고 또한 '공유'가 어떻게 낭만적인 관계와 다른 친밀한 관계에서 좋은 것을 의미하게 되었는지를 보여주지도 않는다. '공유'의 진화를 더 자세하게 설명하기 위해 우리는 분명 사전이 우리를 데리고 갈 수 있는 곳보다 더 먼 곳까지 갈 필요가 있다. 이를 위해 나는 (주로) 질적인 말뭉치 분석(corpus analysis)을 제시한다. 질적인 말뭉치 분석은 "컴퓨터에 말뭉치로 저장되어 있어 접근·검색·분석할 수 있는 실제 커뮤니케이션 상황을 토대로 언어 현상을 심층 조사하는 방법론"이다(Hasko, 2012: 4758). 이 경우 그러한 분석은 어떤 단어의 변화를 확인하기 위해 자연스럽게 발생하는 언어를 살펴보는 것을 의미한다.

여기에 사용된 말뭉치는 한편으로는 거대한 다국적 기업(즉, 구글)에 의해, 다른 한편으로는 한 대학의 사회언어학자[브리검 영 대학교(Brigham Young University)의 마크 데이비스(Mark Davies)]에 의해 구축되었다. 구글의 말뭉치는 구글 북스(Google Books) 프로젝트를 통해 구축되었다. 2010년, 이 말뭉치는 1500만 권이 넘는 책에서 가져온 수

백억 개의 영어 단어를 포함하고 있었다(Michael et al., 2011). 그러나 구글의 엔그램(Ngram) 인터페이스는 상대적으로 제한적이며, 이런 점에서 데이비스가 구축한 말뭉치가 훨씬 더 유용하다. 여기서 나는 데이비스의 다음 두 말뭉치를 사용할 것이다: 1820년에서 2009년에 이르는 4억 개 이상의 단어를 포함하고 있는 『역사적 미국 영어 말뭉치(Corpus of Historical American English: COHA)』와[4] 1990년에서 2012년에 이르는 4억 5000만 개 이상의 단어를 포함하고 있는 『현대 미국 영어 말뭉치(Corpus of Contemporary American English: COCA)』.[5] 앞으로의 내용은 대부분 『COHA』에 등장한 4417개 사례의 '공유'라는 단어와 '공유'라는 단어 가까이에서 매우 자주 등장하는 단어들을 찾기 위한 연관어 쿼리(collocate query)에 대한 분석을 토대로 하고 있다.

구글 데이터와 『COHA』 둘 다에서 추출한 첫째 관찰 결과는, 공유에 대한 이야기가 20세기 초 이후, 특히 1970년대 이후 상당히 증가했다는 것이다(〈그림 2.1〉 참조). 비록 말뭉치들 간의 차이를 나타내는 두 선이 완벽하게 겹치지는 않지만, 우리는 가까운 과거와 그리 가깝지 않은 과거에 우리가 사용했던 것보다는 지금 훨씬 더 많이 공유에 대해 말하고 쓴다고 자신 있게 주장할 수 있을 만큼 두 선은 분명 충분히 겹쳐져 있다.

이러한 '공유'에 대한 이야기에서는 양적 변화 외에 질적 변화도 있었는데, 우리는 말뭉치 분석가들이 선호하는 개념 가운데 하나인 연관관계(collocation)를 이용함으로써 그러한 변화를 관찰할 수 있다. 연관관계란 '노드 단어(node word)'(이 경우 '공유')라 불리는 것과 특정한 거리 내에 등장하는 단어들을 확인하고 세는 것을 의미한다. 여기서의 가정은 노드 단어와 함께 나타나는 단어들은 그 단어가 사용되는 맥락

그림 2.1 **'공유'라는 단어가 사용된 사례(1810~2010)(단위: 100만 단어)**

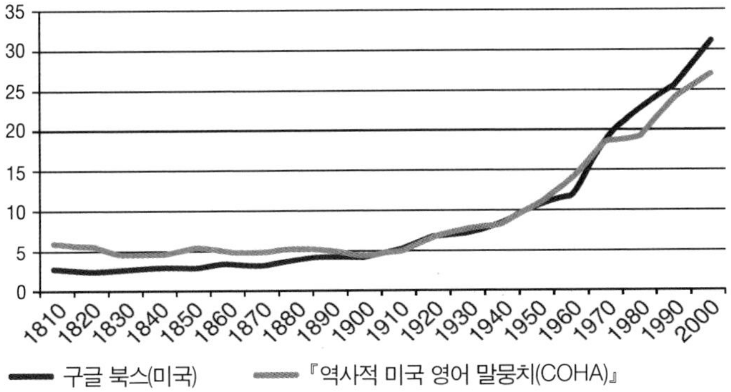

의 의미를 제공할 수 있다는 것이다. 역사적 말뭉치(historical corpus)를 이용함으로써 어떤 단어의 새로운 의미 출현을 비교적 정확하게 찾아낼 수 있다. 분명한 하나의 예를 제시하자면, 19세기에는 '파일'이라는 단어와 '공유'라는 단어가 서로 근접해서 등장하지 않는다. 〈그림 2.2〉는 이러한 다소 일상적인 관찰을 시각적으로 만든 것으로, 블록이 어두울수록 그 단어가 '공유'라는 단어의 왼쪽에 근접해서 출현하는 빈도가 더 높다.

여기서 일부 연관어는 '공유'와 '파일' 간의 연관처럼 놀랍지 않으며 특별히 지적 이해를 도와주지도 않는다. 그러나 흥미로운 것은 내가 이야기하기로서의 공유라고 부른 '공유'의 의미가 점차 우세해지고 있다는 것이다. 예를 들면, 1980년대 이전에는 정보가 '공유되는' 어떤 것이 아니었다. 『COHA』에 따르면, 19세기 전반기에는 정보의 주된 연관어가 '입수된', '제공되는', '공급되는' 같은 단어들이었다. 정보, 그

그림 2.2 **'공유'에 대한 연관관계 히트 맵(1820~2010)**

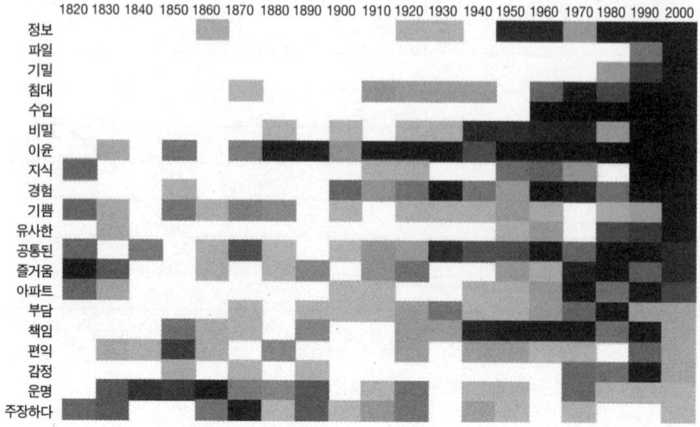

주: 블록이 어두울수록 해당 단어와 '공유'의 연관관계가 더 큼.

리고 정말로 지식만이 1970년대부터 실제로 공유되는 무언가가 되었다. 경험이나 감정은 19세기에 '공유되지' 않았다. 내가 앞으로 보여주겠지만, 이러한 단어들이 '공유'라는 단어와 함께 등장했을 때는 대개 '공통적으로 가지고 있는' 또는 '참여하는'이라는 의미였으며 다른 사람에게 자신의 경험이나 감정을 이야기한다는 적극적인 의미는 아니었다. 몇몇 연관어는 특히 새롭지 않다. 즉, 예를 들어 이윤 공유에 대한 이야기는 1870년대부터 널리 퍼지기 시작했으며, '공유'와 '기쁨' 간의 연관관계와 관련된 패턴을 찾아내기는 어렵다. 〈그림 2.2〉의 히트맵(heat map)이 공유된 운명에 대한 이야기는 지금보다 19세기 중반에 더 많이 존재했음을 시사하듯이, '운명'이 이 목록에 들어 있는 것은 주목할 만하다.

그러나 이것은 단지 수를 세는 것이 아니라는 데 주목하는 것은 중요하며, 〈그림 2.2〉는 예시적이긴 하지만 이야기의 일부만을 말해준다. 다음 절에서 나는 '공유'라는 단어가 사용된 새로운 방식에 대해 알아볼 것이다. 단어가 새로운 방식으로 사용된다는 것은 어떤 종류의 문화적 변화가 일어났음을 나타낸다. 때로는 이러한 변화가 분명히 드러나는데, 예를 들어 19세기에 미국의 영어 사용자들은 당연히 '파일 공유'에 관해 이야기하지 않았다. 그러나 19세기 미국 영어 사용자들이 비밀을 공유하는 것에 대해서도 이야기하지 않았다는 것은 덜 분명하며 어쩌면 덜 놀랄 만한 일이다: 19세기에는 비밀이 이야기되거나 폭로되거나 발각되었지만, 공유되지는 않았다.

3. 이야기하기로서의 공유의 출현

'공유'의 중대한 변화는 그것이 '분배'나 '분할', 그리고 '참여하는 것'이라는 의미와 더불어 '의사소통'이라는 의미를 띠게 되었다는 것이다. 즉, '공유'는 "사람들에게 의미 있고 중요한 의사소통 행위의 특성을 기술하기 위해 그들이 두드러지게 그리고 일상적으로 사용하는 용어와 구(句)"로 정의되는 "의사소통 행위를 나타내는 문화 용어"군(群)에 합류했다(Carabugh, Berry and Nurmikari-Berry, 2006: 205). 실제로 공유는 도널 카보의 '이야기를 뜻하는 50개 용어(Fifty Terms for Talk)' 가운데 하나이다(Carabugh, 1989).

이야기를 뜻하는 용어로서의 '공유'는 점차 자신의 내적 상태를 다른 사람에게 전하는 것을 나타내면서 친밀한 관계의 이상을 표상하게 되었다. 은유가 바뀐 것이다: 예를 들어, "공유된 문제는 반으로 줄어든다"라는 구절에서 은유는 분할이라는 공유 본래의 의미와 매우 가깝다. 만약 내가 당신과 어떤 문제를 공유한다면, 내가 사탕을 당신과 공유하는 경우처럼, 그 문제는 반으로 줄어들게 되고, 문제가 반으로 줄어들면 나는 그 문제가 덜 무겁게 느껴질 것이다. 그러나 사탕을 공유하는 것과 달리 공유자는 어떠한 종류의 희생도 하지 않으며, 여기서는 오히려 공유의 대상이 되는 사람이 더 가치 있는 일을 수행하는 사람이다. 그럼에도 불구하고 이 경우 '어떤 문제를 공유하는 것'이 어떻게 (은유적) 분할이 아닌 의사소통 행위를 나타낼 수 있는지를 살펴보는 것은 어려운 일이 아니다. 공유의 전신들이 19세기 말뭉치에서도 나타나지만, 의사소통 행위로서의 공유의 이러한 의미는 실제로 비교적 새로운 것이다.

실제로 '공유'가 정서 또는 감정과 관련해서 사용된 『COHA』의 초기 사례에서는 '공유'가 오늘날의 '이야기하기'라는 의미가 아니라 '공통된 것을 가지는 것'이라는 의미였다. 예를 들어, 1824년에 출판된 한 소설에서 한 등장인물은 전쟁터에서 자신의 동생이 죽는 것을 지켜본 데 대해 다음과 같이 기술한다. "이상하게도 어린 시절 동생은 아프기만 하면 그 고통을 늘 나와 나누었기 때문에 나는 떨리는 그의 손에서 탄약통을 빼앗았다"(Sigourney and Lathrop, 1824: 191). 『모비 딕(Moby Dick)』에서도 유사한 사용이 발견되는데, 여기서 항해사인 스텁(Stubb)과 플래스크(Flask)는 자신들이 스타벅(Stakbuck)과 비슷한 감정을 가지고 있음을 의미하며 "그의 감정을 공유한다"라고 말한다(Melville, 1851). 공유가 이야기하기일 수 있다고 생각하게 된 것은 어쩌면 1851년에 출간된 아동도서에 나오는 한 장면에서 비롯되었을 수도 있다. 여기서 한 어린 소녀는 오빠에게 자신이 어떻게 놀림을 당했는지에 대해 말한다. 대화를 끝낸 후 "집에 돌아왔을 때 패니(Fanny)는 여느 때만큼이나 다시 행복해했는데, 왜냐하면 그녀는 자신의 고민을 오빠와 공유함으로써 마음이 아주 가벼워졌기 때문이다"라고 그 책은 적고 있다(Jessup Moore, 1851: 154). 그러나 여기서 패니의 기분이 나아진 것은 오빠와 '이야기'를 나누었기 때문이 아니라 고민을 공유함으로써, 즉 '나눔'으로써, 고민이 가벼워졌기 때문이다. 그리고 실제로 오빠인 프랭크(Frank)가 패니에게 그녀를 슬프게 만드는 것에 대해 자신에게 이야기하라고 재촉할 때, 그는 그녀에게 그것에 대해 이야기하는 것이 그녀를 기분 좋게 해줄 것[이것은 20세기 치유적 복음(therapeutic gospel)의 핵심 구성요소이다]이라고 말하는 것이 아니라, "만약 그 이유를 말하지 않는다면 그는 매우 기분이 나쁠 것"이라고 말한다(Jessup Moore, 1851: 153). 이 경우 나중에 이 단어가 사용되는 것과는 반대로 패니의 고민은 그녀가 자신의 고민에 대해 이야기했기 때문에 공유된다; 고민이 공유되고 있다는 것은 고민에 대해 이야기한 결과이다. 이야기하는 것 자체가 '공유'로 불리는 것이 아니라, 이야기하는 것이 그녀의 고민의 공유, 즉 분할과 재분배로 이어지는 것이다.

마찬가지로 루이자 올컷(Louisa Alcott)의 소설 『작은 아씨들(Little Women)』+에서 한 등장인물은 다음과 같이 말한다. "너와 공유함으로써 이 부담을 덜어내고자 노력하지 않고서는 나에게 휴식은 없어. 내 모든 것을 다 말할 테니 나를 위로해줘"(Alcott, 1873: 111). 여기서 우리는 부담을 공유하는 것과 이야기하는 것 간의 관계를 볼 수 있다. 하지만 다시 한 번 그 관계는 전자가 후자의 도움으로 얻어지는 관계이지, 두 사람이 동등한 관계는 아니며, 나중에라야 동등하게 된다. 더욱이

+ 공경희 옮김(2007, 시공주니어) _옮긴이

이야기하는 행위 그 자체가 도움이 되고 위로가 된다는 암시는 없다: 먼저 루이자가 말을 할 것이고, 그런 다음 그녀가 위로를 받을 것이다. 공유의 은유는 여전히 분할이라는 물리적 행위와 연관되어 있긴 하지만, 그럼에도 앞의 사례에서처럼 이야기가 두 사람을 더 가깝게 만들 수 있다는 점이 인정되고 있다는 것은 주목할 만한 가치가 있다.

'공유'와 다른 사람의 내적인 정서 상태 간의 이러한 담론적 연관성이 깊어지는 것은 1899년 말뭉치에 포함되어 있는 단어에서 찾아볼 수 있는데, 여기서는 음악 비평가 헨리 씨어필러스 핀크(Henry Theophilus Finck)가 "더 낮은 단계의 인간성"이 아닌 "문명인"을 특징짓는 능력으로서의 공감(sympathy)+의 속성에 대해 다음과 같은 의견을 제시한다. "공감은 다른 사람의 고통과 기쁨을 공유하는 것, 즉 다른 사람의 기쁨과 슬픔이 자신의 기쁨과 슬픔인 것처럼 느껴 다른 사람의 고통은 줄여주고 기쁨은 배가시켜주고자 하는 열망을 의미한다"(Finck, 1899: 400~401). 오늘날 우리는 아마도 이러한 특성을 '감정이입(empathy)'이라 부르겠지만 그가 말하고자 하는 요점은 공유는 다른 사람에게 자신의 '기쁨과 슬픔'을 이야기하는 행위가 아닌, 그러한 것에 공감하는 (혹은 감정이입하는) 상태를 말한다는 것이다. 따라서 19세기에 공유를 정서와 관련해서 이야기하는 것은 그러한 정서를 경험하는 사람과 관련 있는

+ empathy를 흔히 공감이라고 번역하지만, 심리학에서 empathy와 sympathy는 엄밀히 구분되는 개념이다. empathy는 주체가 객체와의 동일시를 통해 하나가 되어 둘 간에 거리가 없는 좀 더 강력한 개념인 반면, sympathy는 주체가 객체의 감정을 공유하지만 둘이 하나가 될 정도 주체가 객체에 가깝게 다가가지는 않는 개념이다. 예를 들어, 길거리에서 돈을 구걸하는 거지를 보고 "아, 저 사람 참 불쌍하네"라고 생각하며 그 사람의 불쌍한 처지를 공유하지만 그냥 지나치는 것은 공감(sympathy) 상태라고 한다면, 그 거지에게 다가가 돈을 주고 손을 꼭 잡아주며 힘내라고 한다면 그것을 감정이입(empathy) 상태라고 할 수 있다. 따라서 역자는 sympathy는 공감으로, empathy는 감정이입으로 번역한다. _옮긴이

것이 아니라, 그러한 정서와 동일시함으로써 그러한 정서를 공유하고(나누고) 있다고 일컬어지는 다른 사람과 관련 있다.

바꾸어 말하면, 20세기로의 전환기에 '공유'라는 단어는 아직 현재와 같이 스피치의 한 형태로서의 의미를 띠지는 않았으며, 심지어 사람들이 이야기를 통해 공유할 때에도 여전히 고민이나 부담을 나눈다는(분할) 의미였다. 이러한 공유의 은유(즉, 물리적인 것)는 또한 종교적인 이야기에서도 흔히 볼 수 있는데, 종교적인 이야기를 할 때 사람들은 자신의 죄를 고백함으로써 죄책감을 덜어낸다. 죄책감은 우리를 무겁게 짓누르는데, 그러한 부담을 공유하는 것, 즉 그러한 부담의 일부를 다른 사람에게 주는 것은 물리적인 짐을 공유함으로써 우리의 어깨가 가벼워지듯이 우리를 도와준다. 따라서 출애굽기(Exodus)(34: 6~7)에는 만약 우리가 신에게 우리의 사악한 행위를 말하면 신은 그것을 스스로 짊어질 것이라고 적혀 있다. 더욱이 이는 또한 이전의 더 나은 상태로 관계를 회복시켜줄 수 있다. 예를 들어, 천주교 신자들의 고해성사는 고해성사를 하는 사람과 하느님 간의 관계를 개선해준다.

내적 상태에 대해 이야기하는 행위와 그러한 내적 상태가 공유되는 것 간의 언어적 탈락(linguistic elision)+은 1903년에 출간된 이디스 워튼(Edith Wharton)의 소설 『성역(Sanctuary)』에서 시작되었는데, 이 소설에서 작가는 다음과 같이 적고 있다. "그러나 그녀의 미소가 오래 이어진 것은 그가 다가왔기 때문이 아니라 그녀의 기분을 그에게 전하는 것이 불가능하다는 느낌이 들었기 때문이다. 그러한 감정은 그녀를 불안하게 만들지 않았다. 그녀는 가슴 속 가장 깊은 곳에 있는 그

+ 같은 언어 표현의 반복을 피하기 위해 동일한 요소는 탈락시키는 것 _옮긴이

녀의 기분을 다른 누구와 공유하는 것을 상상할 수 없었다"(Wharton, 1903: 6~7). 이 말뭉치에서 처음으로 의사소통 개념과 공유의 개념이 명시적으로 연결되었다. 여기서 주인공이 상상할 수 없는 것은 그녀의 가슴 가장 깊은 곳의 기분을 다른 사람과 공유하는 것이 아니라 다른 사람에게 그녀의 가슴 가장 깊은 곳의 기분, 따라서 가장 사적이고 친밀한 감정을 '말하는 것'이다. 이어서 그 무렵에 출간된 또 하나의 소설도 비밀을 공유하는 것은 이야기하는 행위 그 자체이지, 이야기하는 것이 공유된 비밀을 만들어내지 않음을 시사한다. 주인공 제시카(Jessica)는 한 신부(神父)에게 다음과 같은 내용의 편지를 쓴다. "나는 우리의 신앙 좌담회에서 고백하는 것의 모순을 결코 감수할 수 없었습니다. 나에겐 비밀을 그렇게 많은 사람과 공유하는 것이 자연 그 자체에 대해 이단적인 것 같습니다"(More and Harris, 1904: 115). 1917년에 출간된 한 소설에서는 지식을 공유하는 행위가 불가분하게 스피치와 연결되는데, 여기서는 한 학생이 선생님을 다음과 같이 기술한다: 그는 "매우 다정하고 말수가 많다. 그는 그가 가지고 있는 모든 지식을 다른 사람과 공유하려고 하거나 단순히 남이 듣든 말든 혼자서 말하고자 하는 열정을 가지고 있었다"(Cahan, 1917: 92). 지식을 공유하는 것이 의사소통 행위 그 자체가 되고 있으며, 지식 공유가 분석적으로 뚜렷이 구별되는 이야기하는 행위의 결과만은 아니다.

조금 더 뒤에 나온 글은 '공유'와 '이야기하기'가 훨씬 더 합쳐지고 있음을 보여준다. 여기서는 공장에서 일하는 한 여성이 일하면서 특히 사적인 문제에 대해 대화할 수 있는 시간을 찾기가 얼마나 어려운지에 대해 다음과 같이 탄식한다. "에이다(Ada)와 대화하는 것은 늘 어려웠다. 그녀는 공장 구석 여기저기서 계속해서 큰 소리로 호출 당하고 있었으며, 우리가 대화를 나누었을 수도 있는 몇 초 동안에는 내가 호출 당했다. 언제 호출 당할지 모르는 그런 상황은 특히 연애사를 공유하는 데는 치명적이다"(Parker, 1922: 237). '공유'를 이렇게 사용하는 것은 연애사를 공유하는 것과 연애사에 대한 이야기를 동등한 것으로 간주하는 것일 뿐만 아니라, 그와 같은 이야기를 하는 데 가장 적합한 일단의 조건(즉, 시끄럽고 요구가 많은 공장은 그러한 조건에 해당되지 않는다)이 충족되어야 함을 시사하는 것이기도 하다.

1930년대에 이르러 '공유'라는 단어는 점차 자유롭게 일종의 스피치를 나타내는 것으로 사용된 것 같다. 예를 들어, ≪하퍼스(Harpers)≫에 실린 젊은 프랑스 남성에 관한 기사에는 "그 역시 여성과 거리낌 없이 이야기하는, 즉 그의 걱정거리와 승리의 기쁨을 여성과 공유하는 습관을 가지고 있다"라고 적혀 있다(Dunbar Bromley, 1932). 마찬가지로 교육에 관한 한 서적에는 경험을 공유하는 것이 의사소통 행위로 제시되어 있다. "몸짓, 팬터마임, 불분명한 소리, 조악한 삽화로 제한되어 있던 원시 인간 집단은 발전할 수 있었지만 거의 발전하지 못했다. 분명히 표현되는 언어를 획득함으로써 …… 누적된 정보를 구전(口傳)하는 것이 가능해졌다"(Thomas and Lang, 1937: 144). 바꾸어 말하면, 언어는 정보 공유를 가능하게 한다. 공유가 적극적인 행위로 의미가 변한 것은 1940년에 출판된 지역사회 센터에 관한 한 책에서 볼 수 있는데, 이 책에는 "적극적으로 아이디어를 공유할 때 참여자들은 한 집단으로 기능하는 경험을 습득한다"라고 적혀 있다(Buttler, 1940: 90). 그러니까 여기서는 참여자들에게 공통적이라는 의미에서 아이디어가 공유되는 것이 아니라, 참여자들이 자신들의 아이디어를 적극적으로 서로 공유하는 것이다; 그들은 아이디어를 서로 소통한다. 1944년, 마하트마 간디

(Mahatma Gandhi)가 인도 총독에게 보낸 편지에도 똑같은 생각이 나타나 있다. 그는 그 편지에 다음과 같이 적고 있다. "내가 늘 하는 것처럼, 만약 내가 영국인의 친구라고 주장한다면, 그 어떤 것도 내가 나의 마음 속 가장 깊은 곳의 생각을 당신과 공유하는 것을 단념하게 해서는 안 된다고 나는 생각했다"(n/a, 1944). 여기서 '공유'는 분명 '이야기하는 것'을 의미한다. 더욱이 그것은 친절한 종류의 이야기하기이다. 간디는 영국인 총독을 친구로 보기 때문에, 자신의 마음 속 가장 깊은 곳의 생각을 영국인 총독과 공유하는 것은 매우 적절하다.

공유를 이런 의미로 사용하는 것은 1950년에 출판된 한 소설에서 발췌한 다음 문장에 훨씬 더 분명하게 나타나 있다. 여기서는 일단의 사람들이 최근에 고인이 된 친구에 대해 이야기하고 있다. "고인에 대해 이야기하고, 그들의 미덕을 다시 열거하며, 자신의 감정을 그들과 공유함으로써 소중한 위안을 얻는 것, 이것은 장례식 후의 오찬 모임에서 만들어졌어야 했던 분위기라고 솔(Saul)은 생각했다"(Sarton, 1950: 220). 그런 다음 솔은 계속해서 바로 고인에 대한 자신의 감정을 공유하기 시작한다; 즉, 그는 그녀에 대해 이야기한 것이다. 1950년대부터 교육자들 역시 이야기하는 것의 한 종류로서의 공유에 대해 이야기하기 시작했다. 예를 들면, 다음과 같다. "쇼-앤-텔(show-and-tell)+이나 다른 유형의 공유 시간에 사용된 시간은 좀 더 집중적인 공부가 필요한 영역을 열어줄 뿐만 아니라 학생들이 서로에 대한 관심을 키우는 실제적인 목적에도 도움이 된다. 학생들이 원할 때 문제를 공유하는 데 수업시간을 사용하는 것은 학생들이 서로를 돕고자 하는 자발성을 높이는 방법이

+ 수업 활동의 하나로 각자 물건을 가져와서 보여주며 발표하는 것 _옮긴이

다"(Wiles, 1952: 92). 1956년의 한 소설 역시 '공유'가 '이야기하기'를 의미하게 되었음을 보여주는데, 여기서 누가 엿들을까 걱정하는 한 등장인물은 "공유하는 것에 반대하며 입을 닫았다"(Chute, 1956: 108).

이러한 의미로 공유를 사용하는 것—오늘날 우리에게 확실히 익숙한—은 1970년대 중반에 확립된 것 같다. 예를 들어, 필립 로스(Philip Roth)의 작품 『남자로서의 나의 삶(My Life as a Man)』에서 모(Moe)는 어린 아들들에게 정치에 대해 이야기하는 것을 특히 좋아한다. "그들이 영어 문장을 이해할 수 있게 된 이후로 그는 이 나라가 운영되고 있는 방식에 대한 자신의 실망을 그들과 공유해왔는데"(Roth, 1974: 122), 여기서 '공유'는 분명 아들들에게 그의 실망을 이야기하는 것을 의미한다. 같은 해, 유방암에 걸린 여성을 위한 지원 단체에 관한 한 기사는 "한 사랑스러운 여성이 그녀의 속마음을 공유하면서 결혼식 날 밤에 남편에게 그녀의 온전하고 건강한 몸을 준 것을 매우 자랑스러워한 것에 대해 말했다"라고 적고 있다(Cole, 1974: n.pag.). 역시 1974년에 출간된 교육에 관한 한 책에서는 '공유'라는 단어가 '이야기하는', 즉 '의사소통하는'이라는 더욱 더 친숙해진 의미로 여러 차례 사용되었다. 예를 들어, 이 책에는 "선생님들 사이와 선생님과 다른 사람들 사이의 의사소통과 공유의 시작"이라는 표현이 있으며(Gross and Gross, 1974: 8), 또한 "(느긋하고 협력적인 상황에서) 단순히 감정을 공유하는 것은 …… 진정한 의사소통의 시작이 될 수 있다"라는 생각도 제시되어 있다(p. 214). 1980년에 출간된 한 소설은 두 등장인물이 "밤늦도록 이야기하며 그들의 경험을 공유한다"라고 기술하고 있다(Krantz, 1980: 185). 딘 쿤츠(Dean Koontz)는 1983년에 출간된 소설에서 "다른 수감자들은 새로운 소식을 감방 간에 공유하고 있었지만, 케일(Kale)과 무언가를 공유하려는 사람은 아무도 없었으며, 케일 역시 누구에게도 자신과 정보를 공유해달라고 부탁하지 않았다"라고 적고 있다(Koontz, 1983: 217).

치유적 맥락의 공유 개념이 구체적으로 나타난 것도 이 무렵이다. 한 병원의 의사와 간호사 간의 적대감에 관해 쓴 ≪굿 하우스키핑(Good Housekeeping)≫의 기사는 한 치료사가 그러한 긴장을 해결하는 데 어떻게 참여했는지 적고 있다. 그 치료사는 "그들이 서로 의사소통하는 데 겪는 어려움을 극복하도록 돕고 싶다는 점을 설명함으로써 중재를 시작했다. 그는 어린 시절 특히 가슴을 뭉클하게 한 경험에 대해 이야기해줄 것을 모든 사람에게 요구했다. 의사와 간호사들은 돌아가며 자신들의 인생에서 매우 감동적인 순간을 공유했다"(Morris, 1983: n.pag.). 비웃는다고 할 정도는 아니지만 비판적인 접근도 나타난다. ≪뉴스위크(Newsweek)≫ TV 비평가인 해리 F. 워터스(Harry F. Waters)는 그가 "치유 극장(theater of therapy)"이라고 부른 것, 즉 사람들이 "그들의 충동과 기능 장애의 은밀한 세부사항을 전혀 모르는 사람들과 공유하는 데" 아무런 문제가 없어 보이는 미국의 새로운 토크쇼들에 대한 기사를 썼다(Waters, 1983: 116). (1980년대 초반에 붐이었던) 지원 단체들을 매우 진지하게 다룬 한 기사는(Wuthnow, 1994) 덜 풍자적인 목소리로 "다른 사람과 슬픔을 공유하는 것이 지닌 치유적 가치는 자조(自助) 집단의 치솟는 가치에는 뒤진다"라고 설명한다(Maloney, 1983: n.pag). 1989년, ≪뉴욕 타임스(New York Times)≫의 한 기사는 현재 우리가 '공유'라는 단어와 연관 짓는, 친밀한 의사소통 유형에 대한 젠더(gender)+ 특성이 반영된 선호도에 대해 논의하면서

+ 'sex'가 생물학적으로 결정된 성이라면 'gender'는 문화적으로 구성된 성이다. _옮긴이

다음과 같이 적고 있다: 번트(Berndt) 박사는 "소녀들의 친구관계는 소년들의 친구관계보다 더 친밀한 경향이 있으며, 그들은 생각과 감정을 공유하는 데 더 관심이 있다"라고 말했다(Kutner, 1989: C8).

1990년대에 이르러 '이야기하기'로서의 '공유'라는 새로운 의미는 일상 언어에 완전히 녹아들었다. 예를 들어, 다음 인용문에서 '공유'라는 단어는 그 단어에 대해 두 번 생각할 필요 없이 사용되고 있다. "스토리텔링(storytelling)은 숨 쉬는 것만큼이나 자연스럽고, 석기시대만큼이나 오래되었으며, 개리슨 케일러(Garrison Keillor)+만큼이나 유행이다. 카풀(car pool)을 하는 이웃사람들이건, 점심을 함께 먹는 사업동료들이건, 하루 일과가 끝난 어린이들이건 간에 사람들은 늘 이야기를 공유하고 있다"(Elwood, 1993: n.pag.).

'공유'라는 단어가 일종의 '이야기하기'를 의미하게 되었다면, 오늘날 그것은 정보 전달과도 관계가 있다: 우리는 다음 장에서 공유를 소셜 미디어의 구성 활동으로 더 자세히 살펴볼 것이다. 『COHA』를 통해 우리는 이러한 정보 공유의 개념을 추적해볼 수 있는데, 〈그림 2.2〉에서 볼 수 있듯이, 이것은 이 단어를 비교적 새롭게 사용한 것이다. 실제로 우리가 이 말뭉치에서 만나는 정보 공유의 첫째 사례는 1926년의 것으로, 비즈니스 맥락에서 "완전한 정보"를 주주와 "공유하는 것"에 대해 논의하고 있다(Ripley, 1926). 역시 비즈니스 맥락에서 쓰인 사무실 관리자를 위한 한 지침서는 "다른 사람들의 일에 대해 관심을 보여주고 정보를 추구하며 그것을 공유하는 것"의 가치를 극찬하고 있다(Niles and Niles, 1935).

+ 미국의 유명한 풍자 작가이자 방송인 _옮긴이

1940년대와 1950년대에는 '공유'와 '정보'가 함께 사용된 주된 맥락이 과학, 특히 핵 과학 맥락이었다. 바꾸어 말하면, 정보 공유는 기관 수준에서 발견되는 행위이며, 공유된 것은 비즈니스 데이터나 과학 데이터였다. 1960년대에는 개인들이 정보를 공유하는 것으로 기술되었으나, 『COHA』에서 가져온 발췌문에는 공유된 정보가 매우 개인적인 정보는 아니었다. 실제로 정보 공유는 "직원들 사이에 신뢰를 조성하는" 행위로 여겨졌지만(Cole, 1983: 22), 1995년이 되어서야 비로소 정보를 공유하는 것이 어쨌든 친밀한 행위로 여겨졌다. 온라인 프라이버시에 관한 기사를 쓴 한 저널리스트는 "우리의 자기의식과 친구관계는 개인 정보의 통제에 의해 결정된다"라고 적으면서 "정보의 공유는 친밀한 행위이다"라고 결론 내린다(Harrington, 1995: F14). 그러나 일반적으로 정보 공유와 관련된 『COHA』 발췌문에서는 정보가 매우 흔히 기술적(技術的)인 정보이며, 공유를 하는 곳은 기관인 경향이 있다. 이러한 종류의 공유에는 방금 기술한 대로 이야기하기로서의 공유의 규범적 측면이 결여되어 있는 것 같다.

지식 공유 개념도 유사한 패턴을 보여준다. 지식 공유는 19세기에 듣거나 읽곤 했던 어구 표현방식이 아니었다. 실제로 이 말뭉치에서 그와 같은 표현이 처음 사용된 것은 앞에서 인용한 1917년의 발췌문에서였다["그는 자신이 가지고 있는 모든 지식을 다른 사람과 공유하고자 하는 열정을 가지고 있었다"(Cahan, 1917: 92)]. 이후의 사례들은 지식 공유를 긍정적인 시각에서 묘사한다. 예를 들어, 한 예술가는 "다른 사람과 지식을 공유하는 것은 중요하고도 서로를 풍성하게 한다"라고 말한 것으로 인용되어 있으며(n/a, 1999), 또 다른 인용문은 "다른 사람과 지식을 공유하는 것은 우리 내부의 지식을 강화한다"라고 적고 있다(Haddon,

2000: n.pag.).

앞의 두 흐름이 합쳐진 것으로 보이는 또 하나의 중요한 흐름은 '공유'와 친밀한 관계 및 막연한 의미의 선량함·형평성 간의 연관이 증가하는 것이다. 20세기를 거치면서 '공유'가 친밀한 대인관계의 중심으로 정의됨에 따라 이야기와 친밀한 관계가 점차 상호 연관된다. 이러한 경향을 보여주는 초기 사례는 1846년 한 어머니에 대한 기술에서 찾아볼 수 있는데, 여기에서 이 어머니는 "자신이 가지고 있는 것이면 무엇이든 [자녀와] 공유하기" 때문에 "다정하고 충실한 부모"라고 일컬어진다(n/a, 1846: 462). 공통성은 분명 이러한 유대의 중심이다. 이러한 공통성은 또한 1865년에 발행된 ≪하퍼스≫에 실린, 중국의 결혼에 관한 한 기사에도 표현되어 있다. "하나의 슈가 콕(sugar cock)+을 함께 빨아 먹는 것과 하나의 잔으로 함께 술을 마시는 것은 삶에서 운명을 공유하는 결합을 상징한다"(Doolittle, 1865: 435).

1953년, 인류학자인 마거릿 미드(Margaret Mead)가 ≪더 네이션(The Nation)≫에 기고한 기사는 '공유'가 결혼의 중심임을 보여주는 아주 좋은 사례이다. 이 기사에서 그녀는 "제2차 세계대전 이후 미국에서는 새로운 종류의 결혼이 나타났다"라고 적은 후, 그러한 결혼의 몇몇 속성을 다음과 같이 계속 나열했다: 이러한 결혼은 "우리가 이전에 이 나라에서 본 그 어떤 결혼보다 더 솔직하고 더 분명하며 더 많이 공유한다"(Mead, 1953: n.pag.). 여기에 공유의 대상이 빠져 있는 것이 흥미롭다. 미드는 '무엇이'(확신/관심/집안일/돈?) 공유되는지를 말하는 것이 아니라, 근대의 결혼은 그중에서도 '공유'를 특징으로 한다는 것을 말

+ 설탕을 녹여 막대 끝에 수탉(cock) 모양 설탕 과자를 끼워놓은 것 _옮긴이

하고 있다. 대략 같은 시기에 출간된 한 소설에서 "결혼의 재미"는 "배우자와 상황을 공유하는" 데서 온다고 기술하고 있는데, 이것 역시 모호하기는 마찬가지이지만(McCarthy, 1955: n.pag.), 이것이 말하고자 하는 요점은 정확히 20세기 후반 동안 '공유'는 이상적 결혼의 특성, 혹은 실제로 "순수한 관계"를 나타낸다는 것이다(Giddens, 1992 참조). 1973년에 이르러 가족에 대한 한 사회적 분석에서는 저자가 "결혼에서 공유와 호혜성이 지닌 현대적 가치"를 인정한다(Yorburg, 1973: n.pag.). 1980년대에 이르면, 다음과 같은 문장을 만날 수 있다. "나는 그들이 함께하는 공유가 결혼에서 매우 중요한 것으로 보았다"(Marks, 1986: 22). 또는 "결혼은 함께함을 의미하고, 그것은 공유와 사랑을 의미한다"(Leib, 1989: 284). 이러한 생각은 오늘날까지 계속된다. 예를 들어, 1995년에 출간된 결혼에 관한 한 책에서 저자들은 다음과 같은 내용이 적힌 편지를 받은 것에 대해 이야기한다. "나에게 결혼이란 서로를 완전하게 채워주기 위해 두 사람의 삶을 공유하는 것이다"(Wallerstein and Blakeslee, 1995: 4). 1899년을 배경으로 21세기에 쓰인 한 소설에서는 공유를 기반으로 한 이런 결혼의 문화적 개념화가 (시대착오적이긴 하지만) 이루어진다. "그것, 즉 공유가 바로 결혼이라는 것이다. 당신은 가정을 공유하고 공간을 공유한다. 당신은 자식을 공유한다"(McGraw, 2006: 528).

이러한 마지막 사례들에서 주목할 만한 것은 '공유'라는 단어가 은유이긴 하지만 그 단어는 그 자체로 독립적인 의미를 가지고 있으며 더 이상 그 단어의 비은유적 의미들을 떠올리게 하지 않는다는 것이다. 언어학자들은 이 사례에서 은유는 실제로 '사멸했다'고 말할지도 모른다(은유의 사멸에 대해서는 Billig and MacMillan, 2005 참조). 은유가 사멸했는지 여부를 결정하는 기준은 은유와 문자 그대로의 은유와 대응관계에 있는 것 간의 관계와 관련이 있다(Deignan, 2005). 예를 들어, "나는 그들이 함께하고 있는 공유를 결혼에서 매우 중요한 것으로 보았다"라는 구절에서 '공유'라는 단어는 문자 그대로의 의미를 떠올리게 만들지 않는다. 데이그넌(Deignan)의 표현에 따르면, 이렇게 관계에 대해 좋은 것임을 나타내기 위해 '공유'라는 단어를 사용할 때, 그 단어의 의미는 문자 그대로의 의미와 상관없으며, 이러한 문자 그대로의 의미는 그러한 은유의 '핵심'이 아니다(Deignan, 2005: 41~47). 어떤 관계가 '공유'의 하나로 기술될 경우 우리는 그 관계가 어떤 종류의 관계를 언급하고 있는지 안다. 즉, 그 부부 사이에는 의사소통이 잘 이루어지고 있고(Katriel and Philipsen, 1981), 그들은 서로를 배려하며, (1980년대에 나타난 공유의 새로운 의미에서 가장 중요한 것으로) 그들의 관계는 평등, 신뢰, 그리고 상호성에 기반을 두고 있다. 그래서 앞으로 보게 되겠지만, 소셜 미디어에서 공유의 개념이 대인관계에 좋은 것으로 제시될 때, 이 새로운 의미는 이제 추가적으로 발전 확대된 은유의 근원이 된다.

4. 공유와 배려

여기서 내가 겨냥하고 있는 공유의 의미를 정확히 담아내는 한 특정한 단어들의 조합은 '공유'와 '배려'의 조합이다. 구글 북스의 엔그램 뷰어(Ngram Viewer)에 따르면, 1960년대부터 '공유와 배려', 그리고 '배려와 공유'라는 문구의 사용이 급격히 증가하다가 2000년 즈음에야 비

그림 2.3 **'공유와 배려', '배려와 공유'라는 단어가 등장한 빈도 추이(1920~2000)**

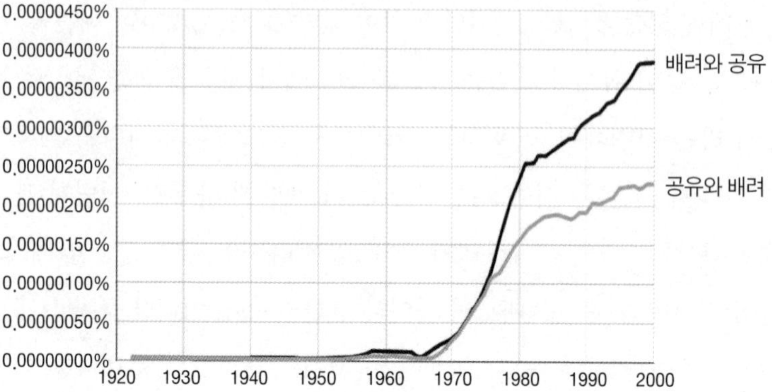

자료: Google Ngram.

로소 증가세가 꺾이기 시작했음을 알 수 있다(〈그림 2.3〉 참조). 따라서 '공유'와 '배려'의 결합은 히피(hippie) 운동과, 좀 더 일반적으로는 미국의 반문화(counterculture)의 등장과 분명히 겹치는데, 이 점에 대해서는 조금 뒤에 다시 논의할 것이다.

분명 sharing과 caring의 각운(rhyme)은 그 문구의 유행에 일조한다[재컵슨(Jakobson, 1960)은 'I like Ike'(나는 아이크를 좋아한다)라는 슬로건이 유행한 현상을 분석하며, 맥글론과 토피그바크시(McGlone and Tofighbakhsh, 2000)는 사람들은 경구가 각운을 이룰 때 그 메시지에 동의할 가능성이 더 높음을 보여주는 실험 결과를 제시한다]. 그러나 sharing과 caring의 각운은 늘 존재했지만, 그 문구는 그렇지 않았다. 실제로 '공유'와 '배려'라는 단어가 인접해 있거나 두 단어 사이에 단 하나의 단어만 있는 『COHA』의 13개 사례 가운데 하나를 제외하고는 모두 1982년 이후의 것이다.[6]

'배려와 공유'(혹은 '공유와 배려')라는 용어의 현대적 의미는 공유 주위를 비추는 따뜻한 빛 역할을 한다. 우리는 이러한 의미를, 예를 들어 케어 베어스(Care Bears)의 책 표지에서 볼 수 있는데, 여기에는 '배려와 공유(Caring and Sharing)'라는 문구가 테디 베어스(teddy bears), 뭉게구름, 그리고 무지갯빛 꽃잎을 가진 꽃들 위에 새겨져 있다(〈그림 2.4〉). 한 술 더 떠서, 자주색 곰(왼쪽 곰)은 다름 아닌 셰어 베어(Share Bear) 자신이며, 다른 곰, 즉 치어 베어(Cheer Bear)는 배에 무지개가 있다. 공유를 이것과 비슷하게 시각적으로 표상한 사례는 드롭박스(Dropbox)의 웹사이트에서도 발견된다. 여기에도 '공유'라는 단어 옆에 무지개 이미지가 있다(〈그림 2.5〉). 물론 무지개는 조화와 평화를 표상하는 매우 효과적인 상징이다. 많은 문화에서 무지개는 우리 세계와 천국을 연결해주는 것으로 여겨진다. 유대-기독교 문화에서 무지개의 상징적 힘은 창세기(Genesis) 9장에 나온다: 지구에 홍수를 일으킨 뒤 하느님은 그와 같은 일을 다시는 하지 않겠노라고 약속하는데, 무지개는 이러한 약속의 상징이다. 무지개는 또한 영성(靈性)을 함축적으로 의미하기도 하는데, 이는 철저한 물질주의에 대한 균형으로서의 공유라는 생각을 떠올리게 한다. 어쨌든 이러한 종류의 시각적 비유는 몹시 감상적인 연하장으로 인해, 그리고 '공유와 배려'라는 바로 그 문구를 말할 때 우리가 취할 가능성이 있는 목소리 톤으로 인해 우리에게 친숙하다.[7]

다시 글들로 돌아가면, 1983년 이른바 '신(新)남성(New Man)'+의 등장에 대해 한 책은 "남성은 배려하고 공유하고 가정적이며 아버지답도록 허용되고 있다"고 주장한다(Kron, 1983: 121). 마이클 이그네이티프

+ 육아·가사 등을 공동으로 하는, 공격적이지 않고 섬세한 남성 _옮긴이

그림 2.4 **케어 베어스의 책 표지**

ⓒ Scholastic

그림 2.5 **드롭박스 아이콘**

(Michael Ignatieff)는 그 문구에 대해 다소 아이러니한 입장을 취하면서 다음과 같이 적고 있다. "'공유와 배려'라는 덕성은 건강하기 때문에, 면역학자들이 배려하는 사람과 공유하는 사람의 관상동맥 통계자료가 인상적이라고 말하기 때문에, 미국 문화에서 그러한 덕성은 점차 소중히 여겨지고 있다"(Ignatieff, 1988: 28). 마찬가지로 10대 소녀와 10대 소녀가 좋아하는 브랜드에 대해 이야기하는 한 소매 컨설턴트의 말이 한 인터뷰에 다음과 같이 인용되어 있다: 소녀들은 "배려하고 공유하며 동정적인 태도를 가지고 있다"(O'Donnell, 2007: 1B).

마지막 예로(나는 이것에 대해 좀 더 면밀하게 분석해볼 것을 제안한다), 타이거 우즈(Tiger Woods)의 책 『나는 어떻게 골프를 치는가(How I Play Golf)』(2001)로 돌아가보자. 도입부에서 우즈는 "어머니와 아버지의 이상적인 배려와 공유에 바치는 최고의 찬사로" 이 책을 썼다고 적고 있다. 여기서 그 문구는 단순히 그의 부모가 선량하고 사려 깊으며 사심이 없는 사람임을 의미한다. 그러나 다행히도 우즈는 '배려와 공유'가 의미하는 바에 대해 자신이 이해하는 바를 다음과 같이 상세히 설명한다. "본질적으로 만약 당신이 누군가를 보살핀다면 당신은 당신의 가장 소중한 소유물을 그들과 공유할 것이다."

내가 생각하기에 '배려와 공유'에 대한 앞의 사례들을 통해서 분명히 나타나듯이, 소중한 소유물을 공유한다는 생각은 실제로 여기에 속하지 않는 것 같다. 우리가 공유를 어떻게 이해하든, (배려와 공유라는 맥락에서) 공유는 보통 사람들 간의 친밀한 의사소통, 즉 그들의 경험, 또는 심지어 그들의 삶을 공유한다는 사실을 나타낸다. 실제로 우리는 '공유'라는 단어가 친밀한 관계의 특성을 기술하는 데 사용되는 경우, 그러한 '공유'의 다른 사례들 가운데 그 어떤 것도 소유에 대한 것은 아니라고까지 말할 수 있을 것이다. 그리고 실제로 바로 다음 문장에서 우즈는 자신이 독자와 공유하고 있는 것이 무엇인지 우리에게 말하는데, 그것이 그가 매우 소중하게 여길 수도 있는 무언가이기는 하지만 그것을 소유물이라고 하기는 어렵다. 그는 다음과 같이 적고 있다. "내가 살아온 시간이 비교적 짧기는 하지만, 나는 이 책에서 이 세상에서 가장 위대한 게임에 대한 내 일생의 지식을 당신과 공유할 것이다"(Woods, 2001: 15). 이 사례에서 '공유'라는 단어는 이 책이 분석하고자 하는 많은 일을 하고 있다. 그것은 긍정적인 대인관계 모델을 의미한다; 그것은 제로섬 게임에서 적어도 '소중한 소유물'의 일부를 이타적으로 포기하는 것을 의미한다; 그리고 그것은 제로섬 게임에서 정보 전달을 의미한다. 우리는 우즈가 글을 쓸 때 마음속에 (혹은 대필 작가의 마음속에—그렇지만 의도하는 의미는 유효하다) 떠올렸던 '공유'의 서로 다른 의미들을 거의 다 볼 수 있다: 그의 어머니와 아버지는 '배려와 공유'를 다른 사람과의 상호작용과, 특히 자신들의 양육 행위의 기반이 되는 다소 모호한 이상으로 믿고 있다; 만약 당신이 누군가를 돌본다면 당신은 그들과 공유하기 때문에 '공유'와 '배려'는 연결되어 있다. 하지만 이러한 공유가 정서적 의미를 가지기 위해서는 어떤 종류의 희생을 수반해야 하며, 따라서 (그것이 제공되는 것이 아니라 단지 공유되고 있을 뿐이긴 하지만) '소중한 소유물'이라고 언급되었다; 그래서 우즈가 공유하기를 원하는 것은 지식이라는 것이 드러나지만, 공유라는 단어가 이전에 '배려'와 연관되었다는 점을 통해, 그리고 우즈의 어머니와 아버지를 통해 이러한 공유는 이제 정서로 가득 차 있다. 만약 우리의 성향이 냉소적이라면, 우리는 공유에 대한 이러한 모든 이야기가 실제로 여기에서 일어나는 일을 잘못 해석하고 있다고 말할 수도 있을 것이다. 우즈는 당연히 자신의 지식을 우리와 공유할 것이지만(우리가 보았듯이, 이것은 '공유'라는 단어의 확실히 자리잡은 사용법이다), 이것이 '배려'와 관련되어 있다는 것을 이해하는 것은 쉽지 않다. 첫째, 타이거 우즈는 자신의 책을 읽을 사람을 알지 못하는데, 이로 인해 '배려'에 대한 그의 이야기는 다소 입에 발린 소리처럼 들린다. 둘째, 우즈는 자신의 지식을 공유함과 동시에 돈도 벌고 있다. 그와 독자들 간의 관계와 그의 부모와 그 간의 관계 모두 '공유와 배려'를 토대로 하고 있다는 점에서 이 두 관계가 같다는 생각은 꽤 설득력이 없다.

그럼에도 불구하고, 나는 타이거 우즈가 교묘하게 사람들을 조종하고 있다고 말하려는 것이 아니다. 그렇다고 페이스북이 우리로 하여금 우리가 좋아하는 사람들과 공유할 수 있게 해준다고 말할 때 페이스북이 교묘하게 사람을 조종하고 있다고 말하려는 것도 아니다. 오히려 내가 말하고자 하는 바는, 이러한 것들은 우리가 공유에 대해 이야기할 때, 그리고 다른 사람이 공유에 대해 이야기하는 것을 들을 때 정확히 우리 마음속에 만들어지는 연관된 사슬이라는 것이다. 지금 나는 이렇게 말함으로써 '파일 공유'라는 용어에 대해 내가 나중에 할 주장을 미리 하고 있다. '파일 공유'라는 용어에 대한 반론 가운데 하나는 관여된 사람들이 함께 음악을 듣거나 TV 프로그램을 시청하면서 물리적으로 공존하지 않기 때문에 그것은 '실제로 공유가 아니'라는 것이다. 나는 '파일 공유'가 현재의 저작권 제도와 관련해 파일 공유의 파괴적인 속성을 잘 보여주는 적절한 용어라고 생각하지만, 나의 좀 더 일반적인 입장은 '공유'라 불리는 것이 적절하다거나 적절하지 않을 수도 있다는 것을 규정하는 언어 경찰(language policeman)의 입장은 아니다. 우선 우리는 타이거 우즈를 골프에 대한 자신의 지식을 우리와 공유함으로써 돈을 버는 사람으로 볼 수도 있지만(그리고 일부 사람들은 자신들의 냉소를 표현하기 위해 '공유'에 따옴표를 붙이고 싶어 할 수도 있지만), 우즈는 분명 자신에게 개인적으로 중요한 지식을 전하면서 독자들과 공동체 의식을 느낄 수도 있다. 바꾸어 말하면, 그는 '배려와 공유'라는 의미에서 자신이 '공유하고' 있다고 느낄 수도 있다. 아마도 증명하기는 불가능하겠지만, 앞에서 암시된 한 가지 흥미로운 추측은 '공유와 배려'라는 문구가 표상하고 있듯이 정확히 단어들의 의미론적 연관성으로 인해 타이거 우즈는 자신이 공유하고 있는 것처럼 느끼고 있다는 것이다. 되풀이해서 말하면, 이러한 의미장들 간의 연관성 때문에 드롭박스는 자신들의 웹사이트에서 '공유'라는 단어 옆에 무지개를 배치할 수 있으며, 그리고 어떤 어린이에게 맥주를 사주는 것은 잘못된 것이지만 그 어린이와 맥주를 공유하는 것은 괜찮다는 영감을 만화에 제공하는 것이다(다시 한 번 무지개 같은 색깔들과 함께; 〈그림 1.1〉 참조).

5. 결론

이 장에서 나는 '공유'가 분배의 한 종류라는 더 오래된 의미 외에 어떻게 '공유'가 일종의 이야기가 되었는지 보여주었다. 우리는 5장에서 다시 공유가 치유 문화의 중심인지에 대해 다룰 것이다. 여기서는 공유가 정확히 정서의 공유를 둘러싼 이야기하기가 되었다는 것에 주목하자. 19세기에 사람들은 자신의 고민거리를 공유했을 수도 있을 것이며, 그 고민에 대해 이야기함으로써 고민을 공유했을 것이다. 그러나 자신의 고민거리(또는 비통함, 또는 슬픔)에 대해 이야기하는 행위가 그러한 이야기의 결과(고민거리가 공유되는 것, 즉 분배 은유에 따르면 다른 사람들 사이에 분배됨으로써 고민이 더 가벼워지는 것)로 언어적 탈락이 이루어진 때는 불과 20세기 전반이었다. 동시에 이야기하기는 대체로 더 중요해지고 있었으며 점차 자기는 물론 자기와 다른 사람의 관계를 구성하는 요소가 되고 있었다(Illouz, 2008). 특정한 이야기 유형으로서의 공유는(Carbaugh, 1989) 친밀한 관계에 필수적이 되었다.

공유가 지닌 몹시 감상적인 무지개빛 속성들은 공유가 아닌 것, 즉 공유와 반대되는 것을 강력하게 표현하고 있는 것 같다. 만약 공유하지 않는 것이 이기적이고 비공감적이며 사려 깊지 못한 것이라면(이것이 일부 사람들에게는 냉혹한 자본주의 세계를 기술하는 것일 수도 있다), 케어 베어스와 강아지들,+ 그리고 하나의 아이스크림콘을 함께 먹고 있는 두 어린이는 이 세상의 좋은 면을 표상하는 것 같다. 존 레넌(John Lennon)이 자신의 노래 「이매진(Imagine)」에서 모든 사람이 온 세상을 공유하는 것에 대해 노래했을 때 그가 의미하고자 한 것이 바로 이와 같은 어떤 것이었을 것이다. 여기서 말하려는 바는 우리 가운데 일부가 공유에 대해 냉소적이지 않다는 것이 아니라(나 자신은 방금 전 이를 '몹시 감상적'이라고 칭했다), 우리가 공유에 대해 생각할 때 그것을 어떤 것과 연관시키는지를 분명히 보여준다는 것이다. 다음 장에서 우리는 이러한 통찰을 '공유'라는 단어의 의미의 층들에 적용할 것이며 또한 소셜 미디어에서 공유가 차지하는 중심성을 비판적으로 분석할 것이다.

+ TV 만화 〈케어 베어와 사촌들〉에서 강아지들은 케어 베어의 사촌으로 등장한다. _옮긴이

3

공유와 인터넷

마누엘 카스텔스(Manuel Castells)는 "우리 사회에서 커뮤니케이션 프로토콜은 문화의 공유에 기반을 두고 있는 것이 아니라 공유의 문화에 기반을 두고 있다"고 보았다(Castells, 2009: 126). 마찬가지로 셰리 터클(Sherry Turkle)은 현대 커뮤니케이션 기술에 의해 야기된 "새로운 체계"와 특히 스마트폰을 "기술하는 가장 좋은 방법"은 "나는 공유한다. 고로 존재한다"라고 말하는 것이라고 비판적으로 단정했다.[1] 이것은 '공유'의 개념이 오늘날 디지털 커뮤니케이션 맥락에서 꽤 자연스럽게 펼쳐지는 방식에 대한 단지 두 가지 사례에 지나지 않는다.

어떤 사람들에게는 우리가 온라인에서 하는 것이 공유라는 생각이 새롭지 않다. 예를 들어, 페이스북 '공유 담당 관리자'인 크리스 휴즈(Chris Hughes)는 '셰어 온 페이스북(Share on Facebook)' 북마클릿(bookmarklet)+을 소개하는 2006년의 한 블로그 게시글에 다음과 같이 적었다. "인터넷의 이 모든 것이 시작된 이래로 사람들은 모든 것을 공유해오고 있다."[2] 마찬가지로 완전히 다른 정치적 입장에서 쓰긴 했지만, 자칭 '벤처 공산주의자(venture communist)'인 드미트리 클라이너(Dmytri Kleiner)는 "인터넷은 늘 사용자들 간의 공유에 관한 것이었다"라고 말했다(Kleiner, 2011: 179).

따라서 일반적 통념과 수사적 관습에 따르면, 인터넷은 공유에 관한 것이고 또 언제나 공유에 관한 것이었다.[3] 그러나 인터넷의 등장에 대한 일부 문헌 조사와 SNS가 등장해서 공고화되던 시기(대략 2000~2010년)에 SNS가 스스로를 소개하는 방식에 대한 조사는 세 가지 중요한 소견을 제시한다. 첫째, 공유의 가치와 인터넷 간의 문화적·담론적 연관성은 자연스럽게 주어진 것이 아니다. '플랫폼(platform)'이라는 용어에 관한 탈턴 길레스피(Tarleton Gillespie)의 다음과 같은 의견도 마찬가지로 여기에 잘 어울린다. "'플랫폼'과 같은 용어는 하늘에서 뚝 떨어졌거나 사람들의 공개적인 토론 과정에서 아무런 규제도 받지 않고 저절로 나타난 것이 아니다"(Gillespie, 2010: 359). 물론 이것은 그 용어가 어디에서 왔는지에 대한 의문을 제기한다. 둘째, 인터넷과 공유 간의 연계는 인터넷 아키텍처(architecture)의 직접적인 결과도 아니다. 대신, 토머스 스트리터(Thomas Streeter)가 주장하듯이 중요한 것은 "인터넷이 우리에게 가져다준 것이 아니라 우리가 인터넷에 가져다준 것"이다(Streeter, 2011: 187). 셋째, "인터넷의 이 모든 것이 시작된" 이래로 사람들은 "모든 것을 공유해오지는" 않았다. 그들은 자료를 올리고 자료를 업데이트하며 자료를 보냈을 수도 있지만, 그러한 행위는 '공유'로 불리지 않았다. 이 장 후반부에서 나는 언

+ 브라우저의 북마크를 응용하는 기술 _옮긴이

제 그것들이 '공유'가 되었는지 보여줄 것이다. 내가 이미 말했듯이, 만약 우리가 우리의 은유에 의거해서 살아간다면, 이것은 중요하며 주목할 만한 가치가 있다.

이 장은 인터넷이 등장한 이래 인터넷은 문화적으로 그리고 담론적으로 협업(collaboration), 협력(cooperation),+ 연결성(connectivity), 그리고 공동체와 연관되어왔다는 점을 인정하면서 시작한다.[4] 이것은 인터넷에 대한 글의 강한 유토피아적 전통에 반영되어 있는데, 여기에는 하워드 레인골드(Howard Rheingold, 1993), 클레이 셔키(Clay Shirky, 2008), 찰스 레드비터(Charles Leadbeater, 2008)와 같은 작가들, 그리고 『위키노믹스(Wikinomics)』의 저자인 돈 탭스콧(Don Tapscott)과 앤써니 윌리엄스(Anthony Williams, 2006)가 포함된다. 요차이 벤클러의 『네트워크의 부(The Wealth of Networks)』,++ 니컬러스 네그로폰

+ '협력'과 '협업'의 차이를 살펴보면, '협력'은 서로 다른 부서에서 일하는 둘 이상의 사람이 정해진 프로세스와 역할 내에서 도움을 주고받으며 일하는 것이다. 생산 부서가 구매 부서의 협력을 얻어 원자재를 조달하고 영업 부서가 마케팅 부서와 디자인 부서의 협력으로 영업활동을 전개하는 것을 예로 들 수 있다. '협력'을 하기 위해서는 별도의 조직을 만들 필요가 없다. 자신이 속한 조직에서 하던 일을 지속하면서 다른 부서에 도움을 주거나 도움을 받으면 된다. 이에 반해, '협업'은 서로 다른 부서에서 일하는 둘 이상의 사람들이 공동의 목표를 설정하고 이를 달성하기 위해 함께 일하는 방식이다. 물론 해당 구성원들만으로 별도의 조직을 만들 수도 있고 가상의 조직을 만들어 운영할 수도 있으며 필요에 따라 간헐적으로 모이는 방식을 택할 수도 있다. 제품의 품질을 획기적으로 향상시키기 위해 생산, 품질, 마케팅, 연구 부서의 구성원이 모여서 공동의 작업을 수행하는 것이나 프로세스를 혁신하고 ERP 시스템을 구축하기 위해 여러 부서의 사람들을 차출해 혁신조직을 만드는 것, 경쟁사의 새로운 전략에 발 빠르게 대응하기 위해 영업, 마케팅, 디자인, 연구, 생산 조직이 1주일에 한 번씩 모여서 일하는 것 등이 여기에 해당된다. 따라서 '협업'은 여러 부서에 공통적으로 해당되는 특수한 과제의 수행, 중요도가 높거나 비경상적으로 발생하는 문제의 해결 등에 사용되는 조직구성원들의 상호작용 방식이다(http://cluster1.cafe.daum.net/_c21_/bbs_search_read?grpid=19WRh&fldid=NwMM&datanum=1013&contentval=&docid=19WRhNwMM101320100114160348) _옮긴이

++ 최은창 옮김(2015, 커뮤니케이션북스) _옮긴이

티(Nicholas Negroponte)의 『디지털이다(Being Digital)』,+ 그리고 빌 게이츠(Bill Gates)의 『미래로 가는 길(The Road Ahead)』++(Gates, Myhrvold and Rinearson, 1995)도 그러한 책에 속한다. 독자들도 틀림없이 더 많은 예를 생각할 수 있을 것이다. 다음으로 나는 비록 인터넷은 항상 친사회성과 연관되어왔지만, 이러한 친사회성이 (한 가지 중요한 사례, 즉 해킹 문화를 제외하고는) 공유라는 개념에 항상 포함되어오지는 않았다는 소견으로 이어간다. 이것을 입증하기 위해 나는 공유에 대해 이야기하지 않는 사람들에 대해 이야기하는 데 약간의 시간을 사용할 것이다(이것은 내가 6장에서 파일 공유에 대해 논의하면서 다시 사용하는 전략이다). 그런 다음 나는 공유가 소셜 미디어, 그리고 잠시 동안 웹 2.0이라고 불렸던 것의 핵심어로 등장한 것에 주목한다.[5] 이 시점에서(새로운 은유가 뿌리를 내리고 있는 시점에서) 우리는 사람들이 공유에 참여하고, 공유를 시험해보고, 공유를 여러모로 활용하는 것을 볼 수 있다. 또한 우리는 사람들이 공유를 역추정해, 사람들이 실제로 공유라는 측면에서 인터넷에 대해 이야기하지 않던 시기에 공유를 적용하는 것을 볼 수 있다. 종합하면, 이러한 이슈들은 오늘날 주된 인터넷의 은유로서 '공유'가 지닌 특별한 힘에 대해 질문하도록 다시 한 번 우리를 이끈다.

\+ 백욱인 옮김(1995, 박영률출판사) _옮긴이

++ 이규행 옮김(1995, 삼성출판사) _옮긴이

1. 인터넷을 친사회적인 것으로 구성하기

새로운 기술의 의미는 소비할 준비가 되어 있는 우리에게 주어지지 않으며; 기술 그 자체와 함께 주어지지도 않는다. 대신 특정한 사회적 위치를 차지하고 있는 특정한 집단이 기술에 의미를 부여한다. 과학기술학(science and technology study: STS) 연구자들은 이것을 '해석적 유연성(interpretative flexibility)'이라 부른다(Pinch and Bijker, 1987). 이러한 사례는 많다: 널리 인용되는 한 논문에서 클라인과 핀치(Kline and Pinch, 1996)는 라디오에 관해 수전 더글러스(Susan Douglas, 1987)를 언급하고, 전화에 관해 클로드 피셔(Claude Fischer, 1992)와 미셸 마틴(Michele Martin, 1991)을 언급하며, 전기에 관해 데이비드 나이(David Nye, 1990)를 언급한다. 역사학자 로이 로젠위그(Roy Rosenzweig, 1998)가 세련되게 상세히 설명하고 있듯이, 심지어 대중의 의식 속에서 인터넷이 폭발하던 시기와 매우 가까운 시기에 쓰인 인터넷의 역사들도 서로 매우 다른 측면을 강조했다[그는 하우벤(Hauben)의 『네티즌(Netizens)』(1997)과 폴 에드워즈(Paul Edwards)의 『폐쇄된 세계(The Closed World)』(1996)와 같은 인터넷의 탄생에 대한 매우 다른 여러 설명을 비교했다].

새롭게 등장하는 인터넷에 대한 의미 부여를 실증해 보여주는 유일한 책은 아니지만,[6] 프레드 터너(Fred Turner)의 『반문화에서 사이버문화로(From Counterculture to Cyber-culture)』는 이러한 과정의 분명한 사례를 보여준다. 특히 그는 컴퓨터가 억압적인 사회의 지배하에 있는 억압적인 도구로 여겨졌던 1960년대부터 컴퓨터가 터너가 "새로운 공동체주의자(New Communalist)"로 부르는 이질적인 집단이 주도하는

"반문화적 꿈(countercultural dream)"의 필수적인 부분이던 1990년대까지 어떻게 "정보 기술의 문화적 의미가 급격하게 바뀌었는지를" 설명하는 과제를 스스로에게 부여한다(Turner, 2006: 2). 그는 "컴퓨터와 컴퓨터 네트워크가 P2P(peer-to-peer) 애드호크러시(adhocracy),+ 평등한 시장, 그리고 좀 더 진정한 자기라는 비전과 어떻게 연계되었는가?"라고 묻는다(p. 3). 이러한 비전들은 오늘날의 공유의 개념화와 비슷하다는 점에 주목하라. 터너는 컴퓨터 네트워크가 어떻게 공유라는 비전과 연계되었는지는 묻고 있지 '않다'는 점에도 주목하라.

나중에 공유의 개념을 채택하는 데 중요하게도, 그리고 치유 담론(therapeutic discourse)에 관한 5장에서 보듯이, 터너가 매우 알기 쉽게 기술한 반문화는 자기 상태에 대한 표현뿐만 아니라 다른 사람과의 대인관계 유형에도 기반을 두고 있었다. 예를 들어, 터너가 설명하고자 하는 인터넷의 특징 가운데는 "사람들을 심리적으로 온전하게 만들거나 친밀한 …… 공동체가 확립될 수 있게 해주는" 인터넷의 알려진 능력이 포함되어 있다(p. 3). 이것은 터너가 "가상 공동체"로 기술된 첫 온라인 포럼인 홀 어쓰 렉트로닉 링크(Whole Earth 'Lectronic Link), 즉 웰(WELL)에 대해 논의하는 데서 특히 분명하게 드러난다(Turner, 2006: ch.5). 웰은 비계층적인 자치 체계로 설립되었으며, 무엇보다도 1960년대와 1970년대의 공동체 거주자들이 여기에 거주했다. 하워드 레인골드는 초기의 영향력 있는 구성원이었으며, 그의 고전적 서적인 『가상 공동체(Virtual Community)』(1993)는 웰에서 그가 겪은 경험을 토대

+ 전통적 관료제 구조와는 달리 체계가 전혀 갖춰지지 않았거나 거의 없어 융통성, 혁신성이 높은 '특별임시조직'을 말한다. _옮긴이

로 했다. 그에게 컴퓨터 네트워크는 "협력의 힘을 재발견"하고 "우리가 이 모든 기술을 얻었을 때 매우 많은 사람이 잃어버린 것 같았던 협동정신을 되살릴 수 있는" 능력을 제공했다(Rheingold, 1993: 109). 이것은 인간의 타락 후(post-lapsarian) 공동체에 대한 의견이며(여기에 대해서는 다음 장에서 공유 경제에 대해 논의할 때 다시 살펴볼 것이다) 다음과 같은 익숙한 구조를 가지고 있다: 과거 어느 특정되지 않은 시기에 우리는 협력의 힘이 어떤 것인지 알기도 했고 협동정신을 가지고 있기도 했지만, "이 모든 기술"은 우리에게서 그러한 지식을 빼앗아갔다. 그래서 레인골드는 "우리는 계속해서 새로운 기술을 얻어오고 있지만 동시에 우리는 계속해서 공동체 의식을 잃어오고 있다"라고 말한다(p. 109). 그러나 이제(그는 1993년에 말했다) 사람들은 "컴퓨터를 사용해 새로운 방식으로 협력하는 것"을 배우고 있다(p. 109).

터너의 글이 지닌 힘은 레인골드 같은 누군가가 인간의 사회성에서 컴퓨터 네트워크가 차지하는 위치에 관한 자신의 견해를 어떻게 갖게 되었는지 이해하는 것을 돕는다는 데 있다. 그래서 그들의 글은 다음과 같은 이유로 그러한 활동과 매우 다르게 관련되어 있다: 레인골드의 글은 직접 경험을 토대로 한 설명이며, 터너의 글은 레인골드의 설명(과 그것과 같은 다른 많은 설명)을 맥락화하기 위한 노력이다. 그렇게 함으로써 터너는 우리가 오늘날 인터넷의 주요 이미지 가운데 하나(즉, 사람들이 인터넷에 대해 이야기할 때 그들이 의미하는 바를 공유의 문화로 우리가 이해할 수 있게 해주는 이미지)의 배후에 있는 문화적 과정을 이해하는 데 중요하게 기여한다(또한 Mansell, 2012 참조).

그러나 터너와 레인골드의 공통점은 공유의 가치들과 강한 공명을 일으키지만 실제로는 '공유'라는 단어를 거의 사용하지 않는 이야기를 하고 있는 것이다. 당시 그들은 지금 우리만큼 그러한 은유를 쉽게 이용할 수 없었다. 바꾸어 말하면, 인터넷은 (레인골드와 그의 동료들에 의해) 협업과 협력을 위한 기술로 프레임되어 있었는데, 이것은 공유의 은유에 매우 적합했다. 그러나 '공유'를 위한 플랫폼으로서의 인터넷에 대한 이야기는 웰에 대한 레인골드의 설명에도 제시되어 있지 않고, 인터넷과 미국 반문화 간 연관성에 대한 터너의 설명에도 제시되어 있지 않다. 다음에 내가 보여주듯이, 엄청나게 확장되고 있는 SNS 분야에서 '공유'라는 용어가 널리 채택됨과 동시에, 그리고 아마도 그러한 채택의 결과로, 이 용어는 2000년대 중반에 인터넷의 핵심어가 되었다. 그렇다 하더라도 『가상 공동체』 2000년판에서(비록 원본인 1993년판은 아니지만) 레인골드는 배리 웰먼(Barry Wellman)과 밀레나 굴리아(Milena Gulia)의 논문(Wellman and Gulia, 1999)을 다른 말로 바꾸어 표현하면서 다음과 같이 주장한다. "사이버 공간은 공유가 권장되는 장소이다"(Rheingold, 2000: 364). 그러나 흥미롭게도 웰먼과 굴리아는 실제로 그 논문에서 공유를 전혀 언급하지 않는다.[7] 우리는 이것을 인터넷이 공유의 장소가 되는 과정에서 나타나는 짧은 순간으로 볼 수도 있을 것이다. 웰에 대한 터너의 논의에서도 비슷한 순간을 볼 수 있는데, 그는 웰을 "공유, 친밀성, 그리고 평등한 사회적 위계를 강조하는 것"으로 기술하는 반면(p. 248), 웰에 대한 레인골드의 설명에서는 실제로 공유에 대한 이야기가 거의 없다.

인터넷 총론에서 소셜 네트워크 사이트(social network site: SNS) 각론으로 옮기면서 나는 '공유'의 등장에 대해 마지막 사례를 제시하고자 한다: 보이드와 엘리슨(boyd and Ellison, 2007)은 자신들의 고전적인 논문에서 공유를 거의 언급하지 않은 채 SNS를 정의하고 분석한다

(미디어, 정보, 동영상 및 사진 공유에 대해서는 어느 정도 언급하는데, 나중에 나는 이것을 구체적인 목적을 가진 공유로 정의할 것이다). 그러나 그들의 2007년 논문을 여러모로 업데이트한 2013년 『옥스퍼드 인터넷 연구 핸드북(Oxford Handbook of Internet Studies)』 기고문으로 시점을 앞당겨보면, 여기에는 공유에 대한 이야기가 많다: 사람들은 "콘텐트+를 만들어 자신들이 접촉하는 사람과 공유한다"(Ellison and boyd, 2013: 154); "SNS 사용의 주된 동인"은 "의사소통을 하고 콘텐트를 공유하고자 하는 욕망이다"(p. 159); 또한 SNS는 "의사소통과 공유의 장벽을" 낮추었다(p. 159). 그러나 내가 주장하고자 하는 바를 가장 분명하게 보여주는 예는 엘리슨과 보이드가 SNS에 대한 자신들의 '정의 2.0(Definition 2.0)'을 설계하고 있을 때이다. 그들은 다음과 같이 말한다. "SNS는 진화했지만, SNS의 기초적인 활동—경계가 있는 사용자 집단과 콘텐트를 공유하는 것—은 근본적으로 동일하다"(p. 159). 그러나 2007년 논문에는 (엘리슨과 보이드가 2013년에 스스로 인정하듯이) '콘텐트 공유'라는 단어가 등장하지 않을 뿐 아니라, 공유보다 프로필을 훨씬 더 강조한다. 분명 여기서의 나의 목적은 보이드와 엘리슨의 결정적 기여에 이의를 제기하는 것이 아니라, 이 두 가지 중요한 글을 사용해 우리가 SNS를 언제나 공유의 측면에서 이야기하지는 않는다는 것과 더욱이 '공유'라는 용어를 당시에는 반드시 그렇게 불리지 않았을 행위에 소급해서 붙이는 경향이 있다는 것을 보여주는 것이다.

+ '콘텐츠'가 표기법상 맞지만, 영어에서 'contents'는 '목차'나 '어떤 물건 안에 들어 있는 내용'을 뜻한다. '정보의 내용'이나 '추상적 내용'을 뜻하는 단어는 'content'인데, 이는 한글로 '콘텐트'라고 표기할 수 있다. 따라서 여기서는 '콘텐트'라고 표기하거나 맥락에 따라 '내용'으로 번역해도 무방할 경우 '내용'으로 표기한다. _옮긴이

이것은 '공유'에 대한 이야기가 초기의 컴퓨터 사용과 연관이 없다고 말하려는 것이 아니다: 파일 공유에 관한 6장에서 볼 수 있듯이, 초기 컴퓨터 체계는 '시간 공유'로 불렸다가 나중에는 '디스크 공유(disk sharing)'라고 불린 기술로 운용되었다. 그러나 '공유'를 이런 식으로 사용하는 것은 꽤 사실에 충실한 것이었다: 메인프레임의 시간이 기계 사용자들 사이에 분배되고 있었고, 디스크는 한집에 사는 사람들이 식기 세척기를 공유하는 것과 같은 방식으로 사용자들에 의해 공유되고 있었다. 바꾸어 말하면, '시간 공유'와 '디스크 공유'라는 용어는 규범적인 내포적 의미를 가지고 있지 않았다. 그러나 해커와 관련해서는 상황이 다르다. 여기서는 '공유'라는 개념이 처음부터 매우 중요했던 것처럼 보일 것이다.

2. 공유와 해커 윤리

스티브 레비(Steve Levy)는 해커에 대한 자신의 고전적인 기술에서 처음부터 "해커 윤리"를 "공유, 공개성, 탈집중화, 그리고 기계를 향상하고 세상을 향상하기 위해 무슨 일이 있어도 필요한 것을 손에 넣는 것에 대한 철학"이라고 정의한다(Levy, 1984: ix). 다음을 보면 공유의 가치는 역시 공동체의 자기-개념(self-conception)의 일부인 것 같다: 1975년 3월에 전설적인 홈브루 컴퓨터 클럽(Homebrew Computer Club, 악명 높은 소프트웨어 무단 복제가 처음으로 일어난 장소)의 형성을 둘러싼 매우 초기의 논의에서 가장 많이 나온 단어는 '협력'과 '공유'였으며(p. 202) 또한 그 집단은 "모든 기법을 공유하고, 비밀을 인정하는 것을 거부하며, 방해물이 없이 정보가 계속 흐르게 하는 유서 깊은 행위"를 개발하곤 했다고 스티브는 적고 있다(p. 276). 이 클럽의 리더인 프레드 무어(Fred Moore)는 한 뉴스레터에 "우리의 경험을 공유하고 정보를 교환함으로써 우리는 최첨단에 다가간다"라고 적으면서 공유를 해커가 되는 경험의 중심에 두었다(p. 214). 이 클럽의 또 다른 초기 구성원은 나중에 레비에게 다음과 같이 말했다. "다른 어떤 사람보다 프레드 무어는 공유가 무엇인지에 대해 더 잘 알았다. …… 그는 늘 '공유, 공유, 공유'라는 표현을 사용하고 있었다"(p. 214).

공유가 해커 및 해커 윤리의 중심임을 가리키는 문서 증거도 있다. 예를 들어, 『새 해커 사전(The New Hacker's Dictionary)』은 '해커 윤리'를 "정보 공유가 강력한 절대선이며 무료 소프트웨어를 만들고 가능하면 어디서나 정보와 컴퓨터 자원에 대한 접근을 촉진함으로써 그들의 전문성을 공유하는 것이 해커의 윤리적 임무라는 믿음"이라고 정의하고 있다(Raymond, 1996: 234). 이러한 정의 자체는 적어도 공유의 두 가지 의미를 포함하고 있다: 정보를 공유하는 것은 다른 사람에게 당신이 가지고 있는 정보에 대해 이야기하는 것을 의미하는 한편, 전문성을 공유하는 것은 당신의 해킹 노동의 결실을 무료로 분배하고 다른 사람이 자원에 접근하도록 돕는 것을 의미한다. 공유는 또한 피카 히마넨(Pikka Himanen)이 기술한 대로 해커 윤리에서도 매우 중요한데, 그는 레이먼드의 정의에다 추가로 해킹은 "무엇보다 돈이 아니라 동료 공동체가 가치 있는 것으로 생각하는 무언가를 만들어내고자 하는 욕망에 의해 동기화되어야 한다"라는 점을 덧붙인다(Himanen, 2001: x). 웨버(Weber)가 프로테스탄트 업무 윤리를 기술했다는 점에서 해커 윤리를 업무 윤리로 부르는 것은 현재 흔히 공유 경제로 알려져 있는 것에 이르는 길을 열어준다(이 길에 대해서는 이 책의 후반부에서 다시 살펴볼 것이다).

레비의 책에 글을 실은 다른 2명의 기고자들 역시 공유에 대해 쓰고 있다. 리누스 토발스(Linus Torbals, 리눅스 개발자)는 리눅스(Linux) 해커들이 무언가를 하는 이유는 "그들이 그것을 매우 흥미롭게 생각하기 때문이며 또 이러한 흥미로운 것을 다른 사람과 공유하는 것을 좋아하기 때문이다"라고 적었다(Levy, 1984: p. xvii). 그리고 이 책의 에필로그에서 마누엘 카스텔스는 '공유'라는 용어를 자본주의와 대비되는 일반적인 의미로 사용하면서 "협력과 공유에 의한 혁신 잠재력 증강"으로 특징지어지는 "새로운 문화"에 대해 논의한다(p. 177).

따라서 해킹 분야에서 공유는 핵심 개념이었고 지금도 그러해서, 이 분야에서는 다음과 같은 반자본주의적인 생각과 행위를 상징하기 위해 사용된다: 해커들은 자신들의 노동의 산물을 공유하지, 팔지 않는다; 그들은 자신들의 전문성에 높은 시간당 요금을 부과하는 것이 아니라 그 전문성을 공유한다; 그들은 공동체를 구축하고 이 세상을 더 나은 장소로 만들기 위해 자신들의 지식과 관심사를 공유한다. 이것은 인터넷 전반에 대한 좀 더 일반적인 평가와 다른데, 좀 더 일반적인 평가에서는 인터넷이 공유의 가치 측면에서 이야기되었지만 '공유'라는 단어 그 자체는 없었다. 나는 앞에서 제시된 대로 해킹의 '디지털' 속성의 측면에서 이 단어를 설명한다. 컴퓨터 분야에 깊이 뿌리내리고 있는 원래의 해커들은 지적한 바와 같이 규범적인 내포적 의미가 거의 없거나 전혀 없는 용어들인 시간 공유, 디스크 공유, 그리고 파일 공유에 이미 익숙해져 있다. 그러나 다른 맥락에서 가져온 공유의 긍정적인 유인가(valence)⁺를 정보 공유라는 생각에 추가하는 데 상당한 언어적 상상력이 필요하지는 않았을 것이다. 우리는 6장의 파일 공유에 대한 논의에서 이것에 대해 더 면밀하게 살펴볼 것이다.

3. 공유가 아니라면, 그러면 무엇인가

만약 공유의 은유가 인터넷 비평가들(학계 및 일반 모두)에 의해 사용되지 않았다면, 공유의 친사회성은 어떻게 개념화'되었을까'? 우리가 온라인에서 '공유하고' 있기 전에는 우리가 하고 있던 것을 어떤 이름으로 불렀을까?

이 질문에 대한 한 가지 대답은 '선물하기(gifting)'이다. 마르셀 모스(Marcell Mauss)의 매우 영향력 있는 저서(Mauss, 1966[1925])가 사람들이 온라인에서 무료로 무언가를 하는 이유를 이해하고자 하는 일부 논문에 영감을 제공하는 가운데, 잠시 동안 온라인상의 친사회적 행위, 관대한 행위, 그리고 (홈페이지를 만들거나, 블로그를 작성하거나, 다른 냅스터 사용자들에게 당신의 음악 라이브러리를 공개하는 것과 같은) 무보수 활동은 선물하기의 측면에서 분석되었다.[8] 이것은 터너의 책(Turner, 2006: 157)에서 볼 수 있는데, 이 책에서 터너는 레인골드가 웰을 "일종의 선물 경제"로 개념화한 것을 받아들인다(Rheingold, 2000: 49). 이러한 이해는 '하이테크 선물 경제'에 관한 리처드 바브룩(Richard Barbrook)의 영향력 있는 논문(Barbrook, 1998)을 비롯해 온라인 학술지 ≪퍼스트 먼데이(First Monday)≫에 실린 많은 논문에서 입

+ 개인에게 주어지는 결과물 또는 보상의 가치 _옮긴이

증되었다(특출한 바브룩의 논문 외에, Bays and Mowbray, 1999; Ghosh, 2005; Stalder, 1999; Veale, 2003 참조). 또 하나 눈에 띄는 예는 마커스 기슬러(Markus Giesler, 2006)가 냅스터(Napster)를 '소비자 선물 시스템'으로 분석한 것이다. 이 논문에서 특히 다소 놀랍긴 하지만 쉽게 이해할 수 있는 것은 공유의 개념이 공유 대상으로 선택되기 위해 그저 기다리는 것으로 보일 때 선물하기의 개념화를 강조한다는 것이다. 이것은 기슬러의 학식을 비판하는 것이 아니라(나의 요지는 단순히 공유의 상대적 참신함을 강조하는 것이다) 기슬러가 공유에 대해 어떻게 이야기하고 있는지 주목해보자는 것이다. 예를 들어, 그는 "공유되는 모든 것은 다른 모든 사람에 의해 그저 이용 가능할 뿐이다"라고 설명하는 한 피면접자의 말을 인용한다(Giesler, 2006: 286). 그리고 나중에 자신이 선물 경제로서의 파일 공유에 대한 분석을 발전시키는 바로 그 순간에 기슬러는 분명하게 "공유의 사회적 담론, 공유 행위, 그리고 공유의 구조"에 대해 이야기한다(p. 287). 여기서의 나의 관심은 은유의 등장에 있기 때문에, 나는 냅스터가 선물 경제의 사례인가 아니면 공유 경제의 사례인가라는 질문은 다루지 않을 것이다. 그렇지만 어쨌든 이후의 장들에서 나는 공유 경제와 파일 공유에 대해 자세하게 논의할 것이다. 여기서 내가 제시한 것은 인터넷이 온통 공유로 가득 차기 전에 공유의 친사회성이 선물하기와 선물 경제의 측면에서 개념화되었다는 것이다.

물론 오늘날 인터넷에 대한 논의는 '공유' 이야기로 넘쳐흐르는데, 이는 '공유'에 대한 이야기를 이 책이 풀어보고자 하는 더 큰 은유 구조 속으로 이끈다. 인터넷과 공유 간의 이러한 명백한 연관성은 분명 설명할 필요가 있다. 나는 둘 간의 연관성이 SNS의 등장 및 공유의 수사

(修辭)가 SNS에서 차지하는 중심적 위치와 관련 있다고 주장한다. 따라서 우리는 소셜 미디어에서의 공유의 등장으로 주목을 돌린다.

4. 공유와 소셜 미디어

공유는 소셜 미디어를 구성하는 활동이다.[9] 공유는 우리가 온라인에서 수행하는 수도 없이 많은 활동을 포괄하는 명칭으로, 여기에는 상태 업데이트하기, 사진 및 동영상 업로드 하기, 아마존(Amazon)과 다른 곳에 있는 책 및 다른 제품에 대한 리뷰 작성하기, 트윗하기, 체크인하기, 그리고 사실상 우리가 하는 거의 모든 것이 포함된다. 그렇지만 왜 '공유'인가? 이러한 맥락에서 이 단어가 갖는 수사적 힘은 무엇인가? 이 단어는 어떻게 사용되는가? 그 단어의 사용이 시간이 흐르면서 변해왔는가? '공유'의 정치경제학은 무엇인가? 그리고 이 단어 자체가 어떤 이념적 목적을 가지고 있는가?

이 절에서 나는 '공유하다'라는 단어가 우리의 온라인 참여 활동을 나타내는 기술어로 등장한 것을 역사적 사실에 의거하여 기록하기 위해 SNS 맥락에서 '공유하다'라는 단어가 어떻게 진화해왔는지에 초점을 맞춘다. SNS가 우리 삶의 중심에 있다는 점을 감안할 때 이것은 중요한 일이다. 이러한 중심성은 대중매체에 등장하는 '공유하다'라는 단어에 대한 고찰에도 다시 전해지고 또, 우리가 나중에 살펴보겠지만, '공유 경제' 현상에 이 단어가 등장하는 것에도 전해진다. 만약 이 책의 목표 가운데 하나가 공유의 은유가 각기 다른 영역으로 움직이는 것을 밝혀내는 것이라면, 우리는 분명 소셜 미디어 맥락에서 사용되는 공유의 의미를 분석하기 위해 어느 정도 시간을 가져야 한다.

이런 점에서 '공유'라는 단어가 지닌 의미의 풍부함은 칼럼니스트와 비평가들의 주목을 받아왔다. 예를 들어, 영국의 풍자 작가인 찰리 브루커(Charlie Brooker)는 스포티파이(Spotify)+와 페이스북 간의 "마찰 없는 공유"가 시작된 데 대한 반응으로 공유를 "왠지 전혀 제대로 작동하지 않는 기본적인 사회적 개념"이라고 기술했다.[10] 또한 그는 다음과 같이 적고 있다. "공유 뒤에 놓여 있는 생각은 간단하다. 내가 동굴에 사는 원시인이라고 해보자. 나는 들소를 사냥하고 도축하지만 그것 모두를 나 혼자 먹을 수 없기 때문에 들소 고기를 다른 사람과 공유하며, 그들 가운데 많은 사람이 이러한 공유를 진정으로 고마워한다." 여기서 브루커는 수렵-채집인들이 사냥감을 공유하는 것(4장에서 좀 더 상세하게 살펴볼 주제이다)을 이용하는데, 이러한 종류의 공유의 논리는 분배의 논리이다. 계속해서 그는 이렇게 적고 있다. "그러나 들소 고기가 전부는 아니다. 내가 공유하는 것은 정보이다." 여기서 공유는 의사소통 논리를 가진다. 오늘날의 공유에 대한 브루커의 풍자적인 의견에 따르면, 원시인들 사이의 공유는 기능적이었다. 즉, "그로 인해 공동체 전체에 먹을 것을 공급할 수 있었을 뿐만 아니라 공동체 전체를 즐겁게 했으며 그들에게 정보를 제공했다". 따라서 이러한 관측은 오늘날의 경제적 불평등(부자는 공유하지 않는다)과 더 많은 공유를 향한 추이를 비판하는 발판 역할을 한다: "돈이나 들소 고기를 공유하는 것이 아니라, 개인 정보를 공유한다." 잠시 후 내가 주장하듯이, 브루커가 공

+ 상업적인 음악 스트리밍 서비스로, 사용자는 스포티파이를 이용해 메이저 음반사에서 라이선스한 음악을 스트리밍해 들을 수 있다. 소프트웨어에 광고가 표시되거나 곡과 곡 사이에 광고가 삽입된다. 서비스 이름 Spotify는 'spot'과 'identify'의 합성어이다. _옮긴이

유의 서로 다른 의미들 사이를 쉽게 이동하는 것은 SNS에 매우 유용하게 사용될 수 있는 이 단어의 특성, 즉 이 단어의 사용 및 논리의 다양성, 다른 말로 표현하자면 이 단어의 다의적인 동음이의성을 반영한다. 브루커는 또한 '공유'와 쉽게 연관되는 것들도 일부 보여준다: 원시인/수렵-채집인 사회; 공유와 반대되는 것으로서의 은행가들의 탐욕[벤클러의 논문 「멋지게 공유하기(Sharing Nicely)」(2004)의 앞머리 삽화에서도 언급된다]; 그리고 당신이 생각하고 행하는 바를 사람들에게 말하는 것. 특히 브루커의 비판의 토대를 형성하는 것은 바로 이러한 연관성인데, 그의 비판에 따르면 페이스북 사용자들이 듣고 있는 음악에 관해 스포티파이가 페이스북을 업데이트해주는 것은 공유로 간주되지 않는 것이 적절하다. 그것은 기껏해야 '공유'라는 개념이 '제대로 작동하지 않음'을 보여주는 징후이다.

여기서의 나의 입장은, SNS를 기반으로 하는 공유와 다른 좀 더 '진정한' 유형의 공유를 대비하는 찰리 브루커 및 다른 사람들보다 좀 더 불가지론적+이다. 그럼에도 브루커(와 다른 많은 사람들)에 의해 지어진 연관은 중요하다. 왜냐하면 그러한 연관은 SNS에 태그 라인을 작성하는 사람들을 포함해 사람들이 '공유'에 대해 생각할 때 그 단어와 관련짓는 연관의 종류를 시사하기 때문이다. SNS에서의 '공유'(단어)의 진화를 기술하기 이전에, 우리는 다음과 같은 사실에 주목해야 한다: 비록 사람들이 '실제로' 공유가 아닌 활동을 촉진한다고 SNS를 비난하고 싶고 그 단어를 전용(轉用)하는 것이 반칙이라고 부르고 싶을지라

+ 몇몇 명제(대부분 신의 존재에 대한 신학적 명제)의 진위 여부를 알 수 없다고 보는 철학적 관점, 또는 사물의 본질은 인간에게 있어 인식 불가능하다는 철학적 관점이다. 이 관점은 철학적 의심을 바탕으로 성립되었다. _옮긴이

도 온라인 '공유'가 함축하고 있는 의미가 '더 진실하거나' 더 '진정한' 공유의 의미로 인식될 수도 있다는 사실을 말이다; 모든 경우에서 공유 행위는 사적인 것과 공적인 것 간의 경계를 넘나들며, 전에는 나만 접근 가능했던 더 광범위한 공적 자료/물질(사진, 사탕)에 접근할 수 있는 것을 포함하며, 또한 (흔히) 내적 상태를 다른 사람과 소통하는 것도 포함한다. 그런 의미에서 SNS와 SNS라는 맥락에서의 '공유'라는 단어에 대한 간략한 역사로 돌아가보자.

물론 '공유'와 가장 동일시되는 웹사이트는 페이스북이다. 실제로 페이스북은 스스로 "공유할 수 있는 힘이 페이스북의 초석이다"라고 분명히 말하고 있다.[11] 따라서 호세 반 다이크(José van Dijck, 2013)가 자신의 책 한 장 전체를 '페이스북으로의 연결과 공유의 긴요성'에 할애한 것은 우연이 아니다. 이 장에서 반 다이크는 두 가지 유형의 공유, 즉 공동체적 연결성(connectedness)으로서의 공유와 상업적 연결(connectivity)+로서의 공유에 대해 언급한다. 공동체적 연결성으로서의 공유는 (상태를 게시하고 사진을 업데이트하는 등) 인터페이스가 우리로 하여금 다른 사람과 정보를 공유하게 해주는 방식을 말하는 반면, 상업적 연결로서의 공유는 [좋아요 버튼이나 이전의 비콘(Beacon)++ 서비

+ 반다이크의 정의에 따르면, 'connectedness'는 소셜 네트워킹 사이트에서 처음 등장한 집합적 문화로, 이것은 사용자들의 사회성과 창의성을 고무하는 민주화된 공개 소스 이상을 촉진하는 것이고, 'connectivity'는 수익성이라는 플랫폼들의 사업적 목적에 이끌리는 소셜 네트워크 알고리즘을 통해 사용자들을 확장하는 것이다. 그는 이 둘 간의 마찰을 '공동체적/인간적 연계'와 '상업적/영리적 연계'의 마찰로 보았다. 따라서 이 책에서는 'connectivity'('연결하는'이라는 의미의 형용사 'connective'의 명사형)는 '상업적 연결'로 번역하는 한편, 'connectedness'('연결되어 있는'이라는 의미의 형용사 'connected'의 명사형)는 '공동체적 연결성'으로 번역한다. _옮긴이

++ 비콘은 위치 등을 알리기 위해 일정한 신호를 전송하는 기기를 말한다. 2013년, 애플이 아이

스 등을 통한] 페이스북과 제3자 간의 상호작용을 말한다. 반 다이크가 관찰한 대로, 페이스북은 전자, 즉 공동체적 연결성으로서의 공유는 촉진하고자 하는 반면, 후자, 즉 상업적 연결로서의 공유는 감춘다. 나중에 보겠지만, 후자 역시 (적어도 인터넷 회사들에 의해) '공유'로 불린다는 사실은 이 용어의 적절한 사용에 관한 비판을 불러 일으켰다.

페이스북이 반 다이크가 말하는 소셜 미디어 생태계의 중심이라는 사실에는 거의 의문의 여지가 없지만, 나는 '공유하다'라는 단어가—SNS 전체에 걸쳐 그러하듯이—페이스북에서도 역사를 가지고 있다는 점을 추가하고자 한다. 실제로 페이스북은 심지어 이 단어의 개척자도 아니어서 이 단어는 2006년까지 이 사이트의 자기-기술 어디에도 보이지 않는데, 2006년에 이르러서는 다른 SNS에서 이 단어가 꽤 흔히 사용되었다.

예를 들어, 페이스북 홈페이지(여전히 thefacebook.com이었을 때)의 초기 스크린샷에서는 우리가 이 사이트의 자기-소개를 얼마간 고쳐 만들 수 있었다. 실제로 2004년과 2005년의 스크린샷을 보면 페이스북에는 '공유'가 존재하지 않는다. 대신 페이스북은 꽤나 상상력이 부족하게도 사용자들이 '당신의 학교에 있는 사람을 검색할 수 있고', '사람들이 어떻게 서로 알고 지내는지 볼 수 있으며', 그리고 '당신의 수업이나 집단에 있는 사람을 찾을 수 있는' '온라인 디렉토리(online directory)'라고 스스로를 소개한다. 따라서 이 초기 단계의 페이스북은 다른 사람과 접촉하기 위한 곳이지 다른 사람과 '공유하기' 위한 곳

비콘(iBeacon)을 공개하면서 주목을 받기 시작했는데, 과거의 비콘은 불빛 등을 이용해 신호를 내보냈지만 아이비콘은 BLE(Bluetooth Low Energy) 기술을 기반으로 한다. _옮긴이

은 아니다.

페이스북 자체의 블로그 게시글을 읽어보면, '공유'라는 단어가 2006년 후반기 동안 그 회사 내에서 광범위하게 사용된 것을 알 수 있다. 2006년 후반기는 페이스북이 모든 인터넷 사용자(대학생이나 고등학생뿐만 아니라)에게 완전히 개방된 시기이기도 한데, 이는 SNS가 사회적·문화적 주류를 정복한 것과 '공유'가 SNS를 구성하는 활동이 된 것 간에 어떤 관계가 있음을 시사한다. 페이스북 맥락에서 공유가 처음 언급된 때는 2006년 5월로, 이 사이트가 확장되어 회사 네트워크도 포함함을 알리는 보도 자료에서였다.[12] 이 보도 자료는 페이스북을 "사람들이 정보를 공유할 수 있게 해주는 소셜 디렉토리"로 기술했다. 그러나 비록 페이스북이 공유의 측면에서 스스로를 소개하기 시작했지만, 이 단어가 아직 페이스북의 어휘 목록의 일부가 되지는 않았다. 이러한 사실은 2006년 8월 30일 저커버그(Zuckerberg) 이름으로 발행된 블로그 게시글에 의해 입증되는데, 이 게시글은 이 사이트가 (특히 사진, 이벤트, 그룹 및 담벼락과 관련해) 겪고 있는 변화들에 관한 것이었다. 그 게시글에서 그는 공유를 전혀 언급하지 않는다.[13]

이 사이트에서 '공유'라는 단어가 포괄적으로 사용된 것은 저커버그의 블로그 게시글 직후에 결정된 것처럼 보이지만, 사실은 페이스북이 '공유는 대담함이다(Sharing is Daring)'라는 제목의 블로그 게시글을 발행했던 2006년 10월 말 이전이다.[14] 이 게시글은 페이스북 '공유 담당 관리자'인 크리스 휴즈가 새로운 '페이스북에서 공유하기' 북마클릿(사용자가 자신들의 담벼락에 웹 콘텐트를 출판할 수 있게 해주는 브라우저를 추가하는 버튼)을 사용해 페이스북을 통해 공유하는 것이 얼마나 쉬운지 계속해서 설명하기 전에도 인터넷이 늘 공유를 위한 플랫폼이었다고 기술하고 있다. "인터넷에서 할 수 있는 이러한 모든 것이 시작된 이래로 사람들은 모든 것을 공유해오고 있다." 5일 후인 2006년 10월 31일, 페이스북은 웹사이트들이 "페이스북에서 공유할 수 있는 링크"를 배치할 수 있을 것이라고 발표했다.[15] 이 보도 자료에서 저커버그는 다음과 같이 말했다. "사람들은 흥미로운 콘텐트를 웹과 페이스북에서 항상 공유한다. 이제 우리는 사람들에게 공유할 수 있는 간단한 구조를 제공함으로써 공유 과정을 더 효율적으로 만들고 있다."[16] 그렇기는 하지만 '공유'라는 단어는 페이스북 사이트 전체에서 고르지 않게 사용되었으며, 2008년까지 이 회사의 태그 라인에도 포함되지 않았다("페이스북은 당신이 당신의 삶에서 사람들과 연결하고 공유하도록 돕는다"[17]). 오늘날 페이스북의 임무는 "사람들에게 공유할 수 있는 힘을 제공하고 이 세상을 더 공개적이고 더 연결되게 만드는 것이다".[18]

이것은 분명 마케팅을 위한 말이다: 페이스북은 사용자들에 대한 매우 세밀한 지식을 기반으로 한 광고 모델을 통해 돈을 벌기 때문에 우리가 더 많이 공유할수록 페이스북에게는 더 좋다. 어쨌든 나는 나중에 페이스북 맥락에서 '공유'라는 단어가 갖는 기능에 대해 더 많이 말할 것이다. (적어도 페이스북이 그러한 경험을 마케팅하듯이) 우선은 이 단어가 페이스북 경험에 항상 필수적이지는 않다는 점과 이 단어가 2006년 후반기의 어느 시점에 등장했다는 점에 주목하자. 페이스북이 현재 온라인 소셜 네트워크 공간에서 단연코 지배적인 사업자이긴 하지만, 페이스북이 유일한 사업자도 아니고 분명 최초의 사업자도 아니었다. 이어서 나는 21세기의 첫 10년에 걸쳐 SNS에서 '공유'가 등장하고 지속적으로 증가한 데 대해 살펴볼 것이다. 그 과정에서 SNS들에서 '공유'가 점차 더 많이 사용된 것뿐만 아니라 이 단어가 새로운 방식으로 사용되어온 것을 지적할 것이다. 이러한 조사를 통해 우리는 또한 소셜 미디어 맥락에서 '공유'라는 단어의 모순 가운데 하나를 지적할 수 있을 것이다.

다음 내용은 가장 규모가 크고 가장 많은 사람이 방문하며 역사적으로 가장 중요한 44개의 SNS에 대한 분석을 기반으로 하고 있다.[19] 다음 3개의 출처, 즉 웹 메트릭스(web metrics) 선도 회사인 알렉사(Alexa)의 2011년 7월 소셜 네트워크 범주 내 웹사이트 방문자수 집계, 위키피디아에 집계되어 있는 최대 규모 SNS 회원에 관한 데이터,[20] 그리고 보이드와 엘리슨의 SNS 분야에 대한 개관 가운데 SNS 역사에 관한 절(boyd and Ellison, 2007, 특히 p. 212의 〈그림 1〉 참조)에서 이 사이트들의 목록을 종합했다. 인터넷 아카이브(Internet Archive)의 웨이백 머신(Wayback Machine)을 사용해 데이터를 수집했다. 웨이백 머신은 "사람들이 아카이브된 웹사이트+를 방문할 수 있게 해주는 서비스"[21]로, 1996년 이래로 인터넷을 크롤링(crawling)++해왔다.

나는 각 SNS 프런트페이지(front page)에 대한 이용 가능한 가장 오래된 노출(impression)+++을 살펴보았다. 그런 다음 시간을 앞으로 당겨 2010년 말까지 매월 첫째 날의 각 사이트를 살펴보았다. 그 날 스냅샷(snapshot)이 없을 경우 그 날과 가장 가까운 날의 각 사이트를 살펴보았다. 나는 나 자신의 스크린샷을 만들었으며, 그 웹사이트들의 관련

\+ 지난 게시물을 월별로 모아놓은 웹사이트나 웹페이지를 말한다. _옮긴이

++ 웹 크롤링이란 컴퓨터 소프트웨어 기술을 통해 웹사이트들에서 원하는 정보를 추출하는 것을 의미한다. 그리고 인터넷에 있는 웹페이지를 방문해서 자료를 수집하는 프로그램을 웹 크롤러라고 한다. _옮긴이

+++ impression이 노출된 횟수를 나타내는 수치라면, reach, 즉 도달은 노출된 사람이 몇 명인지 나타내는 수치이다. _옮긴이

된 부분을 발췌했다. 이러한 스크린샷들과 발췌한 부분들을 양적 데이터 분석 소프트웨어인 아틀라스.티(Atlas.ti)로 불러와 코딩하고 분류했다.

나는 내가 웨이백 머신에서 불러온 모든 노출 데이터를 기록한 것이 아니라, 어떤 사이트의 프런트페이지가 이전 달 버전에서 바뀌었을 때만 기록했다. 따라서 시간이 흐르면서 자기-표현이 바뀌는 것을 추적할 수 있었으며, 어떤 사이트가 공유라는 측면에서 자신을 소개했던 첫째 시기와 같은 정보를 수집할 수 있었다. 사이트들이 자신들의 프런트페이지를 상당히 개조했을 경우, 그들의 소개 페이지(About)나 자주 묻는 질문 페이지(FAQ)도 방문했다. 왜냐하면 그 사이트는 그 사이트의 다른 부분에도 반영되어 있을 수도 있는 전략적 과정을 거쳤을 것이며 또한 어떤 사이트의 소개 페이지나 자주 묻는 질문 페이지에 흔히 그 사이트의 프런트페이지보다 더 길고 더 자세한 자기-소개가 포함되어 있다고 가정했기 때문이다. 그러나 프런트페이지에서 연결된 링크들이 항상 잘 작동하는 것은 아니어서, 소개 페이지, 자주 묻는 질문 페이지, 그리고 둘러보기 페이지는 프런트페이지처럼 체계적으로 수집될 수 없었다. 따라서 다음에 제기되는 주된 주장은 SNS의 프런트페이지에서 수집한 데이터에 기초하고 있으며, 추가적인 예를 제공하기 위해 이따금씩 그들 사이트의 다른 페이지도 이용했다.

10년 동안 44개 SNS의 홈페이지를 살펴본 결과, '공유'라는 단어가 특히 널리 유행되고 있음과 더불어 이 단어의 사용이 변하고 있음이 드러났다. SNS 맥락에서 '공유'의 가장 일반적인 사용 방식은 소셜 미디어에 참여하는 것임을 의미했다. 다음으로 나는 이러한 새로운 유형의 공유의 특징들을 묘사하고 그러한 특징들의 논리를 밝힌다. 이를 통해 나는 SNS에서 사용되는 공유의 다음 세 가지 주된 특징을 지적한다: 대상이 불명확한 공유의 등장; 대상이 전혀 없는 상태에서의 '공유하다'라는 단어의 사용; 그리고 전에는 사용되지 않던 경우에 공유라는 개념 사용하기.

1) 대상이 불명확한 공유

만약 내가 공유의 대상을 '구체적'이라고 부른다면, 이는 우리가 무엇이 공유되고 있는지 즉시 안다는 것을 의미한다. 이러한 것의 가장 분명한 예는 사진이다: 플리커(Flickr)가 스스로를 "당신의 사진을 저장하고, 검색하고, 분류하며, 공유하는 가장 좋은 방법"이라고 소개할 때,[22] 우리는 무엇이 공유되고 있는지 정확하게 안다. 마찬가지로 SNS인 멀티플라이(Multiply)가 우리에게 "흥미로운 웹사이트를 공유"(2004년 12월 10일)하라고 말할 때,[23] 우리는 친구들에게 인터넷 사이트 링크를 제공하도록 우리가 독려되고 있다는 것을 바로 이해하며, 2005년 유튜브(YouTube) 사이트에 출판된 텍스트의 경우에도 마찬가지이다. "당신의 동영상을 가족, 친구, 또는 직장 동료와 쉽게 공유하라"(2005년 8월 19일). 온라인 사진과 동영상은 정확히 실재(實在)하는 것은 아니지만, 오프라인 사진과 동영상이 있다는 것을 감안할 때 생각, 의견, 조언, 아이디어와 같은 공유 대상보다는 더 실재적이다. 그러나 생각, 의견, 조언, 아이디어 역시 상당히 구체적이라서 만약 우리가 "친구와 생각을 공유하도록"(Xanga.com, 2003년 12월 4일) 요청받는다면, 우리에게 무엇을 기대하는지가 꽤 분명하다.

그러나 SNS를 특징짓는 공유의 새로운 사용에서는 그렇지가 않다.

여기서 특히 주목할 것은 당신의 "삶", "세계", 또는 "진정한 당신"[이 용어들은 2012년 5월까지 비보(Bebo)의 프런트페이지에 있었다]을 사용자들이 공유하도록 권유받는 사례들이다. 예를 들어, 2007년 라이브저널(LiveJournal)이 "당신으로 하여금 당신 자신을 표현하게 하고, 당신의 삶을 공유하게 하며, 온라인에서 친구들과 연결되게 해준다"(2007년 4월 25일)라고 말할 때, 당신의 삶을 공유하는 것이 실제로 무엇을 수반하는지가 분명하지 않다는 점에서 공유의 대상이 '불명확하다'. 이것은 마이크로소프트(Microsoft) 윈도우즈 라이브(Windows Live) 웹사이트의 프런트페이지에 나타나 있던 "당신의 세계를 공유하라"(2011년 7월 13일)라는 문구에서도 마찬가지이다.

여기서의 공유가 새로운 의미를 지니고 있다는 나의 주장에서 중요한 것은 모든 표본 웹사이트에서 2007년 이전에는 "당신의 세계를 공유하라"와 "당신의 삶을 공유하라"라는 문구가 나타나지 않았다는 것이다. 당신의 세계를 공유하라는 아이디어는 꽤 모호하다: 한편으로는 당신의 세계를 다른 사람들과 공유한다는 것은 그들에게 당신에게 일어나고 있는 모든 것, 즉 당신이 하고 있는 것, 생각하고 있는 것 등을 이야기하는 것이다. 이것은 의사소통으로서의 공유의 의미에 의존하고 있다. 그러나 당신의 세계를 공유하는 것에는 사진 공유 사이트에 사진을 업로드 하는 것도 포함된다. 따라서 포토로그(Fotolog)는 "당신의 세계를 세상과 공유하라"(2007년 1월 23일)라는 태그라인(tagline)+과 함께 운영되었으며, 플리커는 사용자들에게 "사진으로 당신의 삶을

+ 브랜드의 본질을 나타내는 표현으로, 로고 등 주로 브랜드의 시각 자극과 함께 노출되는 것을 뜻한다. _옮긴이

공유하라"라고 촉구했다. 따라서 당신의 세계나 삶을 공유하는 것은 다양한 의사소통 기제와 분배 기제를 포함하는 것으로 보일 것이다. 그러나 당신의 세계를 공유하라는 수사, 특히 당신의 삶을 공유하라는 수사는 또한 당신은 혼자 지내서는 안 된다는 것을 의미한다. 당신의 삶을 공유하는 것은 고립된 채 사는 것과는 정반대이다. 나의 삶은 당신의 삶과 완전히 다르기 때문에 나는 반드시 나의 삶을 공유해야 한다. 그 이유는 내가 내 삶을 당신과 공유하지 않는다면 당신은 내 삶에 대해 알 수 없다고 가정하기 때문이다. 더욱이 윈도우즈 라이브 사이트에 따르면 나의 삶을 공유하는 방법은 "연락을 유지하는" 것이며 또한 "이메일, 사진, 영화, 동영상, 채팅 등"을 통해서 이루어질 수 있다. 그렇기 때문에 연락 유지는 자신의 삶을 공유하는 것과 기술적으로 매개된 관계 간의 연관성을 만들어낸다.

종합하면, SNS에서 이루어지는 공유의 첫째 대상들은 구체적이며, 여기서 '공유'라는 단어의 사용은 친숙한 파일 공유(당신의 파일을 다른 사람이 이용할 수 있게 한다는 의미와 당신의 파일을 분배한다는 의미 모두에서) 이야기에 의존했다. 오늘날 공유는 여전히 구체적인 대상을 가지고 있는 반면, 불명확한 공유의 대상도 존재하는데, 이것은 우리가 공유하도록 기대되는 것의 범위를 크게 확장해 우리의 삶이나 우리의 세계도 포함한다. 이 맥락에서 공유는 분배보다는 의사소통에 더 가까우며, 동시에 훨씬 더 모호하고 훨씬 더 포괄적이다.

2) 대상이 없는 공유

지금까지의 특성은 불분명한 대상을 상대로 공유라는 개념이 사용되었음을 보여주었다면, 이번에는 공유의 대상이 전혀 없는 상태에서의 공유 사용을 보여준다. 이것은 두 가지 이유에서 중요하다. 첫째, 이것은 사용자들이 무엇을 공유해야 하는지에 대한 이야기를 들을 필요가 없다는 가정, 즉 이 단어는 대상이 없어도 충분히 이해 가능하다는 가정을 반영하기 때문이다. 둘째, 공유의 대상이 전혀 없을 경우는 공유가 불분명한 대상을 상대로 사용될 때보다 이 단어의 의미가 훨씬 더 모호해지기 때문이다. 종합하면, 이것은 SNS에 참여하는 방식으로서의 공유를 좀 더 잘 이해할 수 있게 해준다. 아마도 이러한 공유의 소셜 미디어적 의미를 보여주는 가장 분명한 예는 페이스북의 프런트페이지일 것이다. 여기에는 "페이스북은 당신이 당신의 삶에서 사람들과 연결하고 공유하도록 도와준다"라고 적혀 있다. 마찬가지로 2012년 5월 마이스페이스(MySpace)의 프런트페이지에는 우리는 우리가 공유하고자 하는 것에 대해 정확히 이야기하지 않고도, 심지어 불분명하게라도 이야기하지 않고도 "1. 팔로우하고, 2. 최신 소식을 얻고, 3. 공유할" 수 있다고 적혀 있다.

이러한 종류의 공유 개념 사용은 '2005년까지는 나타나지 않는데', 이것은 그때가 되어서야 비로소 SNS가 사용자들이 어떤 대상 없이도 공유라는 단어를 사용할 수 있다는 생각에 충분히 익숙해졌음을 시사한다. 즉, 우리는 더 이상 '무엇을' 공유해야 하는지에 대해 이야기를 들을 필요가 없었던 것이다. 바꾸어 말하면, 방금 인용한 사례들에서 '공유하다'라는 단어는 그와 같은 사이트에서 할 수 있는 활동(예를 들어, 상태 업데이트하기, 사진 올리기, 다른 사람의 상태에 댓글 달기, 링크 추천하기 등)의 범위를 포함하면서 '이 사이트에 참여하다'라는 의미를 약칭하는 역할을 한다.

만약 대상이 없는 공유의 개념을 사용하는 것이 사용자들이 공유가 무엇인지 알고 있다는 SNS들의 믿음(즉, 새로운 의미가 뿌리를 내리는 것)을 반영한다면, 그것 역시 이 단어에 대한 다양한 해석을 가능하게 한다. 이것은 "당신의 세계를 공유하라"와 "당신의 삶을 공유하라"라는 문구와 관련해서 앞에서 암시된 바 있다. 그러나 '공유하다'라는 단어가 심지어는 불분명한 대상조차 없이 홀로 등장할 경우, 그 단어는 훨씬 더 눈에 띄며 여기서 논의되는 공유의 새로운 의미도 훨씬 더 명확하다. '공유하다'라는 단어가 홀로 등장할 때, 그 단어의 의미는 분명하면서도 매우 모호하다. 그 단어가 언급하는 바(즉, 새로운 ICT의 사용, 특히 우리가 하고 있는 것, 생각하고 있는 것, 또는 느끼고 있는 것을 다른 사람들에게 알려주거나 또는 웹사이트와 비디오 클립을 친구들에게 추천하는 데 ICT를 사용하는 것으로, 이들은 대개 기술이나 플랫폼이 동일하다)를 우리가 정확하게 안다는 점에서 그 단어는 명확하다. 이러한 의미가 모호하다고 말할 때는, 그 단어가 매우 다양한 행위(상태 업데이트하기, 사진 공유하기, 아마존에서 서평쓰기, 트윗하기 등)를 포함한다는 것을 의미한다. 마지막으로 공유의 이러한 의미가, 공유의 분배적 측면을 희생시키지 않으면서, 공유의 불분명한 대상과 관련해 앞에서 언급된 의사소통적 특성을 확장해준다는 것은 주목할 만한 가치가 있다. "공유하라!"라고 명할 때, 공유의 논리는 사람들에게 자신의 사정을 말하는 것과 자신이 가지고 있는 것을 주는 것 모두를 포함하지만, 앞서 언급한 바 있는 디지털 전환으로 인해 공유는 자신이 기존에 가지고 있던 것이 줄어드는 유형의 내어주기(giving)는 아니다.

3) 이전에는 공유가 아니었지만 지금은 공유이다

공유가 지닌 소셜 미디어적 의미의 마지막 측면은 10여 년 전에도 존재했지만 당시에는 공유라고 불리지 않았던 행위들까지 포함하게 되었다는 것이다. 따라서 (특히 2005~2007년 동안) 이 단어가 널리 사용된 것은 이 단어를 사용하는 사람들이 단지 컴퓨터-매개 커뮤니케이션의 특정 측면에 대해 기술적(技術的) 의미 이상의 의미를 활용하고자 한다는 것을 시사한다.

동일한 웹사이트에서 각기 다른 시점에 가져온 예를 통해 다음과 같이 주장할 수 있다. 예를 들어, 2005년 비보의 프런트페이지는 "다른 사람들의 화이트보드에 글을 쓰고 그림 그리기"와 "다른 대학교에 있는 친구들과 연락 취하기"(2005년 5월 17일)를 포함해 이 SNS의 회원들이 이 사이트에서 할 수 있는 13가지 일을 나열했다. 그러나 2007년 비보의 프런트페이지는 디자인을 고쳐 다음과 같은 문구를 포함했다. "비보는 친구들이 자신의 삶을 공유하고 멋진 엔터테인먼트를 모색하는 소셜 미디어 네트워크이다"(2007년 11월 14일). 더욱이 2009년 새롭게 추가된 그래픽은 우리가 "친구들에게 경험 공유를 요청"하도록 추천한다(2009년 10월 19일). 이처럼 2005년에서 2009년 사이 비보의 기능은 크게 변하지 않았지만, 특히 공유의 불분명한 대상에 대한 수사를 사용함으로써, 그러한 기능을 표현하는 방식은 변했다.

이러한 과정은 다른 사이트에서도 볼 수 있다. 예를 들어, 2002년 사진 공유 사이트인 포토로그의 프런트페이지는 다음과 같은 문구를 포함했다. "당신이 어떻게 지내는지 친구/가족이 쉽게 볼 수 있게 하라"(2002년 6월 5일). 그러나 2007년 이 사이트는 "당신의 세계를 세상과 공유하라"라는 태그 라인을 도입했다. 블로깅 SNS인 라이브저널은 1999년 출범 당시 "[이 사이트에] 와서 자신만의 라이브저널을 만들고, 당신의 삶에 대한 이야기를 세상에 있는 그대로 알려라!"(1999년 11월 27일)라고 사용자들에게 요청했다. 이것은 "당신의 삶을 공유하라"라는 문구를 통해 표현되는 것과 거의 똑같은 아이디어이다. 실제로 2006년 라이브저널의 프런트페이지에는 "당신의 생각과 사진을 친구들과 공유하라"(2006년 3월 1일)라는 문구가 포함되었다. 라이브저널이 다음과 같이 천명했듯이, 2007년에 이르러서는 공유의 소셜 미디어적 의미로의 변화가 완결되었다: "라이브저널은 당신이 온라인상에서 자신을 표현하고, 당신의 삶을 공유하며, 친구와 연락하게 해준다"(2007년 4월 25일). 따라서 이것은 단 하나의 행위가 각기 다른 시점에서 어떻게 각기 달리 표현되는지를 보여주는 분명한 예이다: '이 세상이 알게 하는 것'이 '공유'가 되었다.

5. 왜 '공유'인가

소셜 미디어 맥락에서 사용되는 공유의 의미를 약술하면서 나는 '공유'가 왜 소셜 미디어 참여를 기술하는 용어가 되었는가라는 질문에 세 가지 답을 제시한다.

첫째, 공유의 개념은 시간 공유에서부터 파일 공유에 이르기까지 전자 컴퓨팅의 역사와 아주 밀접하게 뒤얽혀 있다. 따라서 공유의 개념은 SNS 개발자들에 의해 알려졌고 또한 그들이 이용할 수 있었던 용어인데, 물론 그들이 데이터와 정보 전송을 공유의 측면에서 이야기한 최초의 사람들은 분명 아니었다.

둘째, 소셜 미디어 맥락에서 이루어지는 공유의 개념은 매우 다용도로 쓰인다. 좀 더 구체적으로 말하면, 만약 공유의 '전통적인' 정의가 투박하게 의사소통으로서의 공유와 분배로서의 공유로 나뉠 수 있다면, 이제 공유의 개념은 의사소통과 분배가 합쳐진 개념이다. 특히 공유가 불분명한 대상을 상대로 사용되거나 대상이 전혀 없는 상태에서 사용될 때 그러하다. SNS상에서의 공유는 링크, 사진, 동영상 클립 등의 형식으로 디지털 콘텐트의 '분배'를 포함한다. 이런 의미에서 나는 다른 누군가도 무언가를 가질 수 있게 함으로써 그것을 공유한다. 그러나 SNS상에서의 공유는 또한 중요하게도 특히 자신의 상태를 업데이트하는 행위를 통해 이루어지는 '의사소통'에 대한 것이기도 하다. 여기에서 공유는 이야기하기이다. 적어도 SNS에서 공유하라고 권유받는 것의 일부는 우리의 감정이며, 따라서 일상적인 구어로 이 용어를 사용하는 것과 이 용어의 소셜 미디어적 의미 간에는 겹치는 부분이 있다. 그러나 소셜 미디어에서 사람들에게 현재 일어나고 있는 일, 당신의 위치, 또는 당신의 일상생활의 세부사항을 알리는 것 역시 공유로 불린다. 이것에 대해 생각하는 또 하나의 방식은 소셜 미디어 맥락에서의 '공유'가 의사소통의 전달 개념과 의례 개념 모두를 포함한다는 것을 시사하는데, 전자는 "메시지의 확장"을 강조하고 후자는 "유대감과 공통성"을 강조한다(Carey, 1989: 18).[24] 소셜 미디어에 공유가 등장함으로써 우리는 "사람들 간의 이야기라는 매우 오래된 기술(技術)로 의미의 조각들을 공유하는 …… 산업이 주도하고, 기술이 매개하는 메시지 기계들(신문, 영화, 그리고 방송)"의 또 다른 예를 볼 수 있다(Peters, 1994: 117).

따라서 소셜 미디어에서의 공유 활동은 매우 광범위해서, '표현하다', '연결하다', '게시하다', '블로그하다', 또는 '사교 활동을 하다'와 같이 SNS의 초기 자기-기술에서 찾아볼 수도 있는 다른 단어들보다 그 범위가 훨씬 더 넓다. 당신이 사진을 분배하고 당신의 정서를 전달하기를 원하는 사이트들의 경우, 공유의 개념은 모든 것을 다 포함한다.

공유 개념의 확산을 설명해주는 셋째 대답은 공유가 평등, 이타심, 내어주기라는 긍정적인 내포적 의미를 가지고 있다는 데서 찾을 수 있는데, 이는 공유가 친밀한 사람들 사이의 적절한 의사소통 양식으로 간주되는 것과 공명을 이루는 것과 결합되어 있다. 간단히 말해, SNS들은 '공유'라는 단어가 가지고 있는 긍정적인 함의를 자신들의 서비스에 불어넣기 위해 '공유와 배려'라는 널리 사용된 문구를 전용해왔는데, 이를 통해 표현되듯이 공유는 긍정적인 사회적 관계와 연관되어 있다. 이러한 생각은 페이스북 사이트와 페이스북이 제공하는 서비스의 발전에 관한 페이스북 블로그에도 잘 나타나 있다. 예를 들어, 2009년에 작성된 한 블로그에는 다음과 같이 적혀 있다.

> 공유 버튼은 당신이 여러 웹에서 가져온 콘텐트를 페이스북 친구와 공유할 수 있게 해주며, 그러한 콘텐트는 페이스북에서 반복해서 재공유될 수 있다. 따라서 가장 좋고 가장 흥미로운 아이템은 당신이 관심을 가지는 사람들로부터 주목을 받게 된다.[25]

당신이 공유한 콘텐트가 "반복해서 재공유"될 경우, 그 콘텐트에 주목하는 사람들에게 당신이 관심을 가지기는커녕 그들을 알게 될 가능성조차 없다는 사실을 무시하더라도, 이 인용문에 내포된 의미는 꽤

분명하다: 당신의 공유는 당신의 배려의 표현이라는 것이다. 이와 유사한 수사적 움직임은 야후!(Yahoo!) 펄스(Pulse) 네트워크의 프런트페이지에서도 발견되는데, 그 페이지에는 다음과 같은 문구가 포함되어 있다. "당신에게 중요한 것을 당신이 관심을 가지고 있는 사람과 공유하라"(2011년 7월 19일). 2006년 윈도우즈 라이브 스페이시즈(Windows Live Spaces)도 이와 유사하게 자신의 사이트를 소개했다. "윈도우즈 라이브 스페이시즈는 당신이 블로그하고, 사진을 공유하며, 당신이 관심을 가지고 있는 사람과 연결할 수 있는 무료 온라인 소프트웨어 서비스이다"(2006년 9월 2일). 마지막으로 비보의 소개 페이지에는 다음과 같이 적혀 있다. "비보는 당신을 당신이 관심을 가지고 있는 모든 사람 및 모든 것과 연결해주는 인기 있는 소셜 네트워킹 사이트이다."[26]

물론 공유가 지닌 긍정적인 내포적 의미를 이용한 것은 SNS나 좀 더 일반적으로는 소셜 미디어 기업뿐만이 아니다. 예를 들어, 2011년부터 시작된 영국의 한 광고 캠페인에서 이동전화 회사인 티-모바일(T-Mobile)은 '공유를 위한 삶'이라는 슬로건을 내걸었다. 예를 들면, 한 광고에서는 "삶에서 당신이 공유할 수밖에 없는 몇 가지"를 이야기한 후, 몇 분의 무료 사용시간을 제공하겠다고 한다. 이것은 공유라는 생각이 인터넷을 초월한 영역들에서도 인기가 높아졌으며 마케팅 목적에서도 유용한 용어가 되었음을 시사한다.

그래서 소셜 미디어에서의 공유는 다양한 분배 행위와 의사소통 행위를 통합하는 개념인 한편, 동시에 우리와 다른 사람의 관계에 관한 일단의 긍정적인 내포적 의미와 자원의 좀 더 공정한 할당을 수반하기도 한다. 물론 여기서 말하려는 바는 사람들이 자신이 공유하고 있는 사람에 대한 관심의 표현으로 SNS에 참여한다는 것이 아니라, 앞에서 언급한 다른 단어들은 그렇지 않은데 왜 공유라는 단어가 유독 SNS의 자기-소개와 실제(praxis)의 필수요소가 되었는지에 대한 것이다.

6. 공유와 신비화

이 절에서 나는 공유라는 개념의 수사적 힘에 초점을 맞춤으로써 그 개념이 어떻게 많은 SNS가 운영되는 방식의 상업적 측면을 미봉책으로 가려주는 역할을 하는지 보여줄 작정이다. 달리 표현하자면, 나는 앞에서 기술한 공유의 수사와 실제 SNS의 행위 간의 모순까지는 아니더라도 그 둘 간의 외견상의 불일치를 강조해서 보여주고자 한다.

소셜 미디어에 대한 비판은 많고 다양하지만, 이 부분과 가장 관련성이 높은 것은 SNS와 다른 소셜 미디어 기업이 돈을 버는 방식에 관한 비판, 또는 이러한 플랫폼을 사용하는 사람과 방문하는 사람의 "무상 노동"(Terranova, 2000)을 착취하기 위해 회사들이 소셜 미디어라는 도구와 플랫폼을 사용하는 방식에 대한 비판이다(또한 Fisher, 2015 참조). 이러한 비판은 두 가지 분명한 목표 대상을 가지고 있다. 첫째는 회사가 사람들에게 대가를 지불하고 수행해야 하는 일을 사람들의 무상 노동을 사용해 수행하는 것에 대한 비판이다. 이것은 웹 2.0 선언문에 대한 반 다이크와 니보그(van Dijck and Nieborg, 2009)의 비판적 분석의 요지인데, 그들은 회사가 특정한 일을 크라우드소싱(crowdsourcing)+

+ 전문가나 아마추어 등 다양한 이들을 참여시킴으로써 그들이 지닌 기술이나 도구를 활용해 특정 문제를 해결하는 것 _옮긴이

하는 경향을 공격한다(또한 Morell, 2011 참조). 소셜 미디어에 대한 비판의 둘째 대상은 그들이 사용자들의 활동을 통해 돈벌이를 하는 방식이다. 즉, 페이스북은 사용자들에게 페이스북을 위해 일해달라고 분명하게 요구하는 것이 아니라 회원들이 그 사이트에서 서로 간의 상호작용과 좋아요 버튼과 페이스북의 '마찰 없는 공유'를 통해 다른 사이트와 상호작용함으로써 생성되는 데이터를 수집해 판매함으로써 돈을 번다. 이러한 비판 및 다른 비판은 SNS가 더욱 정교해지는 데이터 마이닝(data mining) 기법을 통해 전례 없이 세분화되는 특정 대상을 목표로 하는 광고에 대한 약속을 토대로 웹사이트 부동산(website real estate)+을 광고주에게 판매할 수 있다는 것을 분명히 보여준다(Zarsky, 2002). 웹로그(weblog) 커뮤니티인 메타필터(MetaFilter)의 한 사용자는 연구자들(예를 들어, Fuchs, 2011; Zimmer, 2008 참조)에 의해 공식화된 이러한 생각을 핵심을 찌르는 말로 간결하게 표현하고 있다. "만약 당신이 무언가에 대해 대가를 지불하지 않고 있다면, 당신은 고객이 아니라 판매되고 있는 제품이다."[27]

요약하면 페이스북(과 다른 곳)에서 공유의 수사를 사용하는 것은 방금 언급한 상거래 관계를 신비화하는 역할을 하는데, 여기에는 두 가지 방식이 존재한다. 첫째는 우리가 더 많이 공유할수록(공유의 대상이 없음에 유의하라) 이 세상은 더 좋아질 것이라는 생각이다. 이것은 2012년 1월 페이스북의 IPO(initial public offering)++ 서류철에 저커버그가 첨부한 편지에서 분명하게 볼 수 있다.[28] 거기서 그는 "페이스북

+ 사이버 부동산은 현실세계의 부동산과 달리 인터넷상에서 구현된 3차원 입체 공간에 대한 점유권을 뜻하는 말이다. _옮긴이

++ 신규 상장 _옮긴이

은 원래 회사로 만들어진 것이 아니라, 사회적 임무(이 세상을 더 개방적이고 더 연결된 상태로 만드는 것)를 수행하기 위해 만들어졌으며" 또한 페이스북의 목적은 "사람들이 서로 관계를 맺는 방식을 강화하는 것"이라고 적고 있다. 계속해서 저커버그는 관계는 "우리가 새로운 아이디어를 발견하고, 우리 세계를 이해하며, 궁극적으로 장기적인 행복을 얻는 방식"이라고 적고 있다. 더욱이 "비록 절친한 친구나 가족을 대상으로 한다 하더라도 더 많이 공유하는 사람은 더 개방된 문화를 만들어내고 타인의 삶과 관점을 더 잘 이해하게 이끌어준다". 따라서 여기서 공유는 인간관계를 향상해주고 이 세상을 더 좋은 곳으로 만들어주는 기제로 표현된다[29](이 편지를 비롯해 하이테크 IPO에 첨부된, 돈을 위해 그런 일을 하고 있지 않다고 주장하는 CEO의 편지에 대한 분석을 보려면, Dror, 2013 참조). 나는 페이스북이 '공유'라는 단어를 사용하는 것에 대한 비판을 프릭과 오버프란타허(Frick and Oberprantacher, 2011)에게 맡기고자 한다. 그들은 "'연결하기'와 'USP(unique selling proposition)+ 공유하기'를 정의했던 바로 그 기관이 '공유지'라는 아이디어를 반영하지도 않고 그렇다고 기꺼이 공개 조사에 응하지도 않는, 이윤을 지향하는 기업"이라는 사실을 개탄한다(p. 22).

신비화의 둘째 기제는 페이스북과 광고주의 관계가 공유의 측면에

+ 뉴욕의 광고회사 테드 베이츠(Ted Bates)의 카피라이터인 로서 리브스(Rosser Reeves)가 처음 제안한 마케팅 전략인데, '판매 특징점'이라 번역되기도 하는 USP는 다음 세 가지 조건을 갖추어야 한다. ① 광고는 소비자에게 제품이 지닌 유일무이한 이점을 제시할 수 있어야 한다. ② 제시하는 이점은 경쟁사의 제품이 제공할 수 없거나 제공하지 않은 것이어야 한다. ③ 이러한 제안은 소비자가 해당 제품을 구입하고자 할 만큼 충분히 강력해야 한다. 즉, 가장 중요한 것은 소비자가 이 회사에서 특별한 이점을 느낄 수 있도록 해야 한다는 것이다(http://bigmarketer.tistory.com/48). _옮긴이

서 기술되는 방식과 관련 있다. 이것을 잘 보여주는 표현이 있는데, 바로 페이스북은 사용자들에게 "우리는 당신이 허락하지 않을 경우 당신에 대한 정보를 다른 사람과 공유하지 않는다"라는 점을 보장하려 한 것이다.[30] 이 인용문은 부정문 형식으로 표현되어 있음에도 불구하고, 페이스북과 광고주 간의 관계는 공유의 측면에서 표현되어 있다. 즉, 페이스북이 광고주에게 데이터를 전송하거나 판매하는 것이 공유로 기술되어 있다. 분명 페이스북만 그렇게 하는 것은 아니다. "우리가 공유하는 정보"라는 제목의 구글의 프라이버시 정책(2016년 7월)에는 다음과 같은 문장이 포함되어 있었다. "당신이 동의해줄 때, 우리는 개인정보를 회사, 조직, 또는 구글 외부에 있는 개인들과 공유할 것이다."[31]

하이테크 회사들이 1950년대의 시간 공유와 유사하게 '공유'라는 단어를 자연스럽게 사용할 수도 있다. 그러나 페이스북, 구글, 그리고 다른 회사들이 우리에 대한 정보를 팔거나 심지어 (훨씬 중립적인 용어로 말하면) 단지 전송하거나 보내는 것이 아니라 제3자와 공유한다고 말하는 것은, 우리와 친구들 간의 온라인 사회적 상호작용과 지구상에서 가장 부유한 일부 조직이 관련된 상업적 상호작용 간에 (접점은 없지만) 유사점이 있다고 말하는 것이다. 이것이 SNS 측의 의도된 움직임이라고 말하려는 것은 아니다. 이미 언급했듯이, 사람들의 감정에 대해 이야기하는 것으로서 널리 사용되었던 공유의 의미 때문뿐만 아니라, 이미 존재했던 컴퓨팅과의 연관성 때문에도 SNS들은 '공유'라는 단어에 쉽게 다가갈 수 있었을 것이다. 그러나 우리가 온라인에서 무언가를 공유할 때마다 우리는 데이터 흔적을 남기게 되는데, 이것이 상업적인 소셜 미디어 조직에 돈이 된다는 것은 여전히 사실이다. 우리가 온라인에서 더 많이 공유할수록, 공유 행위의 발판인 온라인 플랫폼은 더 부자가 된다.

7. 결론

이 장에서는 사실상 소셜 미디어를 구성하는 활동인 공유에 대한 분석을 제시하면서 소셜 미디어에서의 '공유'의 등장과 증가에 대해 소개했다. 이 장은 '공유'가 전반적으로는 인터넷의 가치를 기술하기 위해, 그리고 구체적으로는 우리가 소셜 미디어에 참여하는 방법을 기술하기 위해 선택되는 단어가 되었음을 보여주었다. 우리는 컴퓨팅 맥락에서 공유가 사용되는 것뿐만 아니라 이 단어가 분배와 의사소통 모두를 껴안으면서 어떻게 공유의 좀 더 '전통적인' 의미를 기반으로 하고 있는지를 살펴보았다. 데이터는 2005~2007년이 공유의 개념이 사용된 측면에서 분기점임을 보여준다. "당신의 세계를 공유하라"라거나 "당신의 삶을 공유하라" 같은 문구는 그 전에는 나타나지 않았고, 마찬가지로 (어떤 대상이 없는 상태에서) 공유하라는 명령 역시 2000년대 후반기까지 나타나지 않았다. 나는 또한 연락을 유지하는 것과 같은 특정한 활동이 어떻게 시간이 흐르면서 공유로 기술되었는지 보여주었다. 마지막으로 나는 페이스북에 의해 효율적으로 활용된 공유의 개념이 페이스북과 광고주의 관계를 신비화하도록 도와줄 뿐만 아니라 더 나은 세상으로 이끌어주는 것으로 자기-표현을 해주는 방식에 대한 비판을 제시했다.

소셜 미디어에서의 공유의 등장, 즉 '공유'가 소셜 미디어를 구성하는 활동이 된 방식은 여기서 인터넷을 흔히 민주적이고 개방적이며 무료인 것으로 개념화하고 비위계적인 의사소통 플랫폼으로 개념화하는 것과 관련해서 이해될 수 있다. 터너 등은 우리에게 인터넷이 어떻게 친사회적인 미디어로 구성되었는지; 나중에 '공유'의 개념이 어떻게 나오게 되었는지 보여주었다. 이러한 생각은 한 트위터 사용자의 말 속에 잘 드러나 있다. "인터넷은 늘 공유에 대한 것이었기 때문에 '공유'는 새로운 것이 아니다. 공유는 캐치 프레이즈이기도 하지만 늘 핵심 본질이기도 했다."[32] 이 장 시작 부분에 언급한 인용문에서와 마찬가지로, 여기에도 "인터넷은 늘 공유에 관한 것이었다"라고 적혀 있다. 이 트윗은 '공유'가 '캐치 프레이즈'일 수도 있지만 공유는 늘 인터넷의 '핵심 본질'이었음을 강조한다. 그래서 이 트윗에서 둘째로 나오는 공유라는 단어에 따옴표 표시를 한 데서 알 수 있듯, '공유'는 인터넷이 취하고 있는 일종의 이상적인 형식이기도 하고 동시에 캐치 프레이즈이기도 하다. 캐치 프레이즈는 왔다가 사라지지만, 핵심 본질은 그렇지 않다. 이 장에서 나는 '공유'가 자신을 캐치 프레이즈나 유행어처럼 보이게 할 수도 있는 지위를 누려왔음을 보여주었다. 또한 나는 우리가 오늘날 인터넷을 이해하는 방식에는 우리가 공유와 연관 짓는 가치들과 공명을 일으키는 것이 존재한다는 것도 보여주었다. 그러나 이것은 인터넷의 '핵심 본질' 때문이 아니라, 다른 무엇보다 인터넷 초기 사용자들이 수행한 담론 작업의 기능 때문이다.

오늘날에는 확실히 인터넷의 '핵심 본질'이 '공유'인 것처럼 느껴진다. 앞에서 보여준 것처럼, 이것은 이 용어가 온라인 활동 전반을 포괄하게 되었기 때문이기도 하고, 하나의 추상적 전체로서의 인터넷이 아랍의 봄(Arab Spring)+과 같은 특정한 긍정적인 과정의 원인이라고 보는 사람이 많기 때문이기도 하다. 만약 '공유'가 현대 사회의 가장 중요한 은유라면, 소셜 미디어와 아마도 인터넷 전반을 구성하는 활동으로서의 '공유'의 역할은 현대 사회에서 매우 중요한 부분일 것이다.

+ 전례 없는 시위운동 및 혁명의 물결로, 2010년 12월 이래 중동과 북아프리카에서 일어난 반정부 시위들이다. 이 반정부 시위에서는 파업, 행진, 대규모 집회가 일어났을 뿐만 아니라, 페이스북, 트위터 같은 소셜 미디어를 이용한 연대가 확산됨으로써 매우 넓은 범위에서 시민의 저항 운동이 일어났다. 여러 반정부 시위 가운데 튀니지, 이집트, 예멘의 반정부 시위는 정권 교체로 이어졌으며, 이는 혁명으로 불리었다. _옮긴이

4

공유 경제

지난 몇 년에 걸쳐 '공유 경제(sharing economy)'라는 용어는 분명 주류에 속했으며, 그 속에서 공유 경제는 에어비엔비(Airbnb)와 우버(Uber) 같은 회사와 뚜렷한 연관성을 맺게 되었다. 온라인 검색의 중요성을 과장하고 싶지는 않지만, 구글 트렌드(Google Trend)에서 가져온 〈그림 4.1〉은 미국 인터넷 사용자들의 공유 경제에 대한 관심이 무시할 수 없을 정도로 폭발하고 있음을 보여준다. 공유 경제(혹은 일부 사람들이 부르는 '이른바 공유 경제')의 등장과 성장은 엄청난 비판적 주목을 끌었다(특히 Scholz, 2016; Slee, 2015 참조). 자주 듣는 한 가지 비판은 공유 경제는 공유와 아무 상관이 없다는 것이다. 에어비앤비는 공유를 위한 플랫폼이 아니라, 단기 임대(renting) 플랫폼이라는 것이다. 의혹을 제기하는 사람들은 우버는 자동차 공유 플랫폼이 아니라, 사람들이 고용인 보호나 사회적 권리에 대한 아주 작은 힌트도 없이 일하는, 규제 받지 않는 착취적 시스템이라고 말한다.[1] 만약 이것이 공유 경제라

그림 4.1 **'공유 경제' 검색 횟수 추이(2005~2015.8)**

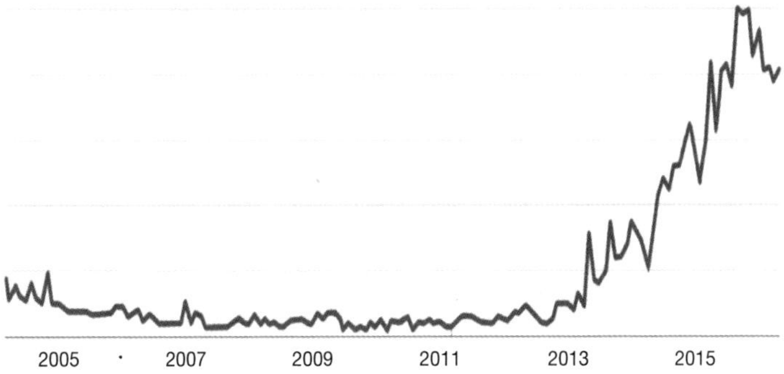

자료: Google Trend.

면, 공유 경제가 전하는 메시지는 다음과 같은 순전한 신자유주의적 이데올로기이다: 만약 당신이 (당신의 시간, 당장 사용하지 않는 드릴, 여분의 침실을 포함해) 어떤 여분의 자원을 가지고 있고 그 자원으로 돈벌이를 하지 않는다면, 가난해지는 것에 대해 불평하지 마라. 거기에는 우리 모두를 미소(微少) 기업가(micro-entrepreneur)+로 탈바꿈시켜주며[2] 또한 참여를 거부하는 사람들을 잔인하게 바라보는 공유 경제의 일부분이 존재한다. 이것은 분명 하이테크 자본주의 사회에서 발생한 중요한 새로운 사건이자 주목을 요구하고 주목받을 자격이 있는 새로운 사건이다.[3]

그러나 이 장에서 나는 공유 경제에 대한 관점을 확대해 사람들이 '실제로' 공유에 대한 것이라고 좀 더 기꺼이 받아들일 수도 있는 기업

\+ 1인 기업을 포함해 초소규모의 기업을 미소 기업이라고 한다. _옮긴이

도 포함하고자 하며, 이 용어가 소비뿐만 아니라 생산의 맥락에도 적용된다는 점도 상기시켜주고자 한다. 또한 나는 공유 경제의 디지털 속성을 살펴볼 것이며 '공유'라는 용어 및 공(公)/사(私) 구분에 대해서도 논의할 것이다. 이 장에서 나는 주로 '공유'라는 단어가 공유 경제(이것이 무엇이든)라는 맥락에서 '행하는' 것에 대해 이해하고자 노력한다. 나의 목적은 공유 경제가 실제로 공유를 포함하는지 여부에 대한 논쟁에 참여하는 것 아니라(비록 조금은 참여하지만), 이 용어가 단순히 조작적인 마케팅 술책에 지나지 않음을 최소한이라도 보여주는 것이다. 이러한 목적을 달성하기 위해 우리는 '공유 경제'라는 용어의 짧은 역사를 살펴볼 필요가 있다.

1. 공유 경제는 언제부터 시작되었나

공유 경제(그리고 일반적으로는 공유의 개념)의 핵심적인 측면은 그것이 과거를 받아들이는 방식이다. 앞으로 보게 되겠지만, 공유 경제를 둘러싼 담론의 상당 부분은 (특히 아담과 이브의 죄로) 인류가 타락하기 전의 과거와 관련짓는 것을 포함하는데, 이것은 우리, 즉 자본주의 사회, 소비주의 사회의 구성원들이 살아온 방식에 대한 낭만적인 관점이며, 월터 벤저민(Walter Benjamin)이 우르-패스트(ur-past)+라고 부른 종류의 과거에 대한 관점이다(Bejamin and Tiedemann, 1999). 또 다른

+ 우르(Ur)는 아브라함의 형제 하란이 태어난 메소포타미아의 도시로, 창세기에는 여호와가 아브라함에게 나타나 우르를 떠나라고 지시했다고 적혀 있다. 따라서 'ur-past'는 아주 오랜 과거, 이상향적인 과거를 지칭하는 것으로 보인다. _옮긴이

입장은, 우리는 결코 공유를 멈춘 적이 없지만 새로운 기술이 이러한 행위에 활력을 불어넣고 있다는 것이다. 따라서 컬래버러티브컨섬션.콤(collaborativeconsumption.com) 웹사이트의 태그라인은 "기술을 통해 재발명된 공유"이다.[4] 이 책의 핵심 관심사는 역사적으로 말해서 '공유'라는 단어가 언제 채택되어 여러 행위를 기술하게 되었느냐 하는 것이다. 이것을 감안해 나는 오늘날 우리가 알고 있는 공유 경제가 언제 출범했는지뿐만 아니라 언제 '공유 경제'라고 불리게 되었는지에 대해서도 관심이 있다.

'공유 경제'라는 용어는 실제로 꽤 새로운 용어이다. 공유 경제에 대한 최근의 관심은 〈그림 4.1〉의 구글 트렌드 그래프에도 나타나 있다. 또 다른 구글 도구인 엔그램은 사람들이 언제 공유 경제에 대한 정보를 '검색하기' 시작했는지가 아니라, 사람들이 언제 공유 경제에 대한 '글을 쓰기' 시작했는지 살펴볼 수 있게 해준다. 수백만 권을 스캔해서 책 속의 문자 인식을 수행한 구글 프로젝트를 토대로, 이러한 책들의 단어와 용어를 검색함으로써 우리는 언제 그러한 단어와 용어가 널리 쓰이게 되었는지 알 수 있다. 〈그림 4.2〉는 1940년[5]부터 2008년(당시 이용 가능한 최신 연도)까지 사용된 '공유 경제'라는 용어에 대한 엔그램을 보여준다.

그래프상의 선을 따라가 보면, 1950년대에 일시적인 작은 상황 변화가 있었던 것을 알 수 있다. 그러나 여기서의 '공유 경제'에 대한 언급은 실제로 '이익-공유 경제'라는 용어를 나타내며, 이것은 이익-공유 경제를 검색해보아도 드러난다. 같은 이유로 1970년대 중반에서 1980년대 말까지도 '공유 경제'에 대한 언급이 급상승하는데, 이 시기는 경제학자들이 노동자들에게 회사의 수익 일부를 나누어줌으로써 인센티브

그림 4.2 **'공유 경제'라는 단어가 등장한 빈도 추이(1940~2008)**

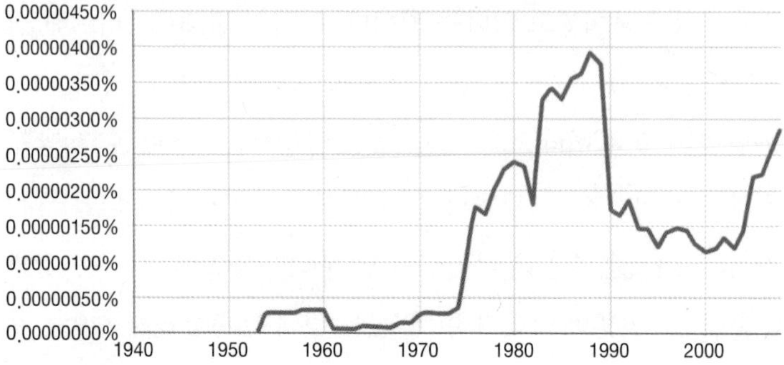

자료: Google Ngram.

를 제공하는 것이 노동자들의 생산성을 향상해주는지 밝히고자 노력하던 시기이다. 그래서 1980년대의 급증은 오늘날의 공유 경제에 대해 그 어떤 것도 말해주지 않을 뿐만 아니라, 실제로 이익-공유 기제에 대한 글이 늘어났음을 반영한다. 더 흥미로운 것은 2003년 즈음에 (구글이 스캔한 책에서) '공유 경제'에 대한 글이 늘어난 것이다.

그러나 심지어 여기서도 우리가 오늘날 이해하고 있는 '공유 경제'가 처음 언급된 때는 실제로 2007년이다. 『혁신 국가(Innovation Nation)』(Kao, 2007)라는 책에서는 로런스 레시그(Lawrence Lessig)가 진두지휘한 크리에이티브 커먼즈 라이선스(Creative Commons license: CCL)+와 관련해 공유 경제가 지나가는 말로 정의도 없이 언급된다. 미래에 관한 책인 『겟 데어 얼리(Get There Early)』(Johansen and Johansen, 2007)에서

+ 크리에이티브 커먼즈는 저작권의 부분적 공유를 목적으로 2001년에 설립된 비영리 단체이며, CCL은 특정 조건에 따라 저작물 배포를 허용하는 저작권 라이선스 중 하나이다. _옮긴이

는 하워드 레인골드가 공유 경제에 대해 이야기한 것으로 적혀 있지만, 그것에 대한 참고문헌은 제시하지 않고 있다[그리고 제시된 참고문헌에는 공유 경제에 대한 레인골드의 이야기가 포함되어 있지 않다[6]; 공유가 꽤 많이 논의된 레인골드(Rheingold, 2007)의 『영리한 군중(Smart Mobs)』에서도 '공유 경제'라는 용어는 나오지 않는다; 실제로 3장에서 우리는 이미 레인골드가 '공유'에 대해 말을 많이 하지 않았다는 것을 살펴본 바 있 있다]. 『겟 데어 얼리』에서는 나중에 다시 따옴표와 함께 직장과 관련해 '공유 경제'라는 용어가 등장한다. 여기서는 동료 생산(peer production)에 관한 요차이 벤클러의 글이 언급되는데, 이것은 의심할 바 없이 관련성이 상당히 높다. 하지만 벤클러는 자신의 논문 「멋지게 공유하기」(Benkler, 2004)에서도, 그리고 영향력 있는 저서 『네트워크의 부』(Benkler, 2006)에서도 '공유 경제'라는 용어를 사용하지 않는다.

그럼에도 2007년 출간된 한 책에서 '공유 경제'라는 용어가 등장하는 것은 대략 그때쯤 현재와 같은 공유 경제의 의미가 대중의 의식에 도달하기 시작했음을 시사한다. 실제로 '공유 경제'라는 용어를 더 많은 사람들에게 소개한 주요 출판물은 로런스 레시그가 쓴 『리믹스(Remix)』(2008)였다. 벤클러에게 영감을 받은 이 책에서 레시그는 "상업 경제, 공유 경제, 그리고 이 둘이 혼합된 경제"에 대해 논의한다(Lessig, 2008: 118). 레시그는 "공유 경제 내에서 교환을 나타내는 모든 가능한 용어 가운데 적합하지 않은 단 하나의 용어가 돈이다"라고 적고 있다(p. 118). 그는 비행기 옆 좌석에 앉아 있는 10대에게 5달러를 주고 DVD 하나를 빌렸던 때나 그가 점프 리드(jump lead)를 사용해 이웃사람의 차의 시동을 걸어주자 그 이웃이 자신에게 5달러를 지불하려고 했던 때를 예로 들면서 그러한 입장을 보여준다. 레시그의 논의에서 '공유 경제'는 결혼, 소프트볼 경기 하기, 친구관계 등을 포함해 돈이 관련되지 않는 모든 상호작용을 말한다. 그러나 그가 말하는 공유 경제의 전형은 위키피디아인데, 왜냐하면 "위키피디아 기고자들은 돈에 동기화되는 것이 아니라 자신들이 하는 일의 재미나 즐거움에 동기화되기 때문이다"(p. 162).

레시그의 관심을 끈 또 다른 공유 경제 사례로는 "수천 명이 자원해서 코드를 작성함으로써" 제작된 리눅스(Linux)(p. 163), 자원자들이 인류의 자료를 모아서 전자정보로 저장하고 무료로 배포하는 프로젝트 구텐버그(Project Gutenberg), 프로젝트 구텐버그로 모인—좀 더 일반적으로는 세티@홈(SETI@Home), 아인슈타인@홈(Einstein@Home) 같은 분산 컴퓨팅(distributed-computing) 프로젝트로 모인—디지털 버전의 책을 자원봉사자들이 교정해주는 디스트리뷰티드 프루프리더스(Distributed Proofreaders) 등이 있다. 이것들은 모두 '생산'에 초점을 맞추고 있으며 다른 사람들을 위한 가치를 생산하는 데 있어서 자원봉사자의 역할을 강조하는 예들이라는 점이 주목할 만하다.

물론 레시그에게 공유 경제의 더 넓은 맥락은 문화, 특히 음악 맥락이라는 점도 주목할 만하다(이것에 대해서는 파일 공유에 관한 6장에서 다시 살펴볼 것이다). 이것은 내가 처음 레시그에게 보냈던 편지에서 더 강하게 나타나는데, 그 편지에서 나는 그에게 어디에서 '공유 경제'라는 용어를 처음 보았는지 물었다. 그는 나에게 MIT 미디어 랩(Media Lab)에 있는 조이치 이토(Joichi Ito)를 언급했는데, 2004년 이토는 이전의 ≪비즈니스 2.0(Business 2.0)≫이라는 잡지에 실린 한 기사에서 그 용어를 우연히 처음 발견했다고 한다.[7] 이 기사는 음악 산업에서 '공유 경제'가 등장한 것과 크리에이티브 커먼즈 라이선스(라이선스는 이 기사의 인터뷰에 응한 로런스 레시그에 의해 작성되었다)의 사용이 확산된 것에 대해 기술하고 있다. 이토의 블로그에 있는 블로그 게시글의 '공유 경제' 태그 역시 그 시점이 2004년으로 거슬러 올라간다.[8]

따라서 공유 경제에 대한 이야기는 처음에 음악 산업 및 (MP3 파일을 쉽게 재생하고 분배할 수 있는 능력을 포함해) 인터넷에 의해 제공된 새로운 분배 방식에 따라 음악 산업에 제기된 기술적 도전과 연관이 있었다. 이런 점에서 공유 경제는 공유의 기술(3장 참조)로 간주되는 새로운 기술과 연관된 경제였다. 또한 돈의 부재(absence of money), 정확하게 말하면 일반적인 자본주의적 관계를 파괴하는 접근방법과 연관된 경제였다.

그렇기 때문에 특히 오픈 소스(open source) 소프트웨어(생산)와 파일 공유(소비) 영역에서 '공유 경제'를 예시하는 것으로 판명된 중요한 초기 사이트들이 나타나면서 이 용어는 항상 생산과 소비 모두를 가리켜왔다. 또한 이 용어는 2005년에서 2010년 사이에 등장했기에 소셜 미디어 맥락에서 '공유'라는 단어의 급속한 확산에 이어 나타났다. 따라서 공유 경제는 디지털이라는 주장과 공유 경제에 대한 담론이 이와 같이 구성되는 데 '공유'라는 단어가 많은 일을 한다는 주장이 제기될 수 있는 상황이 미리 만들어져 있던 셈이다.

2. 공유 경제, 유아기, 그리고 고대 역사

공유 경제가 촉진되는 한 가지 방식은 공유 경제를 (특히 아담과 이브의 죄를 통해) 인류가 타락하기 전의 행동 방식으로의 복귀라고 기술하는 것이다. 공유 경제 또는 적어도 공유 경제가 표상하는 무언가가 제시하는 내러티브는 다음과 같다: 우리는 과거 한때 착했으나 나빠졌으며, 공유는 우리를 다시 착하게 해줄 것이다. 이것은 매우 간단한 메시지이며 아마도 에덴동산에서 쫓겨나는 이야기만큼이나 오래된 강력한 문화적 비유이다. 이 내러티브는 두 가지 수준, 즉 개인 수준과 사회 수준에서 작용한다. 두 경우 모두에서 공유는 매우 강력하고도 사람을 타락시키는 자본주의의 힘이 후딱 만들어낸 우리의 타고난 자연스럽고 선천적인 행동으로 묘사된다. 2008년 11월, 뉴욕주 나소 카운티(Nassau County)에 있는 월마트(Walmart)의 문을 부수고 우르르 몰려든 수백 명의 블랙 프라이데이(Black Friday) 인파에 짓밟혀 임시 직원 저마이테이 다무어(Jdimytai Damour)가 사망한 사건은 정확히 자본주의에 이끌린 우리의 부자연스러운 행동의 한 예이다(Botsman and Rogers, 2010).

이런 이유로 공유의 재발견은 개인이자 사회의 구성원으로서 자연으로 복귀하는 것이자 우리가 운명 지어진 것으로 복귀하는 것이다. 타락하지 않은 자연스러운 존재 상태(인류가 타락하기 전의 상태)로 복귀한다는 약속은 '공유'라는 단어가 '공유 경제'에 한 일 가운데 중요한 부분이다. 우리는 이것이 '공유 경제'에 "특정한 '평가적 억양(evaluative accent)'+"을 주는 것이라고 말할 수도 있을 것이다(Voloshinov, 1986: 103). 그것은 아동기와의 연관성을 강화하며, 자원이 공정하게 분배되고 사람들이 자연을 착취하거나 서로를 착취하는 것이 아니라 자연과

+ 평가적 억양이란 모든 단어와 모든 발화(utterance)에 스며들어 있는 가치 판단을 말한다. M. Moraes, *Bilingual Education: A Dialogue with the Bakhin Circle*(Albany, NY: SUNY Press, 1996). _옮긴이

조화를 이루며 사는 사회의 가능성을 시사한다.

이러한 종류의 과거는 월터 벤저민이 '우르-패스트'라고 부른 그런 과거이다. 수전 벅-모스(Susan Buck-Morss)가 기술하는 것처럼, 이것은 "인간이 자연계와 조화를 꾀했던 신화적 시기이다"(Buck-Morss, 1989: 114). 벤저민 자신은 『아케이드 프로젝트(The Arcades Project)』에서 다음과 같이 적고 있다.

> 새로운 것의 등장을 수반하는 유토피아적 이미지는 늘 동시에 우르-패스트로 거슬러 올라간다.[9] 각 시대는 꿈속에서 눈앞에 펼쳐지는 이미지를 통해 이어지는 다음 시대를 보는데, 그러한 꿈속에서 그러한 이미지들은 우르-히스토리(ur-history)의 요소들에 집착하는 것 같다(Buck-Morss, 1989: 116에서 재인용).

1) 공유, 아동기, 그리고 인간의 본성

우리는 공유와 아동기를 쉽게 연관 짓는다. 할 수 있다면 당신이 선택한 검색 엔진을 통해 '공유'에 대한 이미지를 검색한 다음, 다음과 같은 결과를 관찰해보라: 손을 맞잡고 있는 어린이들, 지저분하게 아이스크림을 함께 먹는 어린이들, 조화롭게 노는 어린이들. 또는 1장에서 에코셰어링.넷 웹사이트에서 사용한, 손을 잡은 두 소녀가 각각 하나의 이어폰 줄을 귀에 나누어 꽂은 채 음악을 들으면서 공원을 걷는 홍보 이미지를 떠올려보라. 걱정 없는 행복한 아동기에 대한 향수에 빠져들게 만드는 태그라인에는 다음과 같이 적혀 있다. "당신이 가진 것을 공유하는 것이 얼마나 즐거웠는지 당신은 기억하는가?"(〈그림 1.3〉). 우리는 또한 좋아하는 장난감을 별로 좋아하지 않는 사촌과 공유할 수밖에 없었던 기억을 가지고 있을 수도 있는데 이러한 기억은 한 쪽으로 치워두자; 이러한 개념화에 따르면 공유는 우리를 걱정 없는 시절로 되돌려준다.

일부 공유 경제 지지자들은 에코셰어링.넷의 경우처럼 우리의 정서에 호소할 뿐만 아니라, 우리가 타고난 공유자라는 사실을 규명하기 위해 과학에 의지하기도 한다. 예를 들어, 보츠먼과 로저스는 『내 것은 네 것(What's Mine is Yours)』(2010)에서 공유는 어린이들이 남이 시키지 않았는데도 하는 것이라는 자신들의 입장을 내세우기 위해 마이클 토마셀로의 베스트셀러 『이기적 원숭이와 이타적 인간(Why We Cooperate)』(2009)+에 대해 언급한다. 특별히 그들은 아주 어린 아이들이 어른이 문을 열거나 잃어버린 물건을 찾거나 떨어뜨린 물건을 집는 것을 도와주려 한다는 것을 보여주는 연구를 인용한다. 보츠먼과 로저스는 토마셀로의 글에 다음과 같이 주석을 달았다(여기서 중요한 것은 토마셀로 자신의 표현이 아니라 그들의 해석이다). "토마셀로는 감정이입(empathy)과 협력적 행동은 어른에게서 배우거나 보상을 기대하고 하는 것이 아니라고 주장한다. '어린이들은 본래 사교적이고 협력적이다'"(Botsman and Rogers, 2010: 69; 강조 따옴표 추가).

그러나 토마셀로에 따르면 (보츠먼과 로저스가 기술하는 것처럼) '인간은 이기적인 기질도 가지고 있는데' 협동심이 그 위를 덮고 있을 뿐이다. 여기서 보츠먼과 로저스는 우리에게 무엇이 잘못되었는지에 대해 설명하고자 하는데, 이때 그들의 설명은 다소 덜 일관적이다. "지난 50

+ 허준석 옮김(2011, 이음) _옮긴이

년 동안 어린이들은 초개인주의 사회에서 성장해왔기 때문에 그들의 선천적인 이기적 측면이 똑같이 선천적인 공유하려는 그들의 사회적 성향을 무색하게 한 것은 놀라운 일이 아니다"(p. 69).[10] 그래서 혼란스럽게도 오늘날 어린이들은 '본래 사교적이고 협력적'일 뿐만 아니라 '본질적으로 이기적'이기도 하다. 그러나 궁극적으로 보츠먼과 로저스에 의해 널리 알려진 아동기의 표상은, 공유하려는 우리의 성향은 '전사회적(presocial)'이며 또 이러한 성향은 우리가 지난 50년 동안 살아왔던 초개인주의적인 사회를 이기지 못한다는 것이다. 이 말의 함의는 우리는 공유함으로써 우리가 진정 운명지어져 있던 곳으로 되돌아갈 것이라는 것이다.

협업적 소비(Collaborative Consumption)의 혁신 책임자인 로런 앤더슨(Lauren Anderson)도 공유에 대해 같은 점을 지적한다. 2011년 테크크런치(TechCrunch)와의 인터뷰에서[11] 그녀는 "우리는 공유하고 협력하는 것을 타고났다"라고 말했다. 공유에 대한 이런 종류의 접근방법, 즉 공유는 우리가 성장하면서 물질주의적이고 개인주의적인 사회에 빼앗긴 선천적이고 자연스러운 성향이라는 접근방법은 공유 경제 지지자들이 '성선설(性善說)'을 염두에 두고 있음을 시사한다. 제임스, 젠크스와 프라우트(James, Jenks and Prout, 1998)는 자신들의 매우 영향력 있는 책인 『아동기에 대한 이론화(Theorizing Childhood)』에서 아동기에 대해 서로 다른 모델을 제시하는데,[+] 그들은 이 모델들이 우리가 어린이에 대해 생각하는 방식에 영향을 미친다고 주장한다.

+ 저자는 제임스, 젠크스와 프라우트가 1998년에 성선설과 성악설에 관해 쓴 저서를 인용하고 있지만, 동양에서는 기원전에 맹자가 성선설을, 순자가 성악설을 주장한 바 있다. _옮긴이

주요한 두 모델은 '성악설'과 '성선설'이다. 성악설은 어린이에게 훈육과 제도적 통제가 필요하다고 주장하는 반면, 성선설은 어린이는 순수함과 선량함을 타고났다고 주장한다. 사회는 전반적으로 "성선설과 성악설 사이를 왔다 갔다 하는" 경향이 있지만(Critcher, 2008: 101), 공유 경제 지지자들은 그런 숙의를 거의 하지 않았던 것 같다. 만약 아동기 자체가 "흔히 우리가 가장 강렬한 환상과 공포를 지니는" 시기라면(Buckingham, 2006: 76), 보츠먼과 로저스 같은 작가가 소환하는 아동기에 대한 환상은 그 아동들이(우리가) 자라나는 잔인한 사회로 인해 망가지는, 친절하고 사려 깊은 어린이들 중 하나에 대한 환상이다.

만약 이것이 개인으로서의 우리에게 적용된다면, 요차이 벤클러에 의해 비슷한 주장(즉, 공유는 자연스러운 것이라는 주장)이 제시된다. 그는 협력에 대한 찬가인 『펭귄과 리바이어던(The Penguin and the Leviathan』(2011)+에서 하나의 종(種)으로서의 인간과 관련해 이러한 주장을 제시한 바 있다. 이 책에서 그는 인간의 본성을 둘러싸고 벌어진 수세기에 걸친 논쟁, 즉 토머스 홉스(Thomas Hobbes)와 애덤 스미스(Adam Smith)로 대표되는 한쪽과 데이비드 흄(David Hume)과 장자크 루소(Jean-Jacques Rousseau)로 대표되는 다른 한쪽 간의 논쟁에 대해 논의한다. 협력과 협업에 대한 주장에서 벤클러는 "우리가 다른 사람과 협력할 때 우리의 뇌는 다르게 활성화되며, 그것은 우리를, 적어도 우리 가운데 많은 이를, 더 행복하게 해준다"라는 것을 보여주는 한 연구에 대해 언급한다(Benkler, 2011: 236). 보츠먼과 로저스 역시 연구 참여자들에게 자선단체에 돈을 기부할 건지 여부에 대해 물은 한 신

+ 이현주 옮김(2011, 반비) _옮긴이

경학 연구에 대해 언급한다. 분명 "돈을 기부하기로 선택한 사람들의 경우 결속 및 애착과 연관된 뇌 부위가 활성화되었다"(Botsman and Rogers, 2010: 132).

보츠먼과 로저스는 또한 다른 많은 동물들처럼 인간도 본래 감정이입적이라고 주장한 것으로 유명한 영장류 학자 프랜스 드 월(Frans de Waal)의 연구에 대해서도 이야기한다(de Waal, 2009 참조). 그들은 조약돌과 오이 조각을 행복하게 맞바꾸었던 흰목꼬리감기 원숭이가 조약돌을 주는 대가로 포도를 받는 원숭이를 보게 된 것을 소개한 한 연구에 대해 이야기한다. 조약돌과 포도를 교환하는 원숭이를 보자 공평함에 대한 의식이 작동한 나머지 오이를 받는 원숭이들이 거래를 중단했다. 보츠먼과 로저스에 따르면, 이것은 그 원숭이들이 조약돌에 대한 공평한 거래가 어떤 것인지를 알았기 때문이라고 한다.

내가 이해하기로는 이러한 예들의 핵심은 인간은 본래 감정이입적이고 배려심이 있으며 공유하는 존재임을 보여주는 것이다. 그러나 그들의 논리가 늘 전적으로 명확하지는 않다: 만약 우리가 본래 협력하기로 되어 있다면, 즉 배워서 협력하는 것이 아니라 협력이 전 사회적이고 선천적인 것이라면, 그리고 공유가 그와 같은 기쁨을 준다면, 단지 100년간의 소비자 사회(보츠먼과 로저스의 표현방식에 따르면, 50년간의 '초개인주의')가 어떻게 수백만 년간의 생물학적인 진화적 발생을 극복했겠는가? 우리는 (우리의 진화적 조상으로 여겨지고 있는) 원숭이들이 협력한다는 사실이 우리가 당연히 협력해야 한다는 것을 의미하는지에 대해 마찬가지로 의아해할 수도 있을 것이다[실제로 이 문헌에는 존재-당위 논리를 비약한(is-ought leaps)⁺ 사례가 매우 많다]. 그래서 이것은 보츠먼과 로저스가 "즐거움을 주는 선천적 행동과 공유하는 제2의

천성"에 대해서 이야기할 때 '선천적인' 공유가 정말 어떻게 평가되고 있는지가 분명하지 않은 또 하나의 사례이다(Botsman and Rogers, 2010: xx). 여기서 그것에 대해 옥신각신하는 것이 내 의도는 아니지만, 이 짧은 인용문은 공유의 선천성과 공유가 우리의 제2의 천성이 될 수 있다는 것 간의 혼동을 압축해주는 것 같다. 물론 여기서 내가 말하고자 하는 바는 만약 공유가 선천적인 것이라면 그것은 우리의 '제1의' 천성이어야 한다는 것이다. 그러나 공유 경제가 토대로 하고 있는 과학이 '옳으냐' 혹은 '그르냐' 하는 것은 내게 실제로 중요하지 않다. 내가 관심을 가지는 것은 공유 지지자들이 그 연구를 어떻게 받아들여 자기 것으로 사용하는지, 그리고 우리는 그러한 사실을 어떻게 이해할 수 있을 것인지 하는 것이다.

2) 공유와 '원시' 인간 사회[12]

공유 경제 지지자들이 매우 흔히 사용하는 비유는 우리는 공유함으로써 우리 조상을 특징짓는 사회적 존재 방식으로 되돌아가기 위해 기술을 영리하게 활용하고 있다는 것이다. '원시' 인간 사회가 우리에게 사는 법을 다시 가르쳐줄 수 있다는 생각은 적어도 18세기로 거슬러 올라간다[와이너(Weiner, 1992)에 대해 언급하고 있는 Kozinets, 2002: 29 참조]. 또한 그 생각은 미디어 연구자들에게 특별히 새롭지도 않다. 예를 들어, 리처드 코인(Richard Coyne)은 "친족에 의존해 거래했던 부족사

+ '~이다'라는 관찰 사실에서 '~여야 한다'라는 결론을 이끌어낼 수 없다. 즉, 존재로부터 당위가 도출되지 않는다는 흄(Hume)의 법칙에 따라 '~이다, 따라서 ~여야 한다'라고 논리를 비약하는 것을 말한다. _옮긴이

회로의 기술낭만적인(technoromantic) 복귀"에 대한 맥루언(McLuhan)의 믿음을 언급한다(Coyne, 2007: 101).

따라서 보츠먼과 로저스는 "소비자들은 시장이 강한 유대감을 가지고 있는 지역사회 기반의 전통적인 관계를 의미했던 시절로 되돌아가기를 갈망하고 있다"라고 적고 있다(Botsman and Rogers, 2010: 51). 그러나 그 이상으로 그들은 우리가 공유할 때 우리는 소집단 속에서 살았고 무리지어 사냥했던 "구석기시대의 조상"을 모방하고 있다고 말한다. [보츠먼과 로저스가 소개한, 또 하나의 다소 크로포트킨(Kropotkin, 1902)+식 비유는 돌고래 비유인데, 돌고래 역시 함께 사냥한다.] 그들은 "사냥감을 죽인 다음, 고래를 조각내어 집단 내 모든 사람과 공유했다"라고 적고 있다(p. 68). 더욱이 보츠먼과 로저스는 우리에게 "인류학자들은 이러한 상호부조(사람들이 서로 돕는 것)와 호혜('오늘은 내가 고기를 줄 테니 나중에는 네가 고기를 줘')가 인간 협력의 토대 역할을 하는 내재화된 인간 행동이자 우리 경험의 핵심이라고 생각한다"라고 말한다(p. 68). 작가이자 행동주의자인 데이비드 볼리어(David Bollier)도 마찬가지로 지나치게 포괄적인 진술에서 "진화학자들은 인류는 협력하고 협업할 수 있고 신뢰와 호혜를 토대로 안정된 공동체를 수립할 수 있는 능력을 가지고 있다는 이유만으로 살아남았고 진화했음을 분명히 하고 있다"라고 주장한다(Bollier, 2010: 13). 이것은 공유 경제의 모든 분야에서 볼 수 있는 상식적인 생각으로, 즉 공유는 "하나의

\+ 러시아 출신의 지리학자이자 아나키스트 운동가, 철학자. 그는 봉건제와 자본주의 경제 시스템의 오류를 지적하면서 자본주의자들이 자신들의 특권을 증진하기 위해 인위적인 희소(artificial scarcity) 상태를 유발시킨다고 주장했다. 대신 그는 상호부조와 협력에 기반을 둔 분권화된 경제 구조를 제안했다. 자료: 위키피디아 _옮긴이

종으로서 우리의 생존에 반드시 필요하고" 또 늘 그래왔다는 것이다(Harris and Gorenflo, 2012: xii).

'부족'에 대한 언급 역시 공유 경제의 맥락에 꽤 널리 퍼져 있다. 예를 들어, 미래학자인 마크 페스(Mark Pesce)는 "이 세기의 나머지 부분 전체에 걸쳐 우리의 공유된 미래는 우리의 현재 역사와 같기보다는 우리의 과거 고대 부족 시대와 같을 것이다"라고 말한다(Pesce, 2012).[13] 환경주의자이자 저널리스트인 리오 히크먼(Leo Hickman, 2011)은 공유 경제는 "오랫동안 우리 주위에 있었다"라고 말했다. 이와 관련해 ≪마케팅(Marketing)≫의 한 기사에서 웜슬리는 "우리는 늘 공유 경제를 해왔으며 찰스 다윈(Charles Darwin)과 최근에는 리처드 도킨스(Richard Dawkins)가 협업은 진화적 우위(evolutionary advantage)를 나타내며 인간은 타고난 협업자라고 주장했다"라고 적고 있다(Walmsley, 2011). 웜슬리는 계속해서 공유 경제를 통해서 "우리는 다시 한 번 유용해진 오래된 행동을 재채택했을 뿐이다"라고 적고 있다. 마찬가지로 리사 갠스키(Lisa Gansky)도 그녀의 영향력 있는 저서 『메시: 빌려주는 사업의 시대가 온다(The Mesh: Why the Future of Business is Sharing)』[+]에서 떠오르고 있는 공유 경제가 왜 자연 그 자체와 같은지에 대해 몇 가지 이유를 제시한다(Gansky, 2010). 예를 들어, 공유 경제는 "진공 상태를 싫어하고",[++] "회복력과 적응력이 있으며", 폐기물을 효율적으로 사용한다. 다시 한 번 공유는 전 사회적인 바람직한 자연 상태로 소개된다.

그래서 공유는 두 가지 수준, 즉 개인적 수준과 사회적 수준에서 인

\+ 윤영삼 옮김(2011, 21세기북스) _옮긴이

++ "Nature abhors a vacuum"(자연은 진공 상태를 싫어한다)은 네덜란드 철학자 스피노자의 명언으로, '모든 것에는 의미가 있으며 무의미한 것은 없다'라는 뜻이다. _옮긴이

간의 자연스러운 상태로 구성된다. 개인적 수준에서는, 공유 경제 옹호자들이 우리 모두는 개인주의적인 물질주의 사회에 의해 훼손되기 전에 순수하고 착하게 태어난다는 점을 내비치면서 어린이를 타고난 공유자로 기술하는 것을 지금까지 살펴보았다. 사회적 수준에서는, 공유 경제 옹호자들이 협력, 신뢰, 공재(共在; togetherness)+가 자연스러운 상황임을 내비치면서 인간 사회를 자연스럽게 공유하는 사회로 기술한다. 그들은 이렇게 기술하면서 선사 사회를 언급하고 또 크로포트킨과 그의 상호부조 개념(Kropotkin, 1902)에 따른 동물의 행동을 언급한다. 그들이 다시 한 번 전하고자 하는 메시지는 우리가 좋은 것을 망쳐놓았다는 것, 그리고 공유가 우리로 하여금 실낙원을 되찾도록 도와줄 것이라는 것이다.[14] 이것들은 공유가 지닌 은유의 중요한 구성요소이다. 물론 '원시적인 것'을 어린이처럼 순수하다고 보는 식민주의적 견해(즉, 개체발생은 계통발생을 반복한다는 관념)++를 감안할 때, 타락한 자기를 되찾는다는 생각과 타락한 사회를 되찾는다는 생각은 실제로 매우 밀접하게 관련되어 있다.

+ 두 가지 이상의 사물이나 현상이 동시에 존재하는 것을 뜻한다. _옮긴이

++ 한 사람이 배아였을 때부터 세상에 태어나기까지의 과정을 개체발생(ontogeny)이라고 하고, 인류, 포유동물, 조류, 어류가 형태적으로 서로 다르게 존재하며 살아가게 된 과정을 계통발생(phylogeny)이라고 한다. 즉, 한 생명체가 수정되어 단세포가 되고 세포 분열을 거쳐 일정 기간이 지나면 사람은 사람계통으로, 소나 말은 포유류계통으로, 새들은 조류계통으로, 물고기는 어류계통으로 성장하는데, 이 각 계통에서 지금까지 자연선택에 의한 진화 과정을 거치며 변화되어온 전 과정은 한 생명체가 수정되어 태어날 때까지 그대로 반복된다는 것이다. 개체발생이 계통발생을 재연한다는 헤겔의 주장을 지지하는 사람들을 헤겔주의자 또는 반복론자라고 한다. _옮긴이

3. 공유 경제와 네트워크 기술

공유 경제, 또는 오늘날 대부분의 사람들이 공유 경제라는 뜻으로 말하는 것은 디지털이다. (사람들은 분명 디지털이 아닌 공유의 예들을 생각하겠지만, 그러한 공유의 예들은 현재 받아들여지고 있는 '공유 경제'라는 용어의 의미가 의도하는 바는 아니다.) 공유 경제에 대한 접근은 웹사이트와 앱에 의해 매개된다. 나는 이미 소셜 미디어와 네트워크 사회에 참여하는 방식이 좀 더 일반적으로 공유라는 점을 확인한 바 있다. 그러나 이러한 공유의 두 의미장(semantic field), 즉 공유 경제와 소셜 미디어는 '공유'라는 동음이의어에 의해 서로 연결되어 있을 뿐만 아니라, 더 중요하게는, '공유'라는 단어와 연관되어 있는 일단의 가치 및 연상되는 의미에 의해서도 서로 연결되어 있다.

이 절에서 나는 기술에 부여된 역량 강화 수단으로서의 역할을 밝히고 또 공유 경제에 대해 논의할 때 사용되는 일부 은유를 살펴보면서 공유 경제(와 특히 협업적 소비)가 담론적으로 기술적인 것으로 구성되는 몇 가지 방식을 소개한다. 그런 다음, 나는 기술이 공유 경제의 동인이라는 생각에 대해 논의한다. 특히 나는 학계 자료원과 일반 자료원 모두에서 흔히 제기되는 주장, 즉 '밀레니얼 세대(Millennials)' 또는 'Y 세대(Generation Y)'로 알려져 있는 오늘날의 젊은 세대는 어느 정도 온라인 공유에 매우 친숙하기 때문에 공유할 준비가 되어 있다는 주장을 살펴볼 것이다. 나의 주장은 '공유'라는 단어가 사람들이 인정하는 것보다 훨씬 더 많은 일을 하고 있다는 것이다.

1) 역량 강화 수단으로서의 기술

기술을 공유 경제의 역량을 강화해주는 수단(enabler)으로 간주하는 커뮤니케이터들은 다음 두 가지 내러티브 가운데 하나에 의지하는 경향이 있다: 첫째, 기술은 금융 관심사와 환경 관심사에 의해 추진되고 있는 역량 강화 과정(enabling process)이다; 둘째, 기술은 앞에서 개략적으로 기술한 바와 같이 지극히 인간적인 것으로 기술되는 행동들을 표현하는 역량 강화 과정이다.

공유 경제가 성장하는 데 기술이 수행한 역할에 대한 가장 중립적인 관점은 소비자들은 단지 공유할 목적으로 소셜 미디어와 컴퓨터 네트워크를 사용하고 있다고 언급한다. 케이티 친코타(Katie Cincotta)는 북렌더링.콤(Booklendering.com) 창립자 캐써린 맥도널드(Catherine MacDonald)의 말을 인용하여 "소비자들은 협업적인 소비를 중심으로 하는 공동체를 만들어내기 위해서 소셜 미디어를 지렛대로 사용하는 경향이 있다"(Cincotta, 2011)라고 적고 있는 한편, 케빈 코트니(Kevin Courtney)는 "전 세계적으로 사람들은 상품, 기술, 서비스, 또는 전문성을 거래하거나 바꾸거나 빌리거나 물물교환하기 위해 소셜 미디어와 다른 웹 플랫폼을 사용하고 있다"(Courtney, 2011)라고 말한다.

그러나 다른 평론가들은 소셜 미디어에 '역량 강화 수단'이라는 더 적극적인 역할을 부여하면서 협업적 소비가 흔히 소셜 미디어라는 수단에 의해서 수행되고 있다고만 언급하는 것을 넘어선다. 예를 들어, ≪더 타임스(The Times)≫의 한 기사에서 저널리스트 앨릭잰드라 프린(Alexandra Frean)은 "협업적 소비가 증가할 수 있었던 것은 …… 장소, 이용가능성, 가격, 접근 등에 관한 데이터의 준비된 교환을 가능하게 해주는 인터넷, 소셜 네트워크, 모바일 기기, 그리고 장소 기반 GPS 서비스 때문이다"라고 적고 있다(Frean, 2010). 또 ≪가디언(Guardian)≫의 한 특집기사는 "인터넷과 소셜 네트워킹"을 "협업적 소비를 위한 윤활유"로 기술하고 있다(Hickman, 2011). ≪시드니 모닝 헤럴드(Sydney Morning Herald)≫의 한 기사는 윤활유의 은유를 그대로 되풀이하면서 자동차 공유에 대해 다음과 같이 설명하고 있다.

> 수백 대의 차를 수천 명의 운전자들에게 시간 배정을 하는 것은 한때 엄청나게 많고 복잡한 기록 관리를 필요로 했고, 많은 노동이 수반되어야만 수월하게 진행될 수 있었다. 동일한 능력이 컴퓨터화되고 네트워크화되어 모든 가정과 모든 기기에 인계되면 이전에는 불가능했던 것이 실현 가능해질 만큼 충분히 문턱이 낮아진다. 이러한 이른바 '협업적 소비'와 관련된 마찰 저항은 점차 사라져왔다(Pesce, 2012: 11).

그러나 일부 설명에 따르면, 기술은 마찰을 줄여주는 윤활유일 뿐만 아니라 이미 진행 중이던 과정의 촉매제 역할을 하기도 한다. 예를 들면, 미레야 나바로(Mireya Navarro)는 "사람들이 협력해 거래하거나 공유하거나 소매업자와 더 나은 계약을 협상할 때 페이스북과 같은 소셜 미디어가 [협업적 소비에] 모멘텀을 제공한다"라고 적고 있다(Navarro, 2010: 22). 또는 리오 히크먼은 "인터넷에 의해 가능해진 소셜 네트워킹의 도래는 '지리적 위치 기반' 스마트폰과 더불어 우리의 환경적 위기와 경제적 위기의 이중 압박으로 인해 이미 빠른 속도로 제1의 위치를 얻어가고 있던 한 개념에 엄청난 힘을 제공했다"라고 좀 더 강력하게 표현한다(Hickman, 2011: 10). 그러니까 사람들은 기술 분야와는 전혀 무관하고 전적으로 경제학 및 환경과 관련된 이유에서 이미 협업적으로 소비하고 있는 것이다. 기술은 이러한 과정의 필요조건이라기보다는 오히려 이러한 과정에 '엄청난 힘을 제공하고' 또한 이러한 과정이 전례가 없는 높이에 도달할 수 있게 하는 것으로 소개된다.

따라서 어떤 의미에서 기술에 의해 가능해진 공유는 어쨌든 더 오래되고 더 나은 삶의 방식으로 복귀하는 것이다. 한 기사가 주장하듯이, "실시간 기술은 모두가 서로 알고 지냈던 '좋았던 그 시절'과 유사한 가상 공동체 게시판을 만들어내는 데 사용되기 시작하고 있다"(n/a, 2010: 30). 마찬가지로 제나 워덤(Jenna Wortham)은 협업적 소비를 "사람들이 실제로 지역 시장에서 사회화하는 데 시간을 보냈던 좋았던 그 시절과 비슷한 것"이라고 기술하고 있다(Wortham, 2010). 이러저러한 인용문에 따르면, 공유는 기술이 새로운 방식으로 가능하게 해주고 있는 옛날의 사회적 행위이다. 이것은 이전의 언급, 즉 공유가 아주 오래된 행위라는 것에 대한 언급에 추가될 수 있다. 그러나 여기서는 오랜 역사를 되돌아보는 것이 아니라 우리 조상이 살았던 방식을 되돌아보기를 권장한다.

따라서 기술은 협업적 소비를 다른 방식으로 가능하게 해주는 것으로 묘사된다. 즉, 기술은 공유 경제가 일어나게 해주는 매개체이고, 이미 진행 중인 과정을 가속화하고 있으며, 우리가 예전의 행동을 회복할 수 있게 해주고 있다(여기서 예전이라 함은 우리 조상이 살았던 방식만큼이나 '예전의' 것이고, 고대의 '부족적인' 것만큼이나 '예전의' 것이다). 이러한 모든 사례에서 공유 경제에 참여하게 된 동기(돈을 절약하고 환경을 보호하는 것)는 공유 경제를 가능하게 해주는 기술을 넘어선다. 그러나 앞으로 보게 되겠지만 많은 신문 기사는 소셜 미디어와 ICT가 협업적 소비를 가능하게 해줄 뿐만 아니라 실제로 협업적 소비의 '동인'이기도 하다는 견해를 제시한다.

2) 협업적 소비의 담론 구성에 나타난 기술적 은유 및 용어

앞에서 말한 기술과 공유 경제 간의 관계에 대한 명시적인 언급뿐만 아니라 공유 경제에 대한 대중적인 텍스트에 사용된 은유와 기타 용어도 공유 경제가 좀 더 미묘한 또 다른 방식의 기술적 현상으로 구성되었음을 시사한다. 나는 이런 점에서 P2P(peer-to-peer) 은유를 사용하는 것과 관련된 한 가지 중요한 점을 지적하고자 한다.

'P2P'라는 용어는 특정한 유형의 네트워크 구성, 즉 여러 구성원이 중심 허브가 아니라 직접 연결되거나 다른 구성원을 통해 서로 연결되는 유형의 네트워크 구성을 말한다. P2P 재단(P2P Foundation)의 미셸 바우웬스(Michel Bauwens)가 정의했듯이, P2P는 "행위자들(agents)이 자유롭게 그리고 허락 없이 서로 상호작용할 수 있게 해주는 어떤 시스템"이다(Bauwens, 2011: 42). 여기서 말하려는 바는 특정 노드(node)가 다른 노드보다 더 조밀하게 연결되지 않았다는 것이 아니라, 그러한 네트워크는 중심, 즉 체계화해주는 핵심이 없다는 것이다. 브라이언 로번(Bryn Loban)에 따르면, "P2P라는 용어는 2001년쯤 냅스터라 불리는 음악 공유 시스템과 함께 전 세계 미디어에 등장했다"(Loban, 2004).[15] 그러나 미나와 헤드런드(Minar and Hedlund)가 "원래 인터넷은 기본적으로 P2P 시스템으로 설계되었다"라고 주장하는 가운데(Minar and Hedlund, 2001: 4), 로번은 "엄격하게 말해서 P2P는 전혀 새로운 것이 아니다. 혁명이라기보다 진화에 더 가깝다"라고 덧붙이고 있다. 따라서 'P2P'라는 용어는 컴퓨터 네트워크를 나타내며, 사람들의 네트워크와 관련해 그 용어를 사용하는 것은 그 용어를 은유적으로 사용하는 것이다.

P2P의 개념은 공유 경제의 전반적인 의제 및 전망과 잘 어울리는 내포적 의미를 많이 가지고 있다. 첫째, P2P 컴퓨팅 네트워크 내에서의 중복성(redundancy) 개념(만약 한 노드가 실패한다면 다른 노드가 부족한 부분을 보충할 수 있다는 생각)과 협업적 소비의 유휴 능력이라는 핵심 개념 간에는 유사점이 있다. ≪옵서버(Observer)≫의 한 기사에서 보츠먼은 유휴 자산(idling capacity)을 "충분히 활용되지 않은 공간, 기술, 시간, 정원 및 '물건'의 아직 사용하지 않은 사회적 및 경제적 가치"로 정의했다(Botsman, 2011: 8). 둘째, 두 유형의 P2P 시스템 모두 탈중앙집중화되어 있다. 특히 P2P 대출 제도의 경우, 2008년 금융 위기의 좋지 못한 결과와 금융기관에 대한 불신이라는 맥락을 감안할 때 이 은유의 이러한 측면은 특히 매력적이다. 따라서 P2P 은유가 개인 간의 매개되지 않는 접촉을 약속하는데, 이 약속은 전통적인 매개자들이 탐욕스럽고 방해가 되며 2008년 이후에는 실패하고 있는 것으로 인식될 때 더욱 매력적이다. 이와 관련해 P2P 은유는 위계구조의 부재와 평등주의를 시사하는데, 이는 오늘날 우리가 이해하고 있는 공유의 개념과 강한 공명을 일으킨다.

3) 동인으로서의 기술

젊은 성인들이 온라인에서 행한 공유와 그들이 오프라인에서 물건을 공유하고자 하는 자발성 간에 인과 관계가 있다고 가정하는 것은,

하나의 은유로서 '공유'가 공유 경제를 기술적(技術的)인 것으로 생각하게 하고 또 공유 경제에 디지털이라는 내포적 의미를 불어넣는 데 가장 적극적인 방식이다. 매우 간략하게 말하자면, 온라인 공유에 매우 익숙해지고 능숙해진 젊은 성인들은 자신들의 물건을 공유하는 데 더 개방적이라는 것이다. 이것은 공유 경제에 대한 모든 종류의 글에 자주 되풀이되는 개념이다. 여기서의 나의 목표는 그러한 주장의 실증적 정확성을 평가하는 것이 아니라, 앞에서 내가 주장한 이론적 토대와 특히 의사소통으로서의 공유와 분배로서의 공유의 차이에 의지하면서 '공유'라는 단어가 그러한 주장에서 어떤 역할을 했는지 살펴보는 것이다.

온라인 공유가 오프라인 공유로 이어진다는 인과적 주장의 예는 많으며, 보츠먼과 로저스의 저서 『내 것은 네 것』은 그러한 주장 자체가 꽤 중심을 이루고 있는 것처럼 보인다. 보츠먼과 로저스가 제시하는 논리는 온라인 공동체에서 시작한다: "협업적 소비는 온라인 소셜 네트워크 기술과 행동에 뿌리를 두고 있다"라는 그들의 주장처럼, "리눅스, 위키피디아, 플리커, 디그(Digg), 유튜브 같은 도처에 존재하는 사이버 P2P 공동체를 통한 공유 현상은 이제 흔한 이야기가 되었다"(Botsman and Rogers, 2010: xx). 실제로 "댓글을 달고 파일, 코드, 사진, 동영상, 지식을 공유하는" 사람들에 의해 증명되듯이 협업적 소비는 온라인에서 시작되었다고 그들은 말한다(p. xx). 그런 다음 인과적 주장이 이어지는데, 그러한 주장에 따르면 "우리는 동일한 협업적 원칙과 공유 행동을 우리 일상생활의 다른 물리적 영역에 적용하기 시작하고 있다"(p. xx).

이것은 보츠먼이 꽤 좋아하는 주장으로, 그녀는 큰 영향을 미친

2010년 테드×시드니(Ted×Sydney) 강연에서 그러한 주장을 했다.[16] 그 강연에서 그녀가 "상황이 변하고 있다"라고 말하는 이유 가운데 하나는 디지털 원주민, 즉 "Y 세대"와 관련 있다. 이 세대는 "파일, 비디오 게임, 지식을 공유하면서 성장하고 있으며, 공유는 그들의 제2의 천성이다"라고 그녀는 말한다. 그런 다음 그녀는 계속해서 다음과 같이 말한다. "플리커와 트위터 같은 사이트를 통해 온라인에서 제2의 천성이 되어가고 있는 공유 행동이 우리 일상생활의 오프라인 영역에 적용되는 변곡점에 와 있다는 것을 나는 진심으로 믿는다." 여기서 내가 지적하고자 하는 점(이것은 다음 단락에서 강화될 것이다)은, 우리가 플리커와 트위터에서 행하는 '공유 행동'은 '의사소통'으로서의 공유인 반면, 공유 경제에서 오프라인으로 행하는 공유는 '분배'로서의 공유라는 것이다. 사진을 올리거나 트윗을 하는 것과 협업적 소비에 참여하는 것 간의 연관성은 언뜻 보기에는 불분명하다. 이것은 그 둘 간에 연관성이 없다고 말하려는 것이 아니다. 하지만 두 경우 모두에서 그러한 구성적 활동이 '공유'라고 불린다는 것을 인정하는 것 외에는 보츠먼에 의해 지어진 연관성을 나는 찾을 수가 없다.

집카(Zipcar)에 대한 ≪뉴욕 타임스≫의 2009년 기사에서도 동일한 연관성을 볼 수 있는데(Levine, 2009: MM36), 거기에는 집카의 성공은 "정보(위키피디아), 음악(냅스터), 소프트웨어[비트토런트(BitTorrent)], 동영상(유튜브), 오락물[넷플릭스(Netflix)], 일상생활의 극도로 세세한 내용[애니블로그.콤(anyblog.com)]을 공유하면서 성년이 된 도시 거주 인터넷 세대"에 힘입은 바 크다고 적혀 있다. 이번에도 이러한 표현은 무난한 듯 보인다. 그러나 왜 블그깅이 사람들을 어떤 식으로든 집카의 고객이 될 준비를 시켜주는지 정말 묻지 않을 수 없으며, '공유'라는 단어 자체가 분리된 두 삶의 영역을 결합하지 않는지에 대해서도 묻지 않을 수 없다. 이러한 수사적 연결은 고객 행동 분석가인 조애나 필리(Joanna Feeley)와의 인터뷰에서 볼 수 있는데, 이 인터뷰에서 그녀는 다음과 같이 말한다. "카셰어링과 자전거 대여 제도에서부터 소셜 미디어를 통해 이야기, 습관, 취향을 공유하는 것에 이르기까지 사람들은 점점 더 공유하고 싶어 한다"(Roberts, 2012). 마찬가지로 저널리스트인 벤 브라이언트(Ben Bryant)는 공유 경제의 성장을 다음과 같이 소셜 미디어의 성공이라는 측면에서 설명한다. "기업가들은 우리의 사진, 위치, 내면의 생각을 세상 사람과 공유하도록 우리를 설득하는 것에 만족하지 못하고 이제 우리에게 인터넷에 우리의 소유물을 게시하고 그 소유물을 이웃사람들에게 대여하도록 요청하고 있다"(Bryant, 2011). 여기서 "우리에게 우리의 소유물을 인터넷에 게시하라고 요청하는" 기업가들이 SNS를 개발하고 촉진해온 기업가와 동일한 기업가인 것은 결코 아니지만, 그 사실과 무관하게 온라인과 오프라인은 '기업가'에 의해 연결된다. 끝으로 ≪워싱턴 포스트(Washington Post)≫의 캐써린 보일(Katherine Boyle)의 예를 들고자 한다. 그녀는 "넥타이와 장난감을 낯선 이와 공유하는 것이 기이하게 보이지 않는 이유"에 대해 "당신은 이미 당신의 초음파 사진을 4317명의 페이스북 절친과 공유했다"는 풍자적인 논평으로 설명한다(Boyle, 2012: 1). 다시 한 번 온라인 공유는 오프라인 공유를 위한 조건을 만드는 것으로 묘사되는 것이다.[17]

이러한 생각에 대한 실증적 평가에 가장 가까운 것은 잡지 ≪셰어러블(Shareable)≫이 조사회사 래티튜드(Latitude)와 함께 실시한 설문조사인 것으로 보인다.[18] 이 설문조사는 다음과 같은 결과를 확인했다고 주장한다. "온라인 공유는 오프라인 공유의 훌륭한 예측변인이다. 정보나 미디어를 온라인에서 공유한 모든 조사 참여자는 오프라인에서도 여러 가지 물건을 공유했다. 따라서 이 집단은 물리적 세계에서 공유하려는 경향이 디지털 방식으로 공유하지 않는 사람들보다 훨씬 더 강하다"(Gaskins, 2010: 2). 정보나 미디어 공유에는 음악 파일 공유, 페이스북 사용, 그리고 심지어 흥미로운 기사 링크를 친구에게 보내는 것도 포함되었다. 오프라인 공유에는 대중교통 이용과 생활공간, 책, 또는 가재도구 공유가 포함되었다. 이것을 감안할 때, 30세 미만의 도시 거주자 가운데 (혹은 아마도 은둔자가 아닌 사람 가운데) 공유하지 않는 사람을 찾는 것은 매우 어려울 것이다. 어쨌든 데이터 자체가 없다면, 온라인 공유가 오프라인 공유를 예측한다는 주장을 분명하게 이해하기는 어렵다. 우리가 말할 수 있는 것은, 내가 온라인에서 미디어를 공유할 때는 내가 그 미디어를 조금도 더 적게 가지지 않는다는 가장 기본적인 사실조차 인식하지 못한 채 의사소통적 의미의 공유와 분배적 의미의 공유가 하나로 취급되고 있다는 것이다. 반면 물리적 세계에서 공유할 때는 내가 공유하고 있는 것에 내가 접근하는 것이 제한된다.

이러한 생각(소셜 미디어 사용이 공유 경제의 출현에 대한 설명을 도울 수 있다는 생각)은 학계의 글에서도 발견된다. 공유 경제에 관한 중요하고도 비판적인 글에서 쇼오와 피츠모리스(Schor and Fitzmaurice)는 다음과 같이 적고 있다. "기술 예찬론자들은 연결된 소비(connected consumption; 저자들은 이 용어를 선호한다)에 대한 사람들의 관심을 설명한다. 그들은 일을 효율적으로 그리고 쉽게 하기 위해 인터넷을 사용하는 것을 좋아한다"(Schor and Fitzmaurice, 2015: 414). 나는 이 말에 아무런 이의를 제기하지 않는다. 그렇지만 거기에 더해 쇼오와 피츠모리스는 사람들은 수년간 온라인에서 파일, 음악, 기타 문화적 산물을 공유함으로써 "'디지털적으로' 기폭되어 있다"라고 주장한다(p. 414). 나는 '디지털 기폭(digital priming)'이라는 개념이 납득되지 않으며 '공유'라는 단어가 인정받고 있는 것보다 더 많은 일을 하고 있다고 생각한다. 래티튜드의 보고서에서처럼 여기서도 비-제로섬 게임(non-zero-sum game)에서 파일을 공유해온 사람들이 제로섬 게임에서도 물적재(material goods)+를 공유하고 싶어 하는 이유를 사람들은 궁금해한다. 컴퓨터와 모바일 전화를 통해 다른 사람과 상호작용하면서 자라온 사람들이 그와 같은 기기를 사용해 삶의 다른 측면 또한 관리하는 것을 편하게 느낄 거라고 말하는 것은 지극히 타당해 보인다. 하지만 왜 그것이 그들로 하여금 특히 '공유'에 더 관심을 갖게 만드는가? 달리 표현하자면, '디지털 기폭' 개념은 디지털적으로 기폭된 사람은 또한 친사회적으로 행동하도록 기폭되어야 하는 이유를 설명하지는 않는다는 것이다.

공유 경제 지지자들은 자신들이 상정하는 온라인 공유와 오프라인 공유 간의 연관성을 설명하고자 할 때, 온라인 공유(미디어와 정보의 온라인 공유; 소셜 미디어상에서의 공유)를 오프라인 공유(전동 드릴, 자동차, 여분의 침실 공유)로 이어지게 하는 두 가지 주된 방식을 제시한다. 첫째, 인터넷은 사람들에게 자신들이 오프라인에서 재현하고 싶어 하는 공동체 의식을 제공한다는 것이다. 둘째, 인터넷은 신뢰를 유발하고,

---

+ 전통적인 수요-공급의 법칙과 한계효용체감의 법칙에 따라 생산되는 재화를 말한다. _옮긴이

이것이 오프라인 공유를 권장한다는 것이다. 일반적인 공유에서와 마찬가지로 공동체와 신뢰는 공유 경제의 중요한 가치임에 틀림없다. 예를 들어, 한 저널리스트는 "그러한 서비스는 공동체 의식을 강화하기 때문에 인기를 더해갈 수도 있음"을 사실로 받아들이며(Wortham, 2010: 15), 보츠먼과 로저스의 저서(Botsman and Rogers, 2010, 특히 4장)와 갠스키의 저서(Gansky, 2010, 특히 5장)는 모두 신뢰 문제를 광범위하게 다루고 있다. 영국 신문 ≪이브닝 스탠더드(Evening Standard)≫와의 인터뷰에서 루 로저스(Roo Rogers)는 공동체 의식이라고 알려진 것에 관해 "소셜 네트워크는 우리에게 공동체의 중요성을 상기시켜주며" 이는 공유 경제의 출현을 설명하는 데 도움을 준다고 주장하면서 이러한 두 가지 방식 가운데 첫째 것에 대한 자신의 생각을 밝히고 있다(Bryant, 2011). ≪뉴욕 타임스≫의 J. 데이비드 굿먼(J. David Goodman)도 이와 유사하게 우리는 "웹 덕분에 공유하는 법을 배우고 있다"라면서, 인터넷은 "공동체" 플랫폼이라고 언급하고 있다(Goodman, 2010: 2).

신뢰 생성이라는 측면에서 소셜 미디어가 도움이 된다고 말하는 한 가지 방식은 소셜 미디어는 "편리한 신뢰성 확인수단(많은 사이트가 신원 도용을 방지하기 위한 보호수단으로 대여자들에게 페이스북을 통해 로그인하도록 요구한다)"이라는 것이다(Baedecker, 2011: 31). 마찬가지로 우리의 "온라인 프로필은 디지털 빵가루(digital bread crumbs)+ 자국을 남기고 이는 신용사기에서 벗어나는 것을 더 어렵게 만든다"(Wortham,

---

+ 우리가 모르는 사이에 외부에 노출되는 개인의 행동과 정보를 흔히 '디지털 빵가루'라고 부른다. _옮긴이

2010: 15). 한 평론가는 공유 경제를 "소셜 네트워킹의 자연스러운 확장"으로 보는데, "이러한 확장은 사람들 간의 저밀도(loose) 네트워크를 만들어냄은 물론, 더 중요하게는 이러한 네트워크 내의 신뢰를 만들어낸다"라고 한다(Macken, 2011: 22). 사람들이 온라인에서 공동체를 발견한다는 말은 타당한 것으로 보인다(물론 그렇지 못한 사람도 많지만). 그러나 온라인에서 공동체를 경험한 사람들이 이제 오프라인에서도 (다른 사람과) 공동체를 경험하고 싶어 한다는 주장은 명확하게 입증되지 않고 있다; 그것은 추측으로, 그 주장을 뒷받침하는 실제 증거가 없다.

여러 평론가들이 연결 짓는 온라인 소셜 미디어 사용과 공유 경제 참여 간의 인과관계에서 볼 수 있는 또 하나의 특이한 점은 후자는 대부분 전자에서 온 완전히 다른 일단의 사람들과의 상호작용을 수반한다는 것이다. 예를 들어, 만약 우리가 이웃 간의 P2P 대출을 생각한다면, 당신은 당신이 상호작용할 사람을 알지 못한다고 가정한다(그리고 많은 사람이 이것이 정확한 지적이라고 말할 것이다). 반면 온라인이나 적어도 페이스북 같은 SNS에서 상호작용하는 사람들은 대부분 정도의 차이는 있지만 우리가 알고 있는 사람이라는 것을 가정으로 한다. 바꾸어 말하면, 만약 대여자와 차용자 사이에 신뢰 관계가 발전한다면, 그것은 공유 거래 '이후에 오는' 것이지 공유 거래에 선행하는 것이 아니다.

이것은 연관성이 존재하지 않는다고 말하려는 것이 아니다. 실제로 연관성이 없다고 말하는 것은 둔감한 짓일 것이다. 나는 새로운 기술이 반드시 미리 정해진 대로 사용되는 것은 아니라는 사용과학기술학(science and technology studies: STS) 문헌에서 얻은 익히 알려져 있는 통찰력(이것은 앞 장에서 언급한 바 있다)을 간략하게 언급하는 것 외에는, 공유 경제에서 기술이 하는 분명한 역할을 두고 미적거리며 시간을 끌지 않을 것이다. 즉, 스마트폰이 우리가 '공유 경제'라고 부르는 것을 뒷받침하는 용도로 사용될 수 있다는 이유만으로 공유 경제가 스마트폰의 불가피한 결과라고 말할 수는 없다.

4. '공유 경제'에 대한 비판

많은 관찰자들이 보기에 공유 경제의 가장 큰 문제 가운데 하나는 그것의 이름이다. 그리고 여러 평론가들이 "그것은 실제로 공유가 아니다"라고 주장했음을 나는 이미 (한 번 이상) 언급한 바 있다. 이러한 주장의 의미는 우리가 잘못된 단어를 사용하고 있다는 것이다. 『언어위생(Verbal Hygiene)』에서 언어학자인 데버라 캐머런은 그와 같은 비난을 분석한다(Cameron, 1995). 우리는 단어와 그 단어가 뜻하는 것 간의 관계가 임의적이라는 것을 알고 있다고(우리 모두는 소쉬르 학파이다) 그녀는 말한다. 따라서 언어가 작동되게 하기 위해 우리는 "언어적 계약"에 동의하며, 그러한 계약에 따라 우리는 "단어의 참되고 적절한 목적은 …… '실제 세계'의 사물에 정확히 일치시키는 것이다"라는 명제에 동의한다(Cameron, 1995: 150). 따라서 우버와 에어비앤비가 공유 경제의 일부로 기술될 때, 사람들은 자신들이 기표(signifier)+(즉, '공

+ 언어가 소리와 그 소리로 표시되는 의미로 성립된다고 할 때, 기표는 소리를 가리킨다. _옮긴이

유')가 정확한 기의(signified)+를 가리키지 못한다고 여기는 것에 대해 몹시 신경 쓴다. 오늘날 우리가 알고 있는 공유 경제가 '실제로 공유가 아니'라는 반복된 주장에도 불구하고, 이러한 불평은 너무 늦었을지도 모른다. 로빈 라코프(Robin Lakoff)는 새로운 단어들과 관련해 "[형식과 의미 간의] 그러한 연관성을 누가 설정하건 설정하는 사람이 새로운 단어의 …… 의미를 처음으로 그리고 가장 잘 통제한다"라고 말한다 (Lakoff, 1990: 87).

나는 여기서의 나의 관심사가 '공유 경제'라는 용어가 현재 떠맡고 있는 범위의 상호작용을 기술하는 반드시 가장 정확한 용어라고 주장하는 것은 아니라는 점을 강조하고자 한다. 그렇다고 '공유 경제'라는 용어의 적용을 노골적으로 옹호하는 것도 나의 목적이 아니다. 나는 일부 회사가 '공유세탁(sharewashing)'++에 참여할 가능성을 열어두고 있다.[19] 그러나 흥미로운 점은 사람들이 공유할 때 '공유 경제'라는 용어를 불쾌하게 여기는 이유(와 다른 경우에는 그 용어를 불쾌하게 여기지 않는 이유)를 이해하는 것이며, 이것은 우리에게 그들이 공유란 이런 것이고 또한 이런 것이어야 한다고 생각하는 것에 대해 말해준다.

우버가 노사관계와 탄력요금제 정책으로 인해 강화된 정밀조사를 받고 있었을 때, ≪뉴욕 타임스≫ 기자인 나타샤 싱어(Natasha Singer)는 다음과 같은 기사를 썼다.

> 분명히 말하지만 나는 서비스 자체를 반대하고 있지는 않다. 리프트

+ 기의는 나타내고자 하는 의미를 말한다. _옮긴이
++ 공유 경제를 빙자한 사기성 마케팅을 돈세탁에 비유한 것이다. _옮긴이

> (Lyft)와 우버 같은 차를 부르는 앱, 태스크래빗(TaskRabbit) 같은 임시 일 시장, 에어비앤비 같은 민박 사이트, 인트라카트(Intracart) 같은 식료품 쇼핑 앱은 수백만 명의 사람들에게 분명 더 효율적인 여행, 숙박, 주택 개보수, 식사를 제공해주었다(Singer, 2015: BU3).

싱어가 '문제가 있다'고 생각한 것은 '용어 그 자체'였으며, 특히 그 용어가 "기술에 의해 가능해진 거래를 마치 이타적이거나 공동체의 노력인 것처럼 프레임하는" 방식이다(Singer, 2015). 그렇다면 싱어의 경우 공유는 이타주의와 공동체를 포함한다. 따라서 그녀의 견해는 내가 앞에서 기술했던 아주 어린 시절과 선사시대라는 세간의 통념을 그대로 되풀이하고 있다.

그렇다면 "진정한 공유"(Belk, 2014)는 초기 인간 사회에서 발견된다는 의견은 어찌되는가? 한 세기가 넘은 기간 동안 출간된 많은 인류학 문헌은 수렵-채집 사회에서의 음식 공유 행위를 살펴보았다. 누리트 버드-데이비드(Nurit Bird-David)에 따르면, 제임스 우드번(James Woodburn)은 "의심할 여지없이 공유는 이러한 사회의 운영에 매우 중요하다"라고 말하며 고전적인 입장을 표명했다고 한다(Woodburn, 1998; Bird-David, 2005: 201에서 재인용). 이러한 입장은 공유 경제는 "실제로 공유가 아니다"라고 말하는 사람들을 지지한다: 보라, 그들은 '이것은' 공유가 아니지만 '저것은' 공유라고 말할 수 있다.

그러나 이러한 입장은 인류학 문헌에서 찾아볼 수 있는 두 가지 이유에서 미심쩍다. 첫째, 누리트 버드-데이비드가 주장했듯이, 우리의 (부르주아적·서구적) 공유 개념은 수렵-채집 사회의 행위들과 쉽게 연관되지 않는다. 현대 서구사람들은 개인을 분리된 별개의 개체로 본다. 따라서 사냥감을 배분되어야 할 재산으로 보아야 한다는 것은 좀처럼 놀랄 만한 일이 아니다. 그러나 버드-데이비드가 수년간 연구한 바 있는 남부 인도의 수렵-채집 사회인 나야카(Nayaka) 사람들은 개인을 "의지와 지각을 가진 존재"로 본다(Bird-David, 2005: 205). 또한 비록 큰 사냥감에서 추출한 고기가 나야카 마을 구성원들에게 분배되긴 하지만, 이것은 "몫으로 나누는 것"이 아니다. 오히려 그것은 "공동 소비를 위한 분리이며 관계의 표명이자 재건"이다(p. 214). 더욱이 버드-데이비드에 따르면, 수렵-채집인들이 음식을 배분하는 방식을 공유로 이해하는 것은 "'수렵-채집인'을 동경하는 '커뮤니타스(communitas)', 즉 공동체로 묘사하는 부르주아적 정서 코드에 암암리에 영향을 미친다"(p. 204). 이것은 벤자민의 우르-패스트 개념과 매우 비슷하며 또한 (분배적 의미의) 공유가 선사적(先史的)이고 자연스러운 것으로 그려지는 방식과 공명을 일으킨다고 나는 주장한다. 바꾸어 말하면, 우리는 수렵-채집 사회에 공유의 (소유물, 노동 및 평등과의) 서구적 부르주아적 연관성을 강요하며, 그런 다음 순환 논법으로 우리 스스로 어떻게 행동해야 하는지를 규정하기 위해 현재 우리가 '공유'로 규정하는 그들의 사회적 행위를 이용한다. 더욱이 이러한 과정은 상상하던 잃어버린 공동체 의식에 대한 현대의 동경이라는 맥락에서 일어난다.

수렵-채집 사회가 영감을 주는 공유 공동체 사례로 간주되어서는 안 되는 둘째 이유는, 많은 인류학 문헌에 따르면 수렵-채집 사회가 반드시 우리가 상상을 통해 믿는 관대함과 이타심의 예시는 아니기 때문이다. 만약 수렵-채집인들이 관대하게 음식을 공유하기 때문에 다른 사람들도 나중에 공유할 것이라는 것이 공통된 인식이라면, 우리는 그러한 인식을 바로잡아야 한다(Woodburn, 1998). 이러한 주장의 취지는, '공유'에 대한 동일한 이해—어떤 사람들에게는 '공유 경제'라는 용어를 부적절한 명칭으로 여기게 만드는—는 우리로 하여금 우르-패스트, 즉 이상향적인 과거에 젖어 있는 실제 인간 사회가 정말 공유를 얼마나 지향했는가에 대해 의문을 갖게 한다고 말하는 것이다.

증거는 많다. 크게 두 가지 종류로 나누어지는 증거 가운데 첫째 종류는 인류학 고전인 콜린 턴불(Colin Turnbull)의 『산 사람들(Mountain People)』이다. 서로 조화롭게 사는 피그미 숲 거주자들인 음부티(Mbuti)족에 대해 이야기하고 있는 『숲 사람들(Forest People)』과 극명히 대조되는 『산 사람들』은 불신과 불화 속에 사는 아이크(Ik)족에 대한 책이다. 아이크족은 "개인의 이익을 다른 모든 것 위에 두며 각자가 동료들 모르게 가능한 한 많은 것을 훔쳐 달아날 것을 요구할 정도이다"라고 턴불은 말한다(Turnbull, 1972: 101). 예시를 통해서 그는 자신에게서 약간의 담배를 받은 부족 구성원이 그 가운데 일부를 감추고는 그 담배를 다른 사람들과 공유한 척한 것에 대해 이야기한다. 이 예시문에서 공유는 틀림없이 "공개적으로 지지는" 되지만(p. 101), 반드시 실천되지는 않는 것처럼 보이는 관습이다. 또 다른 예화에서 한 아이크족 여성은 자신이 말리려고 늘어놓은 열매의 절반이 도둑맞은 것을 알게 된다. 그녀는 "그녀의 남동생들이 결탁해서 그녀에게 해코지를 했으며 이것이 음식을 공유하고 친척을 신뢰하는 것의 결과이다"라고 말하면서 그들을 비난했다(p. 174). 이러한 것들은 옛날 수렵-채집인들이 공유하는 모습은 아니다.[20]

따라서 아이크족은 공유 경제 지지자들이 염두에 두고 있을 것 같은, 인류가 타락하기 전의 원주민에 반대되는 사례 역할을 한다. 그러나 심지어 공유를 잘하는 것처럼 보이는 사회에서도 눈에 보이는 것이 반드시 진실은 아니다. 예를 들어, 인류학자인 제임스 우드번으로 다시 돌아가면, 우리는 우리가 도덕적이라고 간주하는 그런 방식으로 공유하는 것처럼 보이는 집단인 하자(Hadza)족 사이에서는 자원의 배분이 실제로 의무라는 것을 알게 된다. 즉, 사냥꾼은 누가 고기를 받을지를 통제하지 않고; 관대함을 강조하지도 않고 고기를 주는 사람을 고마워하지도 않으며; 고기를 받는 것이 보답해야 할 의무를 의미하지 않고 대부분의 사람은 실제로 그렇게 할 수 없으며; 자원의 분담이 요구된다. 더욱이 우드번은 "만약 공유하라는 요청을 피할 수 있다면, 사람들은 흔히 그렇게 할 것이다. 공유에 대한 요청을 피하는 가장 흔한 방법은 공유되어야 할 것이 무엇이든 그것을 숨기는 것이고 다른 사람에게 그것에 대해 거짓말을 하거나 호도하는 것이다"라고 적고 있다(Woodburn, 1998: 56).

이것은 오늘날의 공유 경제에 대한 주장과 '그것은 실제로 공유가 아니'라는 공유 경제에 대한 비판과 관련해서 우리에게 무엇을 남겨주는가? 한 가지 반응은 '아주 오래된' 공유 행위에 호소하고 (몇몇 설명에서 '원시' '부족'을 통해 예시된 것처럼) 공유의 영구성을 환기할 때 공유 경제 지지자들은 일종의 범주 오류(category mistake)+를 범하고 있다고 말하는 것일 수 있을 것이다. 즉, 그들의 공유 개념화는 우리의 사회적·경제적·문화적 맥락 속에 지나치게 깊이 뿌리박혀 있어서 우리와 매우 다른 사회에 의미 있게 적용되지 않는다는 것이다. 또 다른 반응은 우리가 지향해야 할 인류가 타락하기 전의 기준에 부합했던 부족

+ 어떤 범주 안의 사물을 다른 범주에 있는 것으로 잘못 판단하거나 그 사물이 가질 수 없는 특성을 가지고 있는 것으로 믿는 오류를 말한다. _옮긴이

의 공유 경제만큼이나 현대의 공유 경제가 공유 경제라고 말하는 것일 수도 있을 것이다. 즉, 부족민들 역시 자기 이익을 이유로 공유하지, 타인에 대한 진정한 이타적 관심은 가지고 있지 않다는 것이다. (물론 이것에 대한 반격으로 따라서 수렵-채집 사회 역시 공유의 사례가 아니라고 말할 수 있을 것이다.)

또 다른 반응은 분배로서의 공유는 '늘' 어떤 종류의 사회-경제적 맥락에서 일어난다고 말하는 것일 수도 있을 것이다. 실제로 하나의 사회적 행위로서 그것은 피할 수 없는 일이다. 공유에 대한 향수어린 갈망[우르-패스트(Benjamin and Tiedemann, 1999) 또는 커뮤니타스(Bird-David, 2005)]에 대해서도 마찬가지이다. '진정한' 공유는 전 사회적인 것으로 평가된다. 즉, 알려진 대로라면 진정한 공유는 아주 어린 아이와 선사시대의 인간(그리고 우리의 문화적 상상 속에 오늘날의 표상으로 남아 있는 자들인 원시 수렵-채집 부족)에게서 발견되고, 가족과 친밀한 사람들의 집단 내에 있다고 한다(Price, 1975). 그리고 벨크(Belk, 2007, 2010)의 경우 (부르주아) 가족 관계와 더불어 엄마의 아기 돌보기(mothering)는 공유의 원형이다[출산 후 엄마는 "모유, 육아, 돌봄, 아가에 대한 사랑을 나누어준다"라고 그는 적고 있다(Belk, 2010: 717)]. 그러나 벨크의 모성에 대한 지나친 낭만화를 무시한다면, 비록 모유 수유가 이전에는 전 사회적이거나 무(無)문화적(a-cultural)이었다고 할지라도, 오늘날 모유 수유는 분명 그렇지 않다.

마찬가지로 집카 사용자들이 결코 공동체를 구성하지 않음을 보여주는 논문의 저자인 에크하트와 바르디(Eckhardt and Bardi, 2015)는 "공유는 일종의 서로 알고 있는 사람들 사이에 어떤 이익 없이 일어나는 사회적 교환이라는 점"을 근거로 "공유 경제는 결코 공유에 대한 것이 아니다"라고 주장한다. 그들은 꽤 타당하게 공유는 "가족 내에서와 같이 우리 생활의 특정 측면을 지배한다"라고 말한다. 그러나 집카 사용자들은 "서로 공유할 때 발생하는 상호간의 의무를 전혀 느끼지 않는다"라는 그들의 설명에 대해 어떤 사람들은 그것이 어떻게 가족이 공유의 원형이라는 생각과 어울리는지 의아해하기도 한다. 예를 들어, 프라이스(Price, 1975)의 글을 토대로 벨크(Belk, 2010)는 공유를 비호혜적인 것으로 본다.

이러한 긴장을 해소하는 한 가지 방법은 2세대 여성주의자들이 수십 년 전에 분명하게 밝혔듯이 가족이 아무튼 시장 관계 바깥에 놓여 있는 구역이 아님을 기억하는 것이다. 내 말의 요지는 젖을 먹일 때 엄마가 아기에게 모유 비용을 합산 청구한다거나 아이가 침실 임대료를 지불한다는 것이 아니다—분명 가족 구성원들 사이의 관계는 직장 동료들 간의 관계와 다르다. 오히려 '자연스러운' 관계로서의 가족 관계에 대한 우리의 관점은 맥락화되어야 하고 또 맥락화될 수 있다는 것이다[우리는 이것을 이해하기 위해 아마도 하버마스(Harbermas, 1989)보다 훨씬 더 깊이 살펴볼 필요는 없을 것 같다].[21]

조화롭고 공유하는 '원시' 사회라는 개념을 바로잡아주는 인류학자들의 연구와 더불어, 이러한 통찰력은 우리가 의미 있게 호소할 수 있는, 세월이 흘러도 변하지 않는 전 사회적인 형태의 공유는 존재하지 않음을 시사한다. 그렇다고 무엇이든 괜찮다고 말하려는 것은 아니다. 여기서 말하려는 바는, 만약 우리가 공유 경제(혹은 우리에게 전혀 공유 같지 않아 보이는 공유 경제의 그러한 부분들)에 대한 비판을 계속하고자 한다면, 이러한 비판은 공유 경제 내부에서 펼쳐져야 한다는 것이다. 수렵-채집 사회는 우리가 맺고 있는 돈과의 관계와는 다른 돈과의 관계 속에서 산다는 이유만으로도 이러한 비판은 오늘날의 공유를 '부족민들'의 공유와 비교하는 것을 배제할 것이다. 우리는 공유 경제의 목적(널리 받아들여지는 두 가지 목적은 소비를 줄이고 공동체 의식을 높이는 것으로 보인다)을 고려하고, 그런 다음 특정한 사례들이 공유 경제를 구체적으로 보여주는지 여부를 물어봄으로써 그러한 비교를 배제할 수 있을 것이다.

5. 결론

이 장에서 나는 공유 경제의 개념이 생산과 관련해서, 좀 더 특별하게는 동료 생산(peer production)과 관련해서, 그리고 훨씬 더 구체적으로는 디지털 방식으로 매개되는 동료 생산과 관련해서 처음 등장했음을 보여주었다. 나중에 파일 공유와 관련해서 보게 되겠지만, 이러한 행위의 디지털 원천들은 '공유'라는 용어를 그러한 원천들에 적용하는 것을, 반드시 중립적이지는 않지만, 꽤 자연스럽게 만든다. SNS는 공유 경제와 특히 협업적 소비가 실제로 2010년 무렵 처음 시작되었을 때까지 인터넷을 지배해왔었는데, 이것은 '공유'의 개념을 확장해주며 '공유'가 쉽게 이용할 수 있는 은유 역할을 할 수 있게 해준다. 만약 온라인 소셜 미디어 공유가 디지털이었으며 사회적 유대를 강화해주고(많은 사람들은 여전히 공유를 통한 사회적 유대 강화를 경험하고 있다) 공동체 의식을 높여주는 것으로 묘사되었다면, '공유 경제'로 알려진 사업들의 종류를 공유로 보는 것은 시간 문제였다. 즉, 그러한 사업들은 디지털이고, 사회적 유대와 공동체를 강화해주는 것으로 묘사되며, 이미 사람들의 입에 회자되고 있는 분배적인 개념의 공유에 의존하고 있다. 바꾸어 말하면, 온라인 맥락에서 공유의 은유는, 인간의 상호관계를 신뢰, 정직 등(치유적 의미의 공유, 이것에 대해서는 6장에서 상세하게 논의할 것이다)으로 개념화하는 것뿐만 아니라 인터넷을 체제 전복적으로 개념화하는 것까지 포함해, 의미를 그러한 맥락으로부터 공유 경제로 전달했다. 친공유 경제 집단인 위셰어(OuiShare)가 자신들이 주최한 한 행사에서 참가자들에게 악수가 아닌 포옹을 요청한 것은 후자의 논점을 잘 예시해준다.

우리가 '공유 경제'라고 일컫는 것의 모든 측면은 온라인 공유 및 의사소통의 한 유형으로서의 공유와 ('공유'를 통해) 은유적으로 연결되어 있기 때문에, 우리는 공유 경제의 관리 범위 안에 속하는 행위들이 지닌 공통성을 발견할 것을 기대할 수도 있을 것이다. 그리고 그러한 행위들이 사적인 것의 희생과 공적인 것의 확대를 나타낸다는 점에서 실제로 우리는 그러한 공통성을 발견하고 있다. 그것을 달리 표현하면 공유 경제가 (때론 비용을 지불하고 때론 비용을 지불하지 않으면서) 사적인 것에 대한 공적인 접근을 확대한다고 말할 수도 있을 것이다. 이것이 공유 경제의 '공유'가 공유의 현대적 은유를 함께 나누는 방식이며, 공유의 현대적 은유를 '공유하는' 것이다.

이 장에서 마지막으로 나는 "그것은 실제로 공유가 아니다"라고 말하는 것은 실제로 적어도 우버 같은 회사의 경제 모델을 계속해서 비판하지 않는 사람들이나 개인적 친분과 특히 친족관계를 공유의 조건으로 정의하는 사람들이 취하는 보수적인 입장일 수도 있다는 의견을 제시하고자 한다. 만약 진정한 공유는 가족 및 친밀한 집단 내에서 일어나기 때문에 공유 경제가 실제로 공유가 아니라면, 정의에 따라 당연히 공유를 그러한 작은 규모의 사회적 단위 밖으로 가져갈 수 있는 가능성은 없는 것처럼 보일 것이다. 바꾸어 말하면, 공유 경제는 분명히 공유하는 경제가 아닐 뿐만 아니라, 가정에서의 가족 구성원 간 상호작용을 제외하면 어떤 경제도 진정으로 공유하는 경제일 수 없을 것이다. 이러한 해석에 따르면, 공유는 여전히 사적이고; 그보다 더, 공유는 여성적이다(벨크의 모성 사례는 여성적임을 강화한다). 그리고 여성성(womanhood), 가정적임(domesticity) 및 본성 간의 밀접한 관련성이 현대에 와서 재현되고 있다. 오늘날의 공유 경제가 어떤 것이고 그것이 무엇을 하는지와 상관없이, 그것이 실제로 공유가 아니라고 말하는 사람들이 지지하는 공유의 개념은 정말로 널리 퍼져 있는 '어떠한' 공유 경제도 불가능하게 만드는 결과를 초래하는 것처럼 보일 것이다. 적어도 내게 이것은 현상유지(status quo)를 암묵적으로 지지하는 것처럼 보인다.

5

/

감정 공유

'공유' 개념은 긍정적 대인관계를 암시한다. 오늘날 우리는 이야기를 통해서 대인관계를 만들고 유지한다. 감정을 공유하는 것, 즉 타인에게 우리의 내적 상태를 전하는 것은 제대로 기능하는 사회 구성원이 된다는 것을 의미하는 데 매우 중요하다. 이야기의 특별한 유형으로서의 공유는 따라서 치유 문화(therapy culture)의 구성 활동으로 인식될 수 있다(Füredi, 2004).

이 장에서 나는 디지털 문화와 치유 담론 간의 연관성을 살펴본다. 아마 다른 어떤 장에서보다 이 장에서 독자들은 내가 치유 문화에서 지배적인 의사소통 유형으로서의 공유와 소셜 미디어 구성 활동으로서의 공유를 연결하는 것에 의문을 제기할 것이다(John, 2013a 및 ch.3 참조). 그 둘은 정말 관련되어 있는가? '공유'라는 단어가 두 영역 모두에서 중요하다는 사실은 실제로 무엇을 의미하는가? 그리고 설사 그렇다 하더라도 그래서 어떻다는 것인가? 이 장의 목적은 치유 담론(여기서 '공유'는 우리가 이야기하는 방식이다)과 SNS(여기서 '공유'는 우리가 참여하는 방식이다)가 관련되어 있다는 것과, '공유'라는 단어가 그것들이 어떻게 연결되어 있는지를 우리가 이해하도록 도와준다는 것을 보여주는 것이다. 예를 들어, SNS가 "당신이 마음에 두고 있는 사람들과 공유하라"라고 말할 때 우리는 그것이 '공유'의 치유적 의미를 어떻게 분명하게 활용하는지를 이미 보았다. 그러나 그러한 연관성은 더 깊으며 사적이거나 공적으로 간주되는 것과도 관련된다. 로버트 우쓰노우(Robert Wuthnow)는 "지원 단체들은 사적인 이야기를 공적인 의사소통 행위로 만드는 특징이 있다"라고 단정했다(Wuthnow, 1994: 186). 우리가 '지원 단체'를 '소셜 미디어'로 쉽게 대체할 수 있다는 것은 이 장이 살펴보고자 하는 공통성(commonality)이 둘 사이에 있음을 시사한다. 그런 다음 우리는 한편으로는 경계의 붕괴에 대해, 다른 한편으로는 정서 커뮤니케이션의 증가에 대해 이야기할 것이다. 여기서 말하려는 바는 SNS상의 모든 커뮤니케이션이 치유적이라는 것이 아니라, 우리가 치유 문화에서 찾는 인간성에 대한 가장 기본적인 가정이 소셜 미디어 영역에서도 작용하며 공유의 개념이 그 둘을 연결하고 있다는 것이다.

소셜 네트워크 사이트는 무엇보다도 사람들이 정서를 표현하는 장소이다. 나는 이것을 전적으로 논란의 여지가 없는 표현으로 여긴다. 사람들이 온라인에서 표현하는 많은 정서로부터 지식을 추출하는(예를 들어, 감성 분석) 온전한 산업이 존재하며, 학계 역시 온라인에서의 정서 소통의 다양한 측면에 매료되어 있다(이것에 대해 잘 모아놓은 자료를 보려면, Benski and Fisher, 2013 참조). 인터넷 서핑이 미치는 정서적 영향도 오랫동안 흥미의 대상이었는데, 크라우트 등의 연구(Kraut et al., 1998)는 우울증과 인터넷 사용이 상관관계가 있는 것으로 보았고(그들의 2001년 연구에서는 이 상관관계가 완화되었다), 좀 더 최근 연구는 페이스북 사용이 사회적 자본(social capital)과 상관관계가 있으며(Ellison, Seinfield and Lampe, 2007), 페이스북상에서의 정서 공개는 심리적 웰빙을 향상할 수 있음을 시사하고 있다(예를 들어, Reinecke and Trepte, 2014 참조).

그러나 우리의 목적을 달성하기 위해 누가 온라인에서 언제 어떻게 정서를 표현하고 어떤 결과를 얻는지에 대해 많이 알 필요는 없다. 여기에서 우리가 훨씬 더 큰 관심을 갖는 것은 사용자가 SNS의 플랫폼에서 정서를 표현하는 데 있어 SNS들이 이해관계를 가지고 있다는 견해이다. 3장에서 보았듯이, '공유'는 SNS들이 자신을 판매하는 방식의 중심에 있다. '공유'는 소셜 미디어 행위 전반을 포함하며, "당신의 세계를 공유하라", "당신의 삶을 공유하라" 같은 태그라인을 보면 SNS들이 우리가 모든 것을 공유하기를 원한다는 것이 꽤 분명해진다. (물론 이미 논의했듯이 SNS에서 공유하는 것은 돈이 되는 일이며 정서는 상품화되었다; 나는 공유의 이러한 측면에 대해 나중에 다시 다룰 것이다.)

때때로 SNS들은 공유와 정서 간의 연관성을 분명히 함으로써 우리가 참여하도록 호소한다. 그들은 소셜 미디어에서 공유하는 것이 개인적으로 우리에게 좋을 뿐 아니라 우리의 대인관계에도 좋음을 넌지시 알린다. 예를 들어, 페이스북 블로그의 한 게시글은 "페이스북은 우리가 가장 관심을 가지고 있는 사람들과의 공유를 촉진함으로써 [『나홀로 볼링(Bowling Alone)』+에서] 퍼트넘(Putnam, 2000)이 탄식하는 바로

+ 정승현 옮김(2016, 페이퍼로드) _옮긴이

그 고립감을 줄이는 것을 목적으로 한다"라고 주장했으며, "사람들은 페이스북을 더 많이 사용할수록 기분이 더 좋아진다"(Burke, 2010)라고 분명하게 주장했다. 3장에서 내가 언급한 바 있는 "당신에게 중요한 것을 당신이 관심을 가지고 있는 사람과 공유하라"(2011년 7월 19일)라고 권장한 야후의 펄스 네트워크 광고를 떠올려보라.

나의 전반적인 요점이자 이 장의 주제는 SNS가 오늘날 치유 문화의 일부이고(Füredi, 2004) 치유 담론에 한몫하고 있다는 것이다(Illouz, 2007, 2008). 나는 여기서 구성원들의 심리적 안녕에 전념하는 웹사이트, 토론방, 온라인 지원 단체에 대해 이야기하는 것이 아니라, 소셜 미디어에 깔려 있는 자기에 대한 가정과 자기와 타인의 관계에 대한 가정에 대해 이야기하고 있다.

치유 문화와 치유 담론의 개념에 대해 좀 더 깊이 파고들어가기 전에 내가 의미하는 바를 간략하게 보여주기 위해 페이스북이 제작해 2015년 2월 12일(밸런타인데이 이틀 전) 페이스북 자신의 페이스북 페이지에 올린 동영상을 검토해보자.[1] 이 동영상에 딸려 있는 글에는 "사랑은 나누기 위한 것이다"라고 적혀 있다. 이 말의 의미 가운데 하나는 만약 당신이 사랑을 가지고 있다면 당신은 그 사랑을 주위에 나누어야 한다는 것이다. 이런 의미에서 "사랑은 나누기 위한 것이다"라는 말은 좀 더 친숙한 "사랑을 공유하라"라는 표현의 언어적 유희이다. 그러나 물론 여기서 페이스북이 의도하는 바는 우리가 페이스북에서 사랑에 대해 소통함으로써 우리의 사랑을 공유해야 한다는 것이며, '공유'는 우리가 정서의 소통과 SNS에 게시하는 행위 모두를 언급하기 위해 사용하는 단어이기 때문에 이 단어는 태그라인 역할을 한다. 이 짧은 동영상 클립(1분 6초)에서 우리는 사랑에 대해 직간접적으로 말하고 ['하트 이모지(emoji)'라는 단어를 말하는 것을 포함해서] 상태 업데이트를 소리 내어 읽는 여러 등장인물을 본다. 마지막으로 이 클립의 메시지는 만약 당신이 누군가를 사랑한다면 (페이스북에서) 그들에게 말하라는 것이다. 낭만적인 (이성애적 및 동성애적) 사랑을 포함해 다른 사랑의 예도 등장하지만, 이 클립의 가장 중요한 예는 자신의 젊은 성인 딸에 대한 한 어머니의 사랑과 어머니에 대한 그 딸의 사랑이다. 그러나 카메라 앞에서 말하는 사람들 가운데 한 사람이 "자신을 사랑하는 것이 평생의 로맨스의 시작이다"라는 오스카 와일드(Oscar Wilde)의 명언에 대해 열변을 토하는 것처럼, 자기와 타인 간의 관계가 이 동영상의 유일한 초점은 아니다. 바꾸어 말하면, 우리는 높은 수준의 자존감[모스코비츠(Moskowitz, 2001)가 "치유의 가스펠(gospel)"이라고 부른 특별히 중요한 개념]을 가지고 있어야 한다는 것이다. 그런 다음, 이 클립에서 우리는 우리의 정서를 중요한 타자(significant others)에게 전해야 하며 우리 자신의 자기와 행복은 우리 관심사의 맨 앞에 있어야 한다는 말을 듣는다.

치유 문화 속에 사는 것이 의미하는 바는 두 가지 중요한 특징을 지니고 있다. 이제 우리는 이러한 특징 가운데 첫째 특징, 즉 우리의 정서를 공유하라는 명령을 살펴볼 것이다.

1. 공유와 치유 담론

첫 단계로, 정서에 대해 이야기한다는 의미에서의 '공유'라는 단어를 관찰해보자. 정서 사회학자인 에바 일루즈(Eva Illouz)는 치유와 자조

(自助) 문화에 대한 자신의 분석에서 '공유'라는 단어 자체를 분석하지는 않는다. 하지만 그녀가 인용하는 사례들은 '공유'라는 단어가 어떻게 사용되는지를 보여준다. 따라서 그녀는 "섹스는 매우 친밀한 접촉으로서, 감정 공유를 포함하는 접촉이다"라고 설명하는 한 출처를 인용한다(Illouz, 2008: 127). 일루즈 자신은 "치유가 추구하는 이상은 모든 욕구와 감정을 공유하라는 명령을 강화한다"라고 말한다(p. 227). 치유 담론의 증가에 대해 다룬 또 다른 책에서 데버라 럽턴(Deborah Lupton)은 우리의 친밀한 유대에 대한 문화적 요구를 설명한다. "친밀한 관계에 있는 사람들은 비록 그들의 정서를 서로 공유하는 것이 부정적이라 하더라도 정서를 공유함으로써 친밀감을 얻고 유지할 것으로 기대된다"(Lupton, 1998: 96). 벨라 등(Bellah, Madsen, Sullivan, Swidler and Tipton) 역시 자신들의 고전적인 책 『마음의 습관(Habits of the Heart)』[+]에서 '공유'라는 단어를 사용해 치유 문화에서의 사랑이라는 개념에 대해 기술한다. "따라서 유사하고 진정하고 표현이 풍부한 자기들 간의 감정 공유는 …… 치유적 개념의 사랑의 토대가 된다"(Bellah et al., 1985: 100).

유능한 사회적 행위자로서 우리는 이것이 '공유'의 중요한 의미라는 것을 알며, 이런 의미에서 우리 자신의 관계에서 공유하라는 명령을 따를 공산이 매우 크다. 그러나 2장에서 보았듯이, 여기에는 역사가 있다. 『치유 문화(Therapy Culture)』에서 프랭크 퓌레디(Frank Füredi)는 '스트레스', '트라우마', '자존감'과 같은 용어가 어떻게 언론에 훨씬 더 널리 퍼지게 되었는지를 보여줌으로써 어떤 치유 시스템의 등장을

+ 윤후남 옮김(2000, 요단출판사) _옮긴이

그림 5.1 **'당신의 감정을 공유하라'라는 단어가 등장한 빈도 추이(1800~2000)**

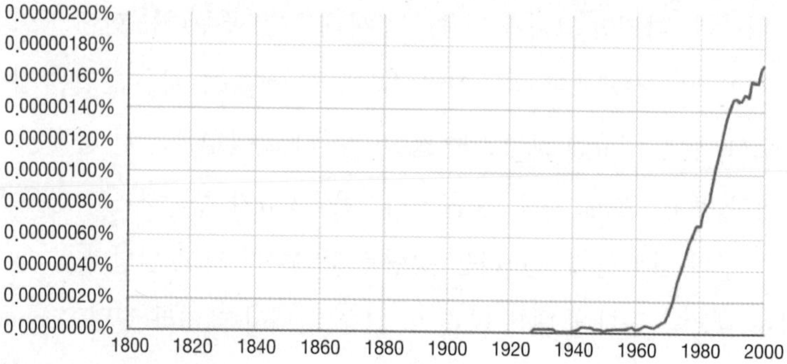

자료: Google Ngram.

시사한다(Füredi, 2004: 3~7). 마찬가지로 '당신의 감정을 공유하라(share your feelings with)'라는 문구를 구글의 엔그램 인터페이스에 입력하면[2] 문화적 이동(cultural shift)이 나타나는 것을 볼 수 있다(〈그림 5.1〉 참조). 1960년대 후반기 동안 그 문구는 큰 인기를 누린다. 이것은 1960년대와 1970년대에 대해 우리가 아는 것, 즉 반(反)문화, 치유 및 지원 단체의 출현, 여러 종류의 의식 함양, TV 토크 쇼의 인기 상승과 잘 어울린다. 1960년대의 반문화적 급진주의자들은 "치유 라인을 따라 모든 인간관계가 조직되기를 원했으며"(Moskowitz, 2001: 179) 또한 "자기를 해방하기를 원했다"(p. 217). 1970년대에는 많은 미국인이 "공평무사, 친밀성, 자기 인식"을 특별히 떠받들면서 자기표현을 해방의 열쇠로 보았다(p. 219). 이 세대에 따르면 "구원은 개방성과 의사소통에 놓여 있다"라고 모스코비츠는 주장한다(p. 219). 모스코비츠의 치유 문화에 대한 역사적 설명에 따르면, 1970년대에는 전례 없이 자기표현과 감정에 초점이 맞추어졌다. "친밀성, 신뢰, 자기 인식을 그와 같이 강조한 적이 없었다"(p. 243). 만약 '공유'가 무지개를 떠올리게 한다면, 이 시기가 바로 그러한 연계가 만들어졌을 때이다.

이것은 패디 스캐널(Paddy Scannell, 2009)이 전후 서방세계의 "의사소통적 전환(communicative turn)"이라고 부른 것의 중요한 부분이다. 그것은 자기 자신에 대한 말하기나 글쓰기를 통해 구성되는 자기의 공고화를 나타내는데, 그러한 말하기나 글쓰기는 치료나 지원 단체, 텔레비전 토크 쇼, 또는 중요한 타자 및 심지어 동료와의 일상적 상호작용에서 이루어질 수 있다. 그것은 사회적 족쇄로부터 (비교적) 자유로운 자기이다(적어도 공식적으로는 그러한데, 예를 들면 1960년대에는 부모가 자녀의 배우자를 선택하지 않았다). 따라서 이러한 자기는 감정의 언어적 표현을 토대로 하는 "순수한 관계"(Giddens, 1992)를 자유롭게 맺는다. 또는 베크와 베크-게른스하임(Beck and Beck-Gernsheim)이 표현하듯이, "과거에는 일을 공유하는 한 팀이던 것(예를 들어, 전근대적 농업 가족)이 정서를 공유하는 커플로 바뀌었다"(Beck and Beck-Gernsheim, 1995: 48).

하버마스(Habermas, 1989)와 기든스(Giddens, 1992)처럼, 베크와 베크-게른스하임도 이러한 변화를 근대성의 시작에서 찾고 있지만, 20세기로의 전환기는 이야기의 가치가 내면화되는 매우 중요한 시기였던 것 같다(Lears, 1983; Moskowitz, 2001 참조). 특히 나는 옥스퍼드 그룹의 사례처럼 '공유'를 중심으로 영적 행위를 수행했던 미국의 종교 집단에 스포트라이트를 비추고 싶다. 그런데 익명의 알코올 중독자 모임(Alcoholics Anonymous: AA)의 창시자라는 신분을 감안할 때 이 집단은 의사소통과 치유 문화를 연구하는 학자들에게 정말 낯선 것이다. 앞으로 보게 되겠지만, 옥스퍼드 그룹에서 사용하던 '공유'라는 단어가 AA에 사용되었으며 지금은 매우 광범위하게 사용되고 있다. 옥스퍼드 그룹에 대한 최초의 사회과학적 논의에서 앨런 아이스터(Allan Eister)는 다음과 같이 적었다.

> 새로운 종교 운동은 사회과학자에게 지속적인 관심의 원천이다. 새로운 종교 운동이라는 재료로부터 때때로 새로운 단체가 만들어진다. 흔히 그러한 운동은 사회에 신선한 분열을 만들어낸다(혹은 잠복해 있는 분열을 밝혀낸다); 그리고 그러한 운동은 자주 중요한 새로운 가치와 패턴을 문화에 추가해왔다. 동시에 사회 구조 체계로부터 생기는 이러한 새로운 운동은 사회 구조 체계의 표식을 지니고 있으며, 그러한 운동은 그 자체가 사회에 영향을 끼치는 중요한 사회적 추이의 산물이다(Eister, 1950: ix).

옥스퍼드 그룹이 새로운 단체(즉, AA)를 만들어냈다는 것에는 의심의 여지가 없으며 그 그룹이 서구 문화에 "중요한 새로운 가치와 패턴(적어도 특정한 이야기 유형을 나타내는 명칭인 '공유')을 더해주었다"는 것을 나는 보여주고 싶다. 아이스터의 논의 이후 50년이라는 시간이 더 지났기 때문에 깨닫게 되는 것이지만, 나는 또한 옥스퍼드 그룹을 어떤 종류의 맥락에 두고자 시도할 것이다.

2. 공유와 옥스퍼드 그룹

옥스퍼드 그룹은 1922년 프랭크 버크먼(Frank Buchman)에 의해 설립되었다. AA 역사학자인 딕 B.에 따르면 이 단체는 "사도신경의 믿음과 방법으로 되돌아가기를" 열망했던 기독교 단체였다(B., 1997: 52). (옥스퍼드 대학과 무관한) 옥스퍼드 그룹은 제2차 세계대전 전과 제2차 세계대전 동안 미국에서 유행했던 도덕 재무장 운동의 선구자였다. 여기서 우리의 관심사에 비추어 더 중요한 것은 옥스퍼드 그룹은 또한 AA의 창시자였으며, 따라서 어떤 면에서 오늘날 많은 지원 단체들의 선조였다는 점이다. 딕 B.가 쓴 것처럼 "만약 '오늘날의' AA 모임과 메시지 전달 아이디어에 가장 큰 영향을 준 옥스퍼드 그룹의 한 가지 행위가 있었다면, 그것은 '공유'였기 때문에"(p. 64) 이것은 중요하다. 빌 피트먼(Bill Pittman) 또한 AA의 역사에 대해 기술하면서 AA의 역사에서 옥스퍼드 그룹이 차지하는 위치를 강조하고 있는데, 거기에서 그는 "옥스퍼드 그룹이 AA의 형성에 기여했다는 것에는 거의 의심의 여지가 없다"라고 적고 있다(Pittman, 1988: 174). 이것을 뒷받침하기 위해 그는 AA 공동 창립자 빌 윌슨(Bill Wilson)이 쓴 역사를 인용하는데, 그는 여기에서 "초창기 AA는 자기 진단(self-examination), 성격상 결함 인정, 피해에 대한 보상, 타인과 함께 일하기 같은 관념을 옥스퍼드 그룹에서 직접 가져왔다"라고 적고 있다(Wilson, 1979: 39; Pittman, 1988: 175에서 재인용).

앞에서 언급한 것처럼, 옥스퍼드 그룹의 중심이 되는 행위는 공유였다. 'Layman with a Notebook'이라는 익명으로 쓰인 『옥스퍼드 그룹은 무엇인가?(What is the Oxford Group?)』라는 팸플릿에는 "우리 죄와 유혹을 하느님에게 바쳐진 다른 기독교 신자의 삶과 공유하는 것"이 이 그룹의 네 가지 영적 활동 가운데 첫째라고 적혀 있으며, 그러한 영적 활동은 사람들이 "완전한 정직, 순수성, 이기적이지 않음, 그리고 사랑"의 원칙에 따라 살도록 도와줄 것이라고 한다(The Layman with a Notebook, 1933: 8). 그 익명의 저자에 따르면, "옥스퍼드 그룹이 행한 죄의 공유는 일상적인 의미에서의 공유이다; 쉬운 말로 하면 그것은 이미 삶을 신에게 바친 다른 사람과 함께 우리 죄에 대해 말하거나 이야기하는 것이다". 2장에서 보았듯이, '공유'는 이미 1920년대 무렵에 이야기하기라는 의미를 갖고 있었는데, 그 당시에 이것은 '일상적인 의미'였다. 그러나 이 단어가 언급하는 그러한 행위는 새로웠으며, 이 단어와 더불어 그러한 행위가 확산됨으로써 이 단어는 새로운 일단의 의미를 띠게 되었다.

옥스퍼드 그룹의 공유는 또한 다른 사람의 고백을 듣는 것도 포함했지만, 지배적인 의미는 고백한다는 의미였다. 그러나 (고해성사실에서 신부님에게 은밀히 고하거나 훨씬 더 은밀하게 하느님을 대상으로 이루어지는) 천주교의 고해성사와는 달리 옥스퍼드 그룹의 공유는 세속적인 상황에서(예를 들면, 누군가의 거실에서) 평신도 집단 앞에서 이루어지는 공개적인 행위였다. 따라서 '공유'는 처음으로 구원받기 위해 자기의 잘못(죄)을 공개적으로 고백하는 것을 의미하게 되었다. 실제로 이 그룹의 창립자인 프랭크 버크먼에 따르면, 이 운동의 기원은 그가 했던 경험을 토대로 하고 있었는데, 그는 다른 사람들에게 자신이 어떻게 그들을 거칠게 다루었는지 말하자 그의 마음이 비통함에서 벗어나는 것을 느꼈다고 한다(B., 1997). 우리는 타인에게 공개적으로 그리고 정직하게 이야기하는 것이 버크먼의 주관적 웰빙을 높여주었다고 말할 수도 있을 것이다.

『옥스퍼드 그룹은 무엇인가?』(The Layman with a Notebook, 1933)와 『오직 죄인들을 위해서(For Sinners Only)』(Russell, 1932)는 모두 옥스

퍼드 그룹의 많은 가치를 뽑아낼 수 있는, 특히 이 그룹의 공유 강조를 뒷받침해준 의사소통과 웰빙에 대한 암묵적 이론을 뽑아낼 수 있는 매우 유용한 글이다. 이런 이유에서 앞으로 나는 두 글을 꽤 오래 다루면서 내가 생각하기에 (이 그룹의 심리 치료에 대한 단호한 반대에도 불구하고) 이 그룹의 심리적 성향을 보여줄 뿐만 아니라, 이 그룹의 공유 개념이 어떻게 완전히 치유적 의미의 공유였는지 보여주는 여러 발췌문을 제시할 것이다.

대인관계를 강조하는 자신들의 특성을 감안해 옥스퍼드 그룹은 개인과 하느님의 매개되지 않은 관계를 약화시키거나 평가절하하지 않기 위해 주의를 기울였지만, 이 그룹을 세속적인 저의를 지닌 근대적인 조직으로 해석하지 않기는 여전히 어렵다. 익명의 저자가 쓴 대로, 우리가 옥스퍼드 그룹의 "삶을 변화시킨 사람들"로부터 도움을 얻기 위해서는 "우리 삶에서의 변화의 필요성"을 인정하는 것으로 충분하다(The Layman with a Notebook, 1933: 5). 여기서 나는 '우리 삶에서의 변화'를 일으킨다는 측면에서 생각할 수 있는 바로 그 능력은 후기 전통적(post-traditional)이라고 주장할 것이다. 익명의 저자가 쓴 그 팸플릿에는 실증적 사고에 대한 비판처럼 보이는 것에 대한 것도 기술되어 있는데, 이것은 이 그룹이 자기와 내면성에 대한 심리학적 모델을 반박의 여지없이 채택하면서도 전반적으로는 심리학을 거부하는 일면을 보여준다. 우리의 죄에 관해 이 익명의 저자는 "우리는 그러한 죄에 대해 더 이상 생각하지 않겠다고 결심한다고 해서 그 죄를 제거할 수는 없다"라고 적고 있다(The Layman with a Notebook, 1933: 21). 오히려 "확실한 외과적 정신 수술을 통해 그러한 죄를 반드시 잘라내야 하며", 그렇지 않으면 "다른 사람에 대한 관점뿐만 아니라 우리 자신에 대한 관점도 뒤틀어지게 된다"(p. 21). 나중에 '공유'라는 제목의 장에서 그는 "마음을 솔직히 털어놓는 것"의 가치에 대해 이야기한다(p. 28). (이 집단의 맥락에서) 공유는 심리요법(이것은 분명 공유와 경쟁 관계에 있다)보다 더 나은 것으로 기술된다.

> 현재 아들이 자신의 물질관과 정신관에 대해 못마땅하게 생각하고 있는 것과 같은 단계를 그 역시 이미 겪었기 때문에 자신이 얻은 지식을 아들과 공유하는 아버지: 동생과 공유하는 형, 친구와 공유하는 친구는 심리분석가가 장기적인 노력을 통해서만 뿌리 뽑을 수 있는 그러한 망령들을 간단하고도 쉽게 쫓아버릴 수 있다(The Layman with a Notebook, 1933: 31).

그러나 왜 신에게는 고백하지 않는가? 구원을 보장해주는 다른 사람과 공유하는 것의 속성은 무엇인가? 첫째, 사람들은 물론 "신에게 곧바로 갈" 수 있으며 "신은 그들을 용서할 것"이라고 이 익명의 저자는 적고 있다(p. 32). 그러나

> 만약 그들이 확실히 과거의 죄(와 모든 죄)가 지워지기를 원한다면, 최종적으로 이러한 죄는 반드시 '공개되고' 정직하게 직시되어야 한다. 다른 기독교인을 증인으로 세우고 함께 예수 앞에서 '그러한 죄를 말로 표현하는 것'은 영적인 체계를 사실상 깨끗이 할 수 있는 단 하나의 건강한 방법이다(p. 32; 강조 따옴표 추가).

여기서는 강조 따옴표가 표시된 문구들이 매우 중요하다. 자기에게

공을 들이는 것은 내적으로 수행될 수 없다. 우리의 죄(현대의 독자들은 '잘못', '신경증' 등으로 대체할 수도 있을 것이다)는 다른 사람이 그 죄를 관찰할 수 있도록 공개되거나 최소한 우리 밖으로 나와서 외면화되어야만 구원받을(해결될, 치유될, 헤쳐 나갈 등등) 수 있다. 이러한 해석은 『오직 죄인들을 위해서』의 발췌문에 의해 뒷받침되는데, 여기에서 러셀은 공유에서의 신의 위치에 대해 논의한다. 이상적으로 고백은 "신에게 직접 해야 한다"라고 그는 말한다. 그러나 "다른 사람과의 공유의 도움을 필요로 하는 사람들이 매우 많다. …… 그들에게 공유는 실천적 필연(practical necessity)이다. 그래야만 그들은 그들의 고백의 '실체'를 파악한다"(Russell, 1932: 16~17; 강조 따옴표 추가). 러셀과 심리학자이자 수사신부(修士神父)+ 교수인 그렌스테드(Grensted) 간의 대화에서 가져온 다음 인용문은 이러한 생각을 강화해준다.

> "공유는 절대선이다"라고 그 교수는 강조했다. "그것은 매우 많은 문제에 대한 진정한 해답이다. 왜냐하면 '어떤 사람이 자신의 정말 어려운 문제에 대해 외부 견해를 듣지 않는다면 그 사람이 그러한 문제를 똑바로 바라보는 것은 거의 불가능하며', 그 사람은 공유를 통해서만 그러한 외부 견해를 들을 수 있기 때문이다"(Russell, 1932: 238; 강조 따옴표 추가).

사회과학자인 아이스터(Eister, 1950)는 학자이자 옥스퍼드 그룹 회원인 필립 M. 브라운(Philip M. Brown, 1937)이 공유와 사람들과 신과의 관계에 관해 쓴 글에서 가져온 긴 발췌문을 소개한다.

+ 수도원에 소속되어 있는 신부 _옮긴이

> 죄를 과감하게 해결하기 위해서는 우리가 신임하는 누군가와 그 죄를 완전하게 공유할 필요가 있다는 것을 나는 알았다. '신에게 정직한 사람, 그리고 신을 확신하는 사람은 거의 없다.' 우리가 우리 죄를 혼자서 고백할 때 모호해지는 경향이 있는 것은 불가피하다. 우리는 우리 죄를 창피할 정도로 상세하게 말하지 않는다. 우리는 우리 죄를 이를테면 테이블 위에 펼쳐서 '객관적으로 바라보지' 않는다. …… 다른 사람과 '깊이' 공유할 때 …… 비로소 우리는 우리 죄를 있는 그대로 볼 수 있다(Brown, 1937: 33~34; Eister, 1950: 18~19에서 재인용; 강조 따옴표 추가).

우리는 신에게 이야기함으로써가 아니라 우리 자신이 다른 사람의 철저한 검토를 받음으로써 진실이 보장된다는 생각에 다시 한 번 접하게 된다. 이것은 토크 쇼와 리얼리티 TV 프로그램(이들 역시 치유적 성향을 가지고 있다)의 논리의 전조가 될 뿐만 아니라 소셜 미디어의 논리의 전조가 되기도 한다.

진실은 응시를 통해 얻어지며, 우리 '죄'를 말로 표현하는 것은 우리 죄를 객관화할 뿐만 아니라 구체화함으로써 우리 죄를 실재화한다. 이를 통해 다른 사람들은 우리의 죄와 고백(혹은 우리)을 응시할 수 있고 우리를 구원하거나 우리에게 가치를 부여할 수 있다. 이것이 바로 파트너가 울분을 발산할 수 있게 하는 훨씬 더 최근의 기술에 대해 일루즈가 기술할 때 언급하고 있는 것이다. 그녀는 "이 기술은 우리에게 부정적인 정서를 억누르고 있다가 그것을 자기 외부의 정서로 만들라고, 말하자면 외부에서 지켜볼 수 있도록 하라고 가르친다"라고 적고 있다(Illouz, 2007: 35). 우리는 현대의 자기 치유 행위에서 리얼리티 TV 프로그램이 차지하는 위치에 대해 언급하면서 진실은 감시를 통해 얻어진다는 생각을 다시 살펴볼 것이다. 지금은 옥스퍼드 그룹의 공유가 자기를 둘러싸고 있는 경계의 담장을 낮추는 것과, 앞의 지원 단체 맥락에서 인용되었듯이, "개인적인 이야기를 공개적인 의사소통 행위로 만드는 것"을 필요로 한다는 데 주목한다(Wuthnow, 1994: 186).

러셀과 옥스퍼드 그룹의 다른 사람들이 강조했듯이, 공유의 또 다른 측면은 동료애(fellowship)이다. 공유는 "진정한 동료애에 이르는 유일한 방법"이라고 러셀은 말했다(Russell, 1932: 17). 더욱이 공유가 옥스퍼드 그룹 내에서 어떻게 생겨나게 되었는지에 대한 이야기는 동료애의 형성에 대한 이야기였다: 버크먼과 몇몇 다른 남성들은 기차로 중국 일대를 다니면서 설교를 하고 있었다. 서로 아주 가까운 거리를 유지하면서 살았기 때문에 때때로 긴장이 야기되었는데, 짜증을 "다른 사람이 아닌 관련된 사람들과 공유함으로써" 그러한 긴장이 해소되었다. 그 남성들은 "우리 자신의 잘못을 공유했고" 이로 인해 "그 팀은 이상적인 동료애로 다져질" 수 있었다(p. 196).

놀랍게도 공유는 또한 결혼의 기반으로 여겨지기도 한다. 옥스퍼드 그룹에 대한 또 다른 동시대의 글에서 빅터 키친(Victor Kitchen)은 "우리 죄를 공유하는 것"이 "평범한 결혼을 신성한 결혼으로" 바꿔놓는다고 말한다(Kitchen, 1934: 61). 러셀은 공유가 엄청난 갈등을 해소해주었다는 한 부부의 시련에 대해 말한다(Russell, 1932). 아내는 결혼해서 12명의 자녀를 두기 전에는 변호사 시험 준비를 했었으나, 지금은 행복하지 않았다. 한 옥스퍼드 그룹 지도자와 오랜 대화를 나눈 끝에 그녀는 "모든 이야기를 남편과 그냥 공유해야 한다"는 것을 깨달았다. 남편은 아내가 불행하다는 이야기를 듣고 큰 충격을 받았다. 그러나 "결국 두 사람 모두 자신들의 삶을 신에게 바치기로 했고, 그들은 단순히 공유의 취지에 대한 이해를 바탕으로 자신들의 가정을 재건하고 있다. 아내는 변호사가 되었고, 전심전력을 다하는 남편의 지원하에 변호사 일을 하고 있다"(pp. 232~233). 그런 다음, 러셀은 결혼에 대한 자신의 견해를 설명하는 한 남성의 말을 다음과 같이 인용하고 있다.

> 예수님을 위한 이러한 팀워크는 서로에 대한 어떠한 숨겨진 의구심도 없는, 남편과 아내 간의 열린 투명성을 요구한다. 대부분의 사람은 본래 외로운 늑대여서 매일 정기적인 공유의 시간을 가질 필요가 있다. 그러면 결혼 생활의 달콤함을 앗아가버리는 모든 어처구니없는 사소한 짜증, 질투, 의심을 일소에 부칠 수 있다(p. 234).

우리 대부분은 이러한 적절한 조언을 고려할 것이다. 실제로 이와 매우 유사한 이야기 양식을 50년 뒤 『마음의 습관』에서 피면접자들이 이야기하고 있는데, 이것은 언어와 문화적 가치라는 측면 모두에서 연속성을 가짐을 시사한다. 이 책에서는 많은 커플이 "공유(생각, 감정, 일, 가치, 또는 삶의 목표)를 관계의 가장 중요한 덕목이라고 말하는 것"을 우리는 볼 수 있다. 한 피면접자는 자신이 남편과 어떻게 사랑에 빠졌는지에 대해 다음과 같이 말한다. "내 생각에 그것은 공유, 진정한 감정의 공유였다고 생각해요." 그리고 저자들은 미국 문화에서 "진정한 자기를 자연스럽게 공유하는 것이 역시 사랑의 본질"이라는 결론 내린다(Bellah et al., 1985: 91). 벨라 등이 글을 쓰고 있던 시기와 대략 같은 시기에 커플 간의 의사소통 패턴을 관찰했던 메리 앤 피츠패트릭(Mary Anne Fitzpatrick)은 "개인 감정과 정보의 공유는 20세기 후반부에 친밀한 관계를 보증하는 징표가 되었다"라고 적었다(Fitzpatrick,

1987: 131).

옥스퍼드 그룹에서의 공유에 대한 비판이 치료적 기풍(therapeutic ethos)+과 이것의 주된 의사소통 형식으로서의 공유에 대한 현대의 비판을 그대로 떠올리게 한다는 점은 주목할 만하다. 옥스퍼드 그룹의 현 구성원과 이전 구성원 55명에 대한 사례 연구를 바탕으로 한 책에서 월터 클라크(Walter Clark)는 옥스퍼드 그룹에 대해 자주 거론되는 비판 가운데 일부를 제시한다. 이러한 비판 가운데 하나는 "그것이 사회악을 보지 못하게 만들며, 현실에 안주함으로써 현 사회질서의 결점이 영구화되는 것을 도와주고 있다"는 것이다(Clark, 1951: 233). 마찬가지로 아이스터도 자신의 초기 사회학적 설명에서 옥스퍼드 그룹을 "사회 구조 체계 내에서 작동하고 있는 제도적 기제와 과정에는 거의 또는 전혀 초점을 맞추지 않은 채 개인의 도덕적 결점에" 초점을 맞추고 있는 것으로 기술했다(Eister, 1950: 184). 이것은 흡사 개인을 희생시키는 가운데 사회가 쇠퇴하는 것을 탄식하는 리프(Rieff, 1966)와 래쉬(Lasch, 1978)의 비판과 같이 치료적 기풍에 대한 이후의 비판의 원형처럼 읽힌다.

이와 관련해서 옥스퍼드 그룹을 부정적으로 본 클라크의 피면접자들은 이 그룹에서 겪은 경험을 몹시 정서적이며 충분히 지적이지 않은 것으로 보았다(Clark, 1951). 클라크가 '어느 정도 긍정적인' 피면접자로 분류한 한 피면접자는 그럼에도 "죄를 거리낌 없이 공개적으로 고백할 때 이 그룹은 종교의 정서적 측면을 지나치게 강조한다"라고 비

+ 역사학자 T. J. 잭슨(Jackson)의 '치료적 기풍' 개념에 따르면, 소비사회는 현대인의 불안과 공포를 해소하고 즐거움과 안도를 제공하는 치료적 문화를 포함한다. _옮긴이

판했으며(p. 167), 이 그룹에서 겪은 경험을 긍정적으로 생각한 한 피면접자도 "이 그룹이 정서에 지나치게 많이 의존한다"라고 말했다(p. 178).

심지어 '공유'가 조작 도구임을 시사하는 경우도 있다. 예를 들면, 클라크는 다음과 같이 적고 있다. "이 그룹의 한 구성원은 그의 유일한 화폐성 자산인 보험증권 납입금 기일이 다가오는 것을 알았다. 그는 [신과의 경건의 시간을 통해] 자신의 재정적 걱정을 다른 부유한 구성원과 공유하라고 '인도' 받았고, 그 결과 향후 5년간의 그의 보험료가 지불되었다"(Clark, 1951: 30).

나는 소셜 미디어적 의미를 지닌 오늘날의 공유가 옥스퍼드 그룹의 공유와 같다고 단정하지는 않겠지만, 공개된 영역에서 하는 말을 통해 자신의 진정한 존재를 전하는 개별적 자기(individual self)+ 모델을 통해 그 둘을 연관 짓는다. 내가 보여주는 것은 SNS가 우리의 참여를 고무하는 그러한 종류의 의사소통은 옥스퍼드 그룹이 '공유'라고 부르는 그러한 종류의 의사소통에 문화적 뿌리를 두고 있다는 것인데, 옥스퍼드 그룹의 공유는 20세기 초에 나타나고 있던 자기에 대한 이해를 요구한다.

+ '개별적 자기(individual self)'는 독특한 속성으로 구성되고, '관계적 자기(relational self)'는 파트너와 공유한 속성으로 구성되며, '집단적 자기(collective self)'는 내집단(inner group)이 공유하는 속성으로 구성된다. 이 각각의 자기는 인간 경험에 중요하고 의미 있는 동시에 이 모든 자기는 자기-개념(self-conception)의 기본적인 구성요소이다. _옮긴이

3. 정서에 대해 이야기하는 것으로서의 '공유'

정서에 대해 이야기하는 것으로서의 '공유'에 대한 우리의 현재의 이해가 옥스퍼드 그룹에 기반을 두고 있다는 것을 명확하게 확증하는 것은 쉽지 않으며 어쩌면 불가능할 수도 있다—물론 이러한 암시는 2장에서 제시한 말뭉치 분석에 의해서뿐만 아니라 옥스퍼드 그룹에 대한 글에 비슷한 무언가를 '공유'라고 말하는 다른 사람들에 대한 언급이 없다는 사실에 의해서도 뒷받침되는 것처럼 보이긴 한다.[3] 공유가 오늘날 우리의 사는 방식과 특히 우리의 대인관계에 중요한 의사소통 형식임을 입증하는 것이 훨씬 더 쉽다. 나는 다음 3개의 핵심적인 글에 의지해 이를 입증하고자 시도할 것이다: 카트리엘과 필립센(Katriel and Philipsen, 1981)이 쓴 이야기의 한 유형으로서의 의사소통에 대한 논문; 카보(Carbaugh, 1988)가 쓴 토크 쇼 〈도나휴(Donahue)〉에 대한 책; 그리고 캐머런(Cameron, 2000)의 의사소통에 대한 비판적 평가.

오늘날 우리가 '공유'라고 부르는 것은 판단컨대 '단순한 이야기'와는 구별되는 '의사소통'으로 불리곤 했다(Katriel and Philipsen, 1981). 카트리엘과 필립센에게 "'의사소통'은 자기 공개, 참여자들의 독특한 자기에 대한 긍정적 존중(positive regard), 자기와 타인에 대한 발현적인(emergent), 상호 조정된(negotiated)+ 정의에 대한 개방성을 나타내는 스피치를 가리킨다"(Katriel and Philipsen, 1981: 315). 카트리엘과 필

+ 발현적이고 상호조정적인 교육과정(emergent negotiated curriculum)이란 교사가 일반적인 교육의 목표는 세워두지만 각 프로젝트나 활동의 세부 목표는 미리 세우지 않는 것으로, 활동을 진행하면서 어린이가 표현하는 흥미와 욕구, 교사가 유추해내거나 유발시킨 흥미와 욕구를 반영하는 교육과정을 말한다. _옮긴이

립센은 의사소통을 ('소원한'과 반대되는) 친밀하고 ('중립적인'과 반대되는) 지지적이며 ('경직된'과 반대되는) 유연한 것으로 특징지음으로써 의사소통과 '단순한 이야기'를 구별한다. 카트리엘과 필립센은 "각 대화자가 이전에는 비밀에 부친 독특한 자기 이미지에 대한 정보를 공개하는 정도에 따라" 대화자들 간의 친밀성이 드러난다고 말한다(p. 308). 둘째, "의사소통은 무조건적인 긍정적 존중이 본래의 고향을 찾는 이야기이다"(p. 308). 이것은 우리의 대화자가 행한 모든 것을 우리가 인정한다는 의미가 아니라, 우리가 "독특하고 소중한 개인'으로서' 상대를 인정한다"는 의미이다(p. 308). 이러한 유형의 이야기에는 근본적으로 비판단적인(non-judgemental)+ 무언가가 작용하고 있다. 셋째, '의사소통'은 유연함을 특징으로 한다. 다시 말해 의사소통은 "발현적 실재들(emergent realities), 즉 상호 조정된 자기들과 상호 조정된 관계에 대한 이야기"이다(p. 308). 나는 오늘날 이러한 특징들이 '공유'에 적용된다고 주장하고자 하는데, 이것은 우리의 정서와 자기에 대해서 이야기할 때 우리가 하는 스피치 유형으로서의 '의사소통'을 대체로 대체했다. 옥스퍼드 그룹의 '공유'와의 유사성 또한 꽤 분명히 볼 수 있다.

'의사소통'을 특징지으면서 카트리엘과 필립센은 토크 쇼 〈도나휴〉를 언급하는데, 이 프로그램은 또한 도널 카보의 저서 『토킹 아메리칸(Talking American)』의 주제이기도 하다. 『토킹 아메리칸』은 (내가 알고 있는 한) 유일하게 공유를 스피치의 한 범주로 취급한다(Carbaugh, 1988, 특히 ch.8 참조). 카트리엘과 필립센처럼 카보도 이러한 문화적

\+ 임의로 판단하지 않는 _옮긴이

범주의 스피치 구성요소로 친밀성과 지지를 강조한다. 카보는 공유가 "다른 사람을 지원하고 다른 사람에게 도움이 될 수 있도록 자기의 자원을 다른 사람이 이용할 수 있게 해주고 있다"라고 말한다. 공유는 "자신의 것, 예를 들면 자신의 '심리적 상태(psychological state)'를 다른 사람이 이용할 수 있게 해주는 것이다"(p. 144).[4] 공유는 "자신의 내적 경험과 감정의 표현일 뿐만 아니라 관계를 보듬는 스피치이기도 하다"라고 카보는 말한다(p. 145). 한 지원 단체의 남성들을 언급하면서 카보는 '공유'는 이야기의 한 유형으로서 그러한 이야기를 통해 "그 남성들은 서로로부터 지지를 얻는다"라고 말한다. "그들이 자신들에게 공통된 문제에 대해 협력적인 방식으로 이야기할 때" 그들은 공유하고 있는 것이다(p. 147). 따라서 카보는 카트리엘과 필립센의 '의사소통'의 친밀성과 지지를 그대로 되풀이하면서 "공유의 주목적은 표현적이고 친화적인 데 있다"라고 주장한다(p. 148). 그 토크 쇼가 초대 손님과 청중 모두의 정서를 변화시켜주는 것으로 간주된다는 점에서 그 토크 쇼에는 카트리엘과 필립센의 '유연함' 또한 존재한다.

카트리엘과 필립센의 말을 한 번 더 되풀이하는 동시에 어린이와 맥주를 '공유하는' 남자에 대한 만화를 또다시 상기시키기 위해서 카보는 "스피치를 공유라고 칭할 때 사회적으로 신임할 수 없는 행동이 간과되고 무시된다"라고 말한다(p. 148). 여기서 카보는 이러한 논의에 다음과 같은 또 하나의 측면, 즉 스피치가 불리는 방식이 우리가 스피치를 바라보는 방식에 영향을 미친다는 사실을 덧붙인다. 이야기를 '공유'라고 부르는 것은 이야기라는 단어를 '발화 수반력 지시체(illocutionary force indicating device)'+(Searle, 1969) 또는 '메타언어적 수행문(metalinguistic performative)'++(J. Thomas, 1995)으로 사용하는 것이다. 바꾸어 말해, 만약 우리가 '공유'로서 어떤 종류의 이야기에 대해 말한다면, 우리는 개인적이고 정서적이며 친밀한 이야기를 기대하게 된다. 그리고 만약 누군가가 우리에게 우리와 공유하기를 원하는 무언가를 가지고 있다고 말한다면, 우리는 치약이 다 떨어졌다는 말이 아닌 개인적으로 중요한 무언가를 들을 것으로 기대할 것이다.

카트리엘 및 필립센과 카보의 분석을 기반으로 데버라 캐머런은 '치유적 담론(therapeutic discourse)' 개념을 추가한다. 여기서 핵심 아이디어는 이야기하는 것이 개인적 문제와 대인적 문제를 해결하는 '유일한' 방법이라는 것이다. 캐머런 자신은 이러한 이야기를 직접적으로 '공유'라고 부르는 대신 그 단어에 따옴표를 붙이는데, 이는 아마도 그녀가 이러한 유형의 이야기에 대해 분명히 비판적인 관점을 가지고 있기 때문인 것으로 보인다(Predelli, 2003). 그리고 이제 우리가 알고 있듯이, 만약 우리가 무언가를 '공유'라고 부른다면, 우리는 그것이 좋다고 말하고 있는 것이다. 그러나 그녀는 그녀에 앞서 카트리엘 및 필립센과 카보가 매우 관심을 가졌던 것과 동일한 종류의 이야기에 대해

+ 언어 철학에 기반을 두고 있는 화행이론은 화행, 즉 언어 행위를 말을 때리고 잡는 것과 같은 하나의 행위로 본다. 화행이론은 화행이 명제 내용을 표시하는 부분과 발화 수반력 지시체로 이루어진다고 본다. 화행에는 발화 행위, 발화 수반 행위, 발화 효과 행위가 있는데, 발화 행위란 화자가 어떤 의미를 가진 발화를 생산하는 음성적 행위를 말하며, 발화 수반 행위란 화자가 소통하려는 목적, 의도 등의 발화 수반력을 지니는 행위를 말한다. 다시 말해, 발화 수반력이란 발화 속에 포함되어 있는 의미와 의도를 말한다. 발화 수반 행위가 중요한 이유는 발화 수반력을 어떻게 해석하느냐에 따라 발화 효과 행위, 즉 어떤 것을 말함으로써 결과적으로 다른 행위를 수반하도록 하는 행위도 달라지기 때문이다. 발화 수반력 지시체는 해당 발화의 의사소통기능을 정확하게 나타내지는 않지만, 청자가 의사소통기능을 파악하는 데 결정적으로 기여한다. _옮긴이

++ 자신의 발화에 대해 설명하고 해석하는 것이 메타언어적 기능을 수행하는 것이라 할 수 있다. _옮긴이

이야기하고 있는 것이 분명하다. 캐머런은 치유적 방식으로 이야기하는 것의 규칙 가운데 하나는 "경험과 감정이 독특한 자율적인 개별 주체로서" 이야기하는 것이라고 말한다(Cameron, 2000): 156; 이것은 이 책의 1장에서 언급한, 미국의 유아원생들이 '공유 서클' 참여를 통해 배우는 것이다). 더욱이 치유적 이야기는 사람들이 더 나아지게 변하도록 도와주는 이야기로, 카트리엘과 필립센의 '개인 성장(personal growth)' 개념을 상기시키며(Cameron, 2000: 158) 사람들이 자신들의 죄를 공유하기를 바라는 옥스퍼드 그룹의 바람과 비슷하다. 더욱이 이런 식으로 이야기하는 법을 아는 것은 친밀한 대인관계를 유지하는 능력에 매우 중요하다. 캐머런은 카보를 다시 언급하면서, 사람들이 치료용 대화를 할 때 자신이 말하는 것에 의해 자신이 판단되지 않을 것이라는 기대에 대해 논의하기도 한다.

이러한 치유적 의미의 공유가 온라인 환경에서 어떻게 펼쳐지는지 살펴보기 전에, 옥스퍼드 그룹의 공유와 오늘날 감정에 대해 이야기하는 것으로서의 공유, 이 둘을 연결해주는 공통된 맥락을 간단하게 검토해볼 것이다. 이 공통된 맥락은 이야기하기로서의 온라인 공유에 대한 우리 논의의 기초가 될 정보를 제공해줄 것이다.

첫째, 지적인 내용이 아니라 정서적 내용을 전달함으로써 공유는 진정성 있으며 자신의 가장 내밀한 자기를 드러내 보여준다. 이와 관련해 치료사들은 우리가 무엇을 생각하는가보다 우리가 어떻게 느끼는가에 더 관심이 있다. 옥스퍼드 그룹에서의 공유를 통해 우리는 "사람들이 진정 있는 그대로의 서로에 대해 알게 된다"라는 말을 듣는다(Clark, 1951: 35). 옥스퍼드 그룹 구성원들은 "우리의 진정한 자기, '죄', 그리고 모든 것을 서로 공유하기로" 되어 있었다(Kitchen, 1934: 96; 강조 따옴표는 원저자). 옥스퍼드 대학교의 모임에 대한 고프먼식 기술에서 모임 구성원이자 저자인 A. J. 러셀은 다음과 같이 적었다. "젊은 남성들은 자신들의 진정한 자기를 드러내 보여주고 있었고 …… 자신의 가면을 벗김으로써 정직해지는 방법을 가면을 쓴 세상에 보여주고 있다"(Russell, 1932: 68). 필립 M. 브라운도 이러한 절대 정직(absolute honesty)의 감정에 대해 다음과 같이 기술한 바 있다.

> 공유의 핵심은 다음과 같다: 한 사람의 영혼이 최대한의 겸손함과 관대한 이해심과 확고한 신앙심으로 완벽하고 대담하게 다른 사람에게 가서 자신의 일생에서 단 한 번 의구심이나 숨김없이 절대적으로 정직한 것이 주는 큰 위로를 알 수 있게 되는 것(Brown, 1937; Eister, 1950: 19에서 재인용).

이와 관련해서 옥스퍼드 그룹의 공유는 매우 개인적이었으며, "거의 전적으로 개인적인 것에 초점을 맞추었고 어떤 사람들은 내적으로 결점을 느꼈다"(Eister, 1950: 171~172).

둘째, 그와 같은 공유는 강한 대인적 유대에 기여하는데, 옥스퍼드 그룹에서는 그것을 '동료애'라고 부른다. 실제로 공유 행위가 발전된 바로 그러한 환경은 친밀한 대인관계를 필요로 했다. 앞에서 언급한 대로, 버크먼과 일부 동료들은 서로 아주 가까운 거리를 유지하면서 중국 일대를 여행하고 있었는데, 그들이 서로에 대해 느낀 점을 공개적이고 정직하게 이야기한 것은 선교사 집단이 분열되지 않도록 막아주었을 뿐만 아니라 실제로 그들을 서로 더 가깝게 만들어주었다고 한다. 옥스퍼드 그룹 구성원인 빅터 키친은 "수년간 친밀하게 지내왔음에도 내가 스스로 선택한 클럽 동료들을 몰랐거나 사랑하지 않았지만, 공유와 그리스도에 대한 동료애를 나눈 지 불과 3일 후 나는 40명(피정에 참여한 사람) 각각을 알게 되었고 사랑하게 되었다"라고 말함으로써 피정 중에 이루어진 공유가 그와 다른 사람들 사이에 만들어준 친구관계의 의미를 증언했다(Kitchen, 1934: 78). 클라크에 따르면, 이러한 동료애는 정확히 "사람들이 자신들의 진정한 모습 그대로 서로에 대해 알게 되기" 때문에 생긴다(Clark, 1951: 35). 공유는 완전히 정직한 유형의 의사소통이다.

셋째, 공유하는 누군가의 말을 경청할 때, 우리는 비판단적인 상태를 유지한다. 옥스퍼드 그룹에서 사람들은 구원을 얻기 위해 공유했으며 누구든 경청하고 있던 사람은 단순히 경청하고 수용함으로써 또는 아마도 심지어 고백하는 죄와 자신을 동일시하고 또한 그들의 고백도 보탬으로써 공유하는 것을 도와주었다. 레이먼이 말했듯이, 옥스퍼드 그룹의 하우스 파티(house-party)+에서는 "열성적인 소속감 없이도 토론이 즉시 그리고 건설적으로" 이루어졌다(Layman, 1933: 11). 마찬가지로 러셀은 "변화된 사람들이 주장을 통해 다른 사람을 변화시키려는 잘못을 범할 수도 있지만, 그들은 12명의 사도가 그들 자신의 경험을 이야기했던 것처럼 안전하게 '그들 자신의 경험을 이야기하고' 있었다"라고 설명했다(Russell, 1932: 22; 강조 따옴표 추가). 이러한 판단주의(judgmentalism)가 없다는 생각, 즉 공유가 주장이나 논쟁을 야기하지 않는 유형의 이야기라는 생각은 한 그룹 구성원이 이야기를 끝낸 후 익명의 알코올 중독자 모임의 반응(즉, "공유해줘서 고맙습니다"와 같은

+ 시골 저택에서 손님들이 며칠씩 머물면서 벌이는 파티 _옮긴이

반응)에 의해 간단명료하게 전해진다. 카보는 〈도나휴〉의 한 초대 손님이 표명한 인종차별주의에 대해 논의하면서 이러한 비판단주의의 잠재적인 위험을 다룬다. 진행자 도나휴는 그녀에 대해 "적어도 그녀는 정직하다. …… 그녀는 자신의 감정을 공유하고 있다"라고 말한다(Carbaugh, 1988: 148). 마치 이러한 말이 인종차별주의적 발언을 벌충할 수 있는 것처럼 말이다. 데버라 캐머런은 이러한 도덕적 기초의 부재에 좀 더 분명하게 맞선다. 그녀는 〈도나휴〉와 같은 프로그램에서 이루어지는 스피치의 유형에 대해 논의하면서 그것은 "'의로운 관용'의 규범의 지배를 받는 이야기로, 그러한 규범에 따라 모든 사람은 자신의 의견에 대한 권리를 가지고 있지만 당신의 의견을 다른 사람에게 강요하거나 다른 사람을 판단하는 것은 합당하지 않다"라고 말한다(Cameron, 2000: 153). 따라서 공유는 논쟁의 대상이 될 수 없는 방식으로 자신의 개인적 진실을 나타내는 것이다.

넷째, 옥스퍼드 그룹의 공유가 기술될 때 그 글이 오늘날 우리가 알고 있는 치료에 대해 언급하고 있다고 분명 생각할 수도 있다. 예를 들어, A. J. 러셀은 또 다른 옥스퍼드 그룹 구성원과 저녁 식사에서 나눈 대화에 대해 다음과 같이 말한다. "'담배와 술에 대한 이 그룹의 가르침은 무엇입니까?'라고 나는 물었다. '당신은 어떻게 생각하세요?' 그것은 이 그룹의 전형적인 대답이다. …… 이 그룹에 어떤 질문을 던져 보라. 그러면 그 질문이 당신에게 되돌아온다"(Russell, 1932: 65~66). 레이먼이 "우리의 마음을 솔직히 털어놓는 것"(Layman, 1933: 28)이라고 말하면서 주목한 그러한 가치에 대해 나는 이미 언급한 바 있다. 또한 그는 우리의 죄에 대해 이야기하는 것은 "그 죄를 열린 빛으로 데려가준다"라고 말하는데, 이것은 "그러한 죄가 더 이상 악령이 아니라 정면으로 대해야 할 엄연한 사실"임을 의미한다(p. 29). 그는 또한 공유는 "다른 사람에게 책임을 떠넘기고 우리의 나약함을 변명하는 것"이 아님을 강조한다(p. 33). 더욱이 결혼생활의 조화에 대한 인용문과 버크먼과 그의 동료들이 중국에서 여행하는 동안 서로 잘 지내는 법을 배운 것에 대한 이야기는 마치 관계를 성공적으로 유지하는 법에 대한 오늘날의 지침서를 도용한 것처럼 들린다. 옥스퍼드 그룹 구성원 자신들도 이것을 알지 못했던 것은 아니다. 예를 들어, 필립 M. 브라운은 "공유하거나 '고백하는' 방법은 좋은 심리적 전략이다"라고 매우 분명하게 말했다(Brown, 1937; Eister, 1950: 19에서 재인용).

끝으로 그리고 앞의 논점을 확대하는 방법으로, 우리는 옥스퍼드 그룹의 글에서는 물론 현대의 상식에서도 공유하지 않는 것의 대가에 대한 유사한 견해를 살펴볼 수 있으며, 특히 공유하지 않는 것이 심각한 부정적인 심리적 결과를 초래한다는 견해도 살펴볼 수 있다. 러셀은 다음과 같이 말한다.

> 훨씬 더 문제가 된 것은 공유하지 않는 것의 위험이었다. 삶 자체가 차단당하는 것은 재앙이다. 공유의 위험은 숨기는 것의 위험만큼 결코 크지 않다. 이것은 자살과 살인을 포함해 온갖 종류의 비극으로 이어진다(Russell, 1932: 238).

그로부터 45년 뒤 수전 손타그(Susan Sontag)는 암에 대한 일반인들의 태도에서 그와 같은 추론의 힘을 기술했다. "많은 사람은 암이 불충분한 열정의 질병으로, 성적으로 억제되어 있고 감정 표현을 꺼리고 자발적이지 않으며 분노를 표출할 줄 모르는 사람들을 괴롭힌다고 믿는다. …… 현재 사람들은 암을 억압의 대가라고 상상한다"(Sontag, 1978: 21); 암은 "표현하지 않는 데서" 오는 질병이며(p. 48) "정서적 위축"과 관련되어 있는(p. 55) 것으로 여겨진다. 이와 같은 견해는 아마도 1970년대보다는 훨씬 덜 퍼져 있겠지만, 이 책의 독자 가운데 울적해하거나 힘든 일을 겪은 친구에게 기운을 내서 그 일에 대해 이야기하라고 권하지 않을 사람은 한 사람도 없을 것이다. 왜냐하면 그렇게 하지 않으면 더 악화될 뿐이라고 100퍼센트 확신하기 때문이다.[5]

4. 진정성의 매개된 표현

이처럼 많은 시간과 공간을 공유의 의사소통적 측면(즉, 특히 친밀한 관계의 일부로서 우리의 내적 자기에 대한 이야기하기로서의 공유)에 쏟아붓는 취지는 두 가지이다. 첫째, 그것은 우리로 하여금 그 개념의 역사(지금껏 이야기되지 않은 역사)를 이러한 특정한 맥락에서 볼 수 있게 해준다. 둘째, 그것은 이야기는 항상 문화적 맥락과 연결되어 있고 문화적 맥락은 항상 정치경제학적 측면을 포함하고 있다는 점을 강조한다.

『우리가 믿는 치료를 받고(In Therapy We Trust)』에서 에바 모스코위츠(Eva Moskowitz)는 1890년대 ≪굿 하우스키핑(Good Housekeeping)≫의 상담 칼럼이 인기를 얻는 데는 오랜 시간이 걸렸는데, 왜냐하면 그녀가 '치유적 복음(therapeutic gospel)'이라 부르는 것이 아직 널리 받아들여지지 않았기 때문이라고 말한다. 사람들은 자기 현시(self-revelation)를 두려워했고 스스로를 드러내는 것을 원치 않았다. 그녀는 또한 미국에서 정신병원 개혁이 이루어지지 않았던 1920년대와 1930년대에 이루어진 가난에 대한 심리적 고찰(psychologization)과 새로운 복지 이론에 대해 논의한다. 그러나 "오늘날은 기꺼이 받아들여지고 있지만 전혀 모르는 사람에게 내밀한 일신상의 사실을 공개해야 한다는 생각에 모든 환자가 다 익숙해져" 있지는 않았기 때문에 "묘하게도 '이야기'라고 불린" 새로운 치료법이 서서히 채택되었다(Moskowitz, 2001: 43). 진정성 자체가 의문시되고 있었고 따라서 재구성되고 있었던 시기에 이러한 생각(즉, 자신에 대해 이야기하는 것은 자신의 존재의 핵심에 접근할 수 있게 해주며 자신의 웰빙을 향상할 수 있다는 생각)은 일반 대중을 사로잡았다.

소비자 문화의 치유적 뿌리에 관한 영향력 있는 저서에서 T. J. 잭슨 리어스(T. J. Jackson Lears, 1983)는 그 뿌리를 옥스퍼드 그룹이 번성했던 시기인 1880~1930년에서 찾는다. 나는 여기서 리어스의 분석을 제대로 다루기보다는 몇몇 핵심 요점을 지적하고자 한다. 먼저 리어스는 도시화와 세속화가 진정한 것에 대한 사람들의 감각에 장애를 일으키는 원인이 되었다고 주장한다. (통조림 식품, 중앙난방, 배관시설과 같은 기술적 진보를 통해) 생활이 더 편안해짐에 따라 '더 메말라가는' 느낌을 받게 되었다는 것이다. 동시에 도시는 익명성을 제공했는데(이것은 초기 사회학자들에 의해 널리 입증된 사실이다), 리어스에 따르면 이런 상황에서는 개성(personality)이 성품(character)을 능가한다.+ 마찬가지로 사람들이 자신들을 둘러싸고 있는 친숙하지 않은 타인들에게 맞춰 그들의 행동을 조율하고 조정하라는 비교적 새로운 사회적 요구사항은 공허한 자기감(sense of self)을 만들어낸다; 남아 있는 것이라고는 인

+ 익명성을 지닌 대중에게는 특성상 독창적인 개성이 고려되지 않는다. _옮긴이

상 관리(impression management)뿐이었다. 한편 세속화 과정으로 인해 "윤리적 확신은 더 유연해지는" 반면, "경험은 무게감을 잃었다"(p. 10). 심지어 진보적인 신교도 지도자들도 사람들에게 내면을 들여다볼 것을 촉구하고 있었으며 인간이 지닌 잠재능력의 거룩함에 대해 말한 것은 나중에 옥스퍼드 그룹이 성공을 거두는 데 중요했다. 간단히 말해, 리어스는 새롭게 나타나고 있던 치유적 기풍은 "모호한 도덕 세계에서 자기성(selfhood)을 찾기 위한 개인적 탐구"와 관련이 있었다고 적고 있다(p. 29). 자기의 분산은 자기를 다시 공고하게 하려는 운동을 일으켰다. 리어스는 이러한 것들을 자기의 새로운 개념화에 호소하는 소비자 문화를 가능하게 해준 문화적 조건으로 삼는다.

그러나 "재통합된 자기성에 대한 새로운 갈망"(p. 17)과 "자기실현에 대한 탐구"(p. 29), 그리고 특히 이러한 갈망이 리얼리티 프로그램에 대한 비판적 분석의 기초를 제공한 방식은 여기서 특별히 흥미로운데, 리얼리티 프로그램은 그 치유적 요소에 있어 소셜 미디어 및 SNS와 상당한 공통성을 지니고 있다. 토크 쇼의 치유적 기풍에 대한 예시를 둘러싸고 많은 논의가 이루어졌다(유명한 세 가지 사례만 꼽는다면, Carbaugh, 1988; Illouz, 2003; Livingston and Lunt, 1994). 하지만 나는 곧바로 리얼리티 프로그램을 다루고자 하는데, 왜냐하면 리얼리티 프로그램의 경우 "정서를 기반으로 한 진정성 문제가 매우 중요"하기 때문이다(Aslama and Pantti, 2006: 177).

브리짓 그리펀-폴리(Bridget Griffen-Foley)는 리얼리티 프로그램과 이전의 수용자 참여 형식들(이것과 관련해 ≪굿 하우스키핑≫의 상담 칼럼을 이미 언급한 바 있다) 간의 "상당한 역사적 공명"을 지적했다(2004: 544). 마찬가지로 베벌리 스케그스(Beverley Skeggs)가 언급했듯이,

"'리앨러티' 프로그램은 친밀성을 보여주는 것을 통해서 사람됨이 밖으로 드러나는 좀 더 긴 근대성 과정 안에 위치해 있다"(2009: 73). 그녀가 '리앨러티'라는 단어에 따옴표를 사용하는 것은 모든 사람(시청자와 연구자 모두 똑같이)이 리앨러티 프로그램에 대해 스스로 제기하는 "그것이 얼마나 '실재적'인가?"라는 질문을 반영한다. 리앨러티 프로그램이 억지로 짜 맞춘 것임을 모르는 사람은 없는데[실제로 로즈 및 우드는 "억지로 짜 맞춘 진정성"이 정확히 리앨러티 프로그램의 가장 매력적인 특징 가운데 하나라고 말한다(Rose and Wood, 2005: 294)], 이것은 리앨러티 프로그램은 "무엇을 근거로 실재에 대한 그러한 주장을 펴는가?"라는 의문을 제기한다.

안드레제빅(Andrejevic, 2004)이 볼 때, [특히 〈빅 브라더(Big Brother)〉와 같은] 리앨러티 프로그램 참여자들의 진정성을 보장하는 방법은 그들을 지속적으로 감시하는 것이다. 그 정도로 상당한 감시의 대상이 되면 실재가 아닌 허울뿐인 행동을 계속할 수 없다고 우리는 생각하며, 그래서 감시 자체가 진실, 실재성, 그리고 진정성을 약속한다. 정서, 특히 가급적이면 눈물을 동반한 부정적인 정서의 표현은 진정성의 또 다른 보증물이다. 따라서 아슬라마와 판티에게 "고백적 독백은 이 장르의 주된 특징 가운데 하나"이며(Aslama and Pantti, 2006: 168) "정서 표현과 자기공개의 장"이 되었다(p. 172). 이것은 분명 문신사들(tatooists)과 그들의 고객을 다루는 리앨러티 프로그램에 대한 연구에 깔린 전제이다(Woodstock, 2014). 우드스탁(Woodstock)은 〈마이애미 잉크(Miami Ink)〉와 같은 프로그램에 대해 분석했는데, 그 분석의 중심은 문신 시술을 받는 사람들이 자신들의 문신에 대해 하는 이야기와 그들이 왜 특정 이미지를 원했는지에 대한 이야기이다. 그들은 자신들에 대한 이야기를 "개인의 고통과 치유에 초점을 맞춘 치유적 언어를 사용해" 들려준다(p. 782). 더욱이 리앨러티 프로그램은 정서를 드러내 보여주는 것이 중요하다는 이유에서 리앨러티 프로그램에 참여하는 것은 사람들의 자기 이해에 기여하는 경험이 될 수 있다. 안드레제빅이 말하듯이, 리앨러티 프로그램에서 "포괄적인 감시를 자발적으로 감수하는 것은 치유적 경험이 된다"(Andrejevic, 2004: 86).

나는 소셜 미디어라는 플랫폼에 우리가 어떤 식으로든 참여하는 것을 두고 우리가 "포괄적인 감시를 자발적으로 감수"한다는 것을 보여주는 예라고 말하는 것은 꽤 논란의 여지가 있다고 생각한다. 이것을 고려해 많은 학자들이 리앨러티 프로그램과 소셜 미디어 간의 유사성을 살펴보았는데, 이 둘 모두 존 도비(Jon Dovey, 2000)가 말한 '1인칭 미디어'의 예이다. 예를 들어, 스테파논, 라카프와 로젠은 "SNS는 [리앨러티 TV] 프로그램에서 관찰되고 그 프로그램을 본뜬 행동을 재현하는 독득한 플랫폼을 제공한다"고 가정한다(Stefanone, Lackaff and Rosen, 2010: 513). 그들은 "출연자들이 정기적으로 '고백'에 참여하여 자신들의 내밀한 생각과 감정을 방송 시청자들에게 의례적으로 공개하는" 리앨러티 프로그램을 온라인 커뮤니케이션 플랫폼과 유사한 것으로 보는데, 온라인 커뮤니케이션 플랫폼 "역시 점차 증가하고 있는 인터넷 사용자들에게 자신의 생각, 사진, 동영상을 웹에 출판할 수 있게 해주었다"(p. 509). 마찬가지로 레이첼 두브로프스키(Rachel Dubrofsky)도 리앨러티 프로그램에 대한 자신의 이전 연구(Dubrofsky, 2007)를 토대로 감시는 리앨러티 프로그램과 페이스북 간의 핵심 공통분모라고 말하면서, 둘 모두 "지난 10년 동안 엄청난 인기를 끈 미디어 유형으로서, 감시 작업을 하는 기술을 통해 매개됨으로써 (리앨러티 프로그램이

나 페이스북) 참여 주체들이 구성되는 공간을 만들어냈다"라고 주장한다(Dubrofsky, 2011: 113). 로라 포트우드-스페이서(Laura Portwood-Stacer)는 단절성(disconnectivity)에 초점을 맞추는 것이 얼마나 생산적일 수 있는지 보여준다. 그녀는 리얼리티 프로그램을 언급하면서 페이스북 사용을 거부하는 이유를 설명하는 사람들에 대해 이야기한다. 그녀는 페이스북 같은 사이트를 리얼리티 프로그램과 동일시하는 한 대학 교수의 글이 실린 웹사이트를 인용하며, 또한 그녀의 피면접자 가운데 자신이 페이스북을 사용하지 않는 것을 자신이 "리얼리티 프로그램에 나오는 사람"이 되지 않으려는 것과 관련지은 한 남성에 대해서도 이야기한다(Portwood-Stacer, 2013: 1050).

이것에 더해 우리는 리얼리티 프로그램과 소셜 미디어 모두 평범하고 일상적인 것에 초점을 맞춘다는 사실을 관찰할 수 있을 것이다[흥미롭게도 패디 스캐널(Paddy Scannell)은 1950년대의 텔레비전을 "일상생활 미디어 그 자체"라고 기술했다(Scannell, 2009: 208)]. 온라인에서는 이것이 많은 교감적 언어 사용(phatic communication)+에 반영되어 있다(Miller, 2008). 좀 더 일반적으로는 리얼리티 프로그램과 소셜 미디어 모두 통속적이며 또한 보통 사람을 특징으로 내세운다(Turner, 2010 참조. 이 책에는 리얼리티 프로그램과 SNS에 관한 장들이 포함되어 있다).

+ 인사 등 서로 동일 사회의 일원임을 확인하기 위해 언어를 사용한다는 것을 나타내는 언어학 용어 _옮긴이

5. 결론

오늘날 '공유'는 치유적 기풍과 우리 일상생활에서 차지하는 소셜 미디어의 중심성을 압축하고 있기 때문에 매우 강력한 개념이다. 그러나 그 이상으로 '공유'라는 단어는 치유 시대에 자기를 정의하도록 정확히 돕는 진정성을 표현하는 데 있어 소셜 미디어가 어떤 역할을 하는지 우리에게 알려준다. 소셜 미디어 회사들이 '공유'를 마케팅 도구로 이용한다는 사실이 우리가 온라인에서 행하는 것이 실제로 공유가 아니라는 것을 의미하지는 않는다. 오히려 그러한 사실은 연인관계를 포함해(Illouz, 1997) 우리의 대인관계가 정치경제학 바깥에 존재하지 않는다는 것을 우리에게 명확하게 보여준다. 만약 우리 시대가 공유 시대라면, 그것은 한편으로는 친밀한 관계를 구축 및 유지하는 수단이자 자기를 이해하는 수단으로서, 다른 한편으로는 소셜 미디어에 우리가 참여하는 방식으로서의 자기의 진정한 표현이 '공유'로 수렴되기 때문이다.

이것은 소셜 미디어에 우리가 참여하는 것을 '공유'라고 부르는 것이 페이스북과 인스타그램(Instagram) 같은 회사에 분명 도움을 주기는 하지만, 그들이 그러한 용어를 사용하는 것이 우리의 심금을 이용하기 위한 터무니없는 마케팅 술책(만)은 아님을 의미한다. 이 장에서 나는 (거의 100년 전) '공유'가 '의사소통하는 것'을 의미하기 시작했던 시기와 오늘날 소셜 미디어에 우리의 자기를 표현하는 것을 이어주는 선을 그렸다. 우리가 온라인에서 하는 것이 '실제로' 공유라고 말하려는 것은 아니다. 그러나 그것은 옥스퍼드 그룹의 '공유'와 상태 업데이트 간에 중요한 문화적 유사성, 즉 치유 문화에 뿌리를 두고 있는 유사성이 있음을 시사한다. 새뮤얼 마테어스(Samuel Mateus)가 라캉(Lacan)의 '외밀성(extimacy)'+ 개념을 사용한 것이 여기서 유용하다. 그의 생각은 주체는 "자신의 내적 자기를 공개하고 공유함으로써만 내적 자기에 도달할 수 있으며, 개성을 가능하게 해주는 것은 바로 외밀성의 상태"라는 것이다(Mateus, 2010: 69). 당신은 당신의 자기를 다른 사람에게 표현함으로써(혹은 줌으로써), 즉 공유함으로써 당신 자신이 된다.

앨리슨 히언(Alison Hearn, 2010)의 '공개적 친밀성(public intimacy)'에 대한 논의 역시 이러한 공유가 매우 상품화되어 있음을 우리에게 상기시켜주며, 진정성 있는 표현이 어떻게 옥스퍼드 그룹에서와 달리 돈이 되는지 보여준다. 그러나 내가 말하고자 하는 바는 공개적 친밀성의 한 유형(옥스퍼드 그룹을 그 예로 들 수 있다)으로서의 공유의 '원래' 버전이, 비록 그것 자체가 상품화되진 않았지만, 훨씬 더 상품화되어 가고 있었던 사회의 일부였던 맥락에서도 수행되었다는 것이다. 안드레제빅(Andrejevic, 2004)과 리어스(Lears, 1983) 같은 학자에게 이것은 이야기하기로서의 공유 행위가 맨 처음 등장한 것을 이해하는 데 매우 중요하다.

(여기서는 치유적 기풍을 표상하는) 옥스퍼드 그룹의 공유와 소셜 미디어상에서의 공유(예를 들면, 자기를 강화하거나 치유하고 타인과의 관계를 지속하기 위한 목적으로 수행하는, 자기에 대한 진정성 있는 스피치) 간의

+ 라캉은 '무의식은 외부에 있다'는 테제와 함께 외밀성(extimacy)이라는 개념을 제시한다. exterior와 intimacy가 합성된 이 조어는 주체의 정체성의 중핵은 무의식에 있다는 것이다. 무의식은 주체의 내면에 은폐된 것이 아니라 타자가 명명 가능한 상호주관적 구조가 개입해 형성된다는 것을 강조하기 위해 만들어졌다. 무의식의 외밀성으로 인해 주체는 탈중심화되며, 외부와 내부가 접속하는 '내부도 외부도 아닌' 그곳에서 섬뜩한 실재의 차원이 출몰한다. 김소연, 『사랑의 내막: 라캉의 눈으로 김기덕을 보다』(에브리북, 2017) _옮긴이

구조적 연계성에 대한 지적과 더불어, 나는 이 장의 시작 부분에 언급한 바 있는 관찰, 즉 공유 경제뿐만 아니라 치유 문화에서의 공유 또한 사적인 것을 공개하는 것이라는 관찰로 되돌아가고자 한다. 각기 다른 시기에 이루어진 이야기하기로서의 공유 행위에 대한 비판을 살펴봄으로써 우리는 이것을 꽤 깔끔하게 볼 수 있다. 예를 들어, 〈오프라〉의 초대 손님과 트위터를 많이 사용하는 사람은 모두 무의미한 말이나 더할 수 없이 부적절한 콘텐트로 공적 영역을 과잉공유(over-sharing)하거나 오염시킨다는 비난을 받았다(트위터 사용에 관한 이러한 비판에 대한 논의를 보려면, Arceneaux and Weiss, 2010 참조; 오프라 윈프리와 관련된 그와 같은 비판에 대한 논의를 보려면, Illouz, 2003, 특히 ch.8 참조). 두 사례 모두에서 비판의 핵심은 사적인 것과 공적인 것의 경계가 유지되지 않았다는 것과 적절하게 비밀로 해두어야 할 정보가 실제로 공개되고 있다는 것이다. 우리는 심지어 옥스퍼드 그룹에 대해서도 유사한 비판이 가해진 것을 볼 수 있다: "죄를 거리낌 없이 공개적으로 고백하면서 종교의 정서적 측면을 지나치게 강조했다"라고 옥스퍼드 그룹을 혹평한 비판자를 상기하라(Clark, 1951: 167). 치유 문화에서 (온라인에서건 오프라인에서건) 공유는 사적인 것을 희생시키면서 공적인 것을 확대한다.

더욱이 이 과정은 TV 제작사나 소셜 미디어 산업 같은 영리 조직에 의해 점차 매개되었는데, 이는 이 책을 통해 계속 반복되는 주제이다. 리어스(Lears, 1983)는 우리로 하여금 옥스퍼드 그룹이 지닌 '공유'의 문화적·경제적 맥락을 이해하도록 돕는다. 그러나 옥스퍼드 그룹은 분명 회원을 유치하는 데 관심이 있었지만, 그것이 재정적인 관심은 아니었다. 오늘날 에어비앤비, 페이스북, 또는 〈오프라〉에서 공유하는 것은 개인 회사의 부(富)에 기여한다. (옥스퍼드 그룹에서부터 AA, 리앨러티 TV를 거쳐 소셜 미디어에 이르기까지) '공유'의 치유적 의미를 추적하는 것은 가장 긴급한 문제가 무엇인지를 다시 한 번 보여준다. 그 문제는 바로 '공유'가 '실제로' 공유인지 여부가 아니라 이러한 공유의 사회경제적 맥락의 변화와 공유를 매개하는 데 있어 상업적 조직의 힘이 증가했음을 강조하는 것이다.

6

파일 공유

이 장은 파일 공유에 대한 장이다. 디지털 시대의 공유에 대한 책에서 파일 공유를 논하는 데는 여러 가지 이유가 있다. 첫째, 파일 공유는 이 책에서 개발된 공유를 이해하는 이론적 틀이 어떤 특정한 공유 행위와 관련해서도 실행될 수 있는지 살펴보는 기회를 우리에게 제공하기 때문이다. 둘째, 스트리밍의 등장에도 불구하고 파일 공유는 여전히 인터넷을 사용하는 주된 이유 가운데 하나이기 때문이다.[1] 셋째, 파일 공유는 공유의 인센티브 및 잘 정의된 분야 내에서 공유하지 않을 때의 제재에 대해 분석할 수 있게 해주기 때문인데, 이러한 분석은 다른 공유 기업도 이해할 수 있게 해줄 것으로 기대된다.

(분배적인 의미만 지닌 것은 아니지만 여기서는 주로 분배적 의미로 이해되는) 공유에 관한 규범을 시행하는 방법은 많다. 가장 흔한 방법은 사회적인 것이다(유치원 교사들이 '친절하게 공유하지' 않는 어린이에게 훈계하는 것에 대해 생각해보라). 좀 더 나이가 들면, 공유의 규범은 여러 주

고받기 규칙("만약 네가 나와 공유하지 않는다면, 나도 너와 공유하지 않을 거야")에 의해 시행된다(공유의 호혜성이 지닌 중요성에 대한 논의를 보려면, Kennedy, 2016 참조). 때때로 공유의 규범은 문화적 행위 속에 깊이 뿌리박혀 있다. 예를 들어, 수렵-채집 사회에 관한 문화인류학 문헌들은 앞 다투어 이 규범을 보여준다. 그러나 우리는 다음과 같은 간단한 사고 실험을 통해 우리 사회에서 작동하고 있는 공유의 규범을 볼 수 있다: 이웃이 2~3개의 달걀이나 한 컵의 설탕을 달라고 부탁했을 때, 당신 집에 그것들이 있음에도 사람은 자급자족해야 하고 따라서 그들도 그들이 필요로 하는 모든 것을 가지고 있는지 확인하는 법을 배워야 한다고 생각하면서, 그러한 부탁을 거절하는 상황을 상상해보라. 이러한 거절이 말도 안 된다고 생각하는 것은 때때로 공유의 규범을 아무 의심 없이 받아들이게 하는 무언가(인정하건대 꽤 명백한 것)를 말해준다.

그러나 때로 공유가 시행되는 수단은 기술적이다. 예를 들면, 스카이프는 사용자들의 애드 혹 네트워크(ad hoc network)+를 만듦으로써 작동하는데, 이들 모두는 일반적으로 자신도 모르게 주파수 대역폭에 기여한다. 바꾸어 말하면, 스카이프를 사용할 때 우리는 우리의 대역폭을 다른 사용자와 공유하고 있으며 이를 대체할 다른 대안은 없다.

+ 오늘날 무선 네트워크의 경우, 노드와 사용자 이동성은 주로 포워딩을 통해 처리된다. 하지만 이 같은 포워딩 방식은 네트워크 가장자리에 있는 노드(단말기)가 움직일 때만 적용되기 때문에 애드 혹 네트워크처럼 네트워크 중앙에 위치한 노드가 움직이거나 통신 기기가 라우터와 호스트 기능을 동시에 수행하는 경우에는 사용할 수 없다. 따라서 애드 혹 네트워크의 경우, 라우팅 알고리즘이 이동성을 직접 처리한다. 만약 노드가 움직여 트래픽을 다른 쪽으로 강제로 옮기면, 라우팅 프로토콜은 노드의 라우팅 테이블에 일어난 변화를 관리한다. 자료: 위키피디아 _옮긴이

소셜 GPS 앱인 웨이즈(Waze)도 비슷한 방식으로 작동한다. 운전자들은 이동 중에 교통이 정체된 곳을 실시간으로 앎으로써 도움을 받을 수 있는데, 이것은 그들이 어디에 있고 얼마나 빠른 속도로 운전하는지를 웨이즈가 알 수 있을 때만 가능하다. 이 장은 사적인 파일 공유 커뮤니티 맥락에서 공유를 시행하는 여러 기술적 수단에 대해 논의한다. 그러나 우리는 공정한 공유를 보장하는 기술적 해결책조차 규범적인 논의와 예기치 않은 새로운 문제를 야기한다는 점에 주목할 것이다. 또한 파일 공유는 논쟁을 불러일으키는 행위이기는 하지만 다음에서 내가 파일 공유의 윤리에 대해서는 불가지론자라는 점에도 주목해야 한다. 바꾸어 말하면, 나는 파일 공유자들의 행위와 무관한 입장에서 그들을 비판하는 (혹은 지지하는) 데에는 관심이 없다. 그러나 나는 한편으로는 '공유'라는 개념이 그러한 행위를 프레임하는 방식에 대해, 또 다른 한편으로는 특정한 파일 공유자들이 파일 공유의 각기 다른 모델의 윤리에 대해 이야기하는 방식에 대해서는 관심이 있다.

이 장은 두 부분으로 구성되어 있다. 첫째 부분은 '파일 공유'라는 용어 자체에 대한 논의를 포함하는데, 여기서는 파일 공유라는 용어가 적절한 용어이며 정부와 오락산업이 선호하는 은유인 '해적행위(piracy)'보다 오히려 더 낫다고 주장한다. 둘째 부분은 파일 공유의 틈새 측면, 즉 사적인 비트토렌트(BitTorrent) 파일 공유 커뮤니티에 대해 터놓고 이야기한다. 이러한 커뮤니티는 커뮤니티 회원이 공유하는 방법, 지나치게 공유한다고 판단하는 시기, 적절한 양의 공유를 초래하기 위한 유인과 제재, 커뮤니티와 이타주의, 그리고 공유와 자본주의 경제의 차이에 대해 논의하고 있다는 점에서 특히 흥미롭다.

이 두 부분 모두에서 나는 관심의 초점을 파일 공유의 '파일' 부분(이것은 파일의 소유권, 파일 복제의 용이함 등에 대한 논의로 이끈다)에서 '공유' 부분으로 바꾼다. 나는 이것이 파일 공유에 대해 이야기하는 새로운 방식을 열어주기를 희망한다.

1. 파일 공유가 파일 공유로 불리는 이유[2]

파일 공유는 논쟁의 여지가 있다. 이처럼 논쟁의 여지가 있는 행위나 일단의 행위를 둘러싼 논쟁의 한 측면은 그것의 용어에 관한 것이다. 우리는 한편으로는 '해적행위'라는 용어를 사용하고, 다른 한편으로는 '파일 공유'라는 용어를 사용하는데, 이 두 은유적 용어는 각기 상당히 다른 것을 연상시킨다. "은유적 의미의 구조가 우리의 이해에 상당한 영향을 미친다는 점"을 감안할 때(Billig and MacMillan, 2005: 461), 해적행위의 은유를 저작권이 있는 미디어의 디지털 배급에 적용하려는 노력은 아마 놀라운 일이 아닐 것이다(이러한 시도에 대한 날카로운 비판을 보려면, Gillespie, 2009; Mirghani, 2011; Yar, 2008 참조). 그러나 여기서 나는 '파일 공유'에 관심이 있다. 또한 나는 파일 공유를 현대 디지털 문화의 기술적·담론적·제도적 차원들을 함께 묶어주기도 하고 이러한 차원들 간의 이동을 가능하게 해주기도 하는 언어적·개념적 요체로 개념화한다.

여기서 우리는 다음 두 가지 질문에 주의를 기울일 필요가 있다. 첫째, 파일 공유는 왜 '파일 공유'로 불릴까? 이 질문에 답하면서 나는 컴퓨팅이라는 맥락에서 '공유'라는 단어가 사용된 것을 1960년대의 대규모 시간 공유 시스템에서부터 오늘날 널리 퍼져 있는 파일 공유의 의미에 이르기까지 추적한다. 그렇게 하면서 나는 공유 대상이 어떻게 부족함에서 풍요로움으로 바뀌었는지, 그리고 어떻게 하드웨어에서 데이터로 바뀌었는지 보여준다. 둘째 질문은 '파일 공유'라는 용어가 지닌 수사적 힘에 대한 물음이다. 여기서 나는 파일 공유라는 개념이, 이 책의 앞부분에서 기술했듯이, 소중한 사회적 행위로서의 공유에 대한 긍정적인 평가를 반영하고 있다고 주장한다.

이러한 논의의 배경에서 그리고 공유 경제의 경우와 매우 비슷하게 우리는 파일 공유가 '진정한' 공유인지에 대해 이견을 가지고 있는 사람들을 보게 된다. 타임 워너(Time Warner) CEO인 리처드 파슨즈(Richard Parsons)는 의회에서 "그것은 공유가 아닙니다. 그것은 온라인 들치기(online shoplifting)입니다"라고 말했다(Litman, 2004: 23, n.94에서 재인용). 영국의 한 음악 매니저는 다음과 같이 말했다. "나는 그것이 왜 파일 공유라고 불리는지 모르겠다. 그것은 음악을 도둑질하는 것이다"(Andrews, 2009). 파일 공유는 진정한 공유가 아니라는 생각은 경제학자인 스탠 리보위츠(Stan Liebowitz)가 쓴 글과 같은 학문적인 글에서도 발견되는데, 그는 "사람들은 인터넷상을 왔다 갔다 하는 파일을 '공유하지' 않는다"+라고 지적한다(Liebowitz, 2006: 4). 비슷한 맥락에서 수사학자인 존 로지(John Logie)는 P2P 토론의 수사학에 관한 자신의 저서에서 "P2P 파일 전송에 대한 포괄적인 은유로서 '공유'를 무비판적으로 옹호하는 것은 토론을 왜곡한다"라고 주장하면서 P2P 기술 옹호자들에게 "P2P 전송은 전통적으로 우리가 이해하고 있는 그런

\+ 리보위츠는 자신의 논문에서 '파일 공유'는 잘못된 용어이며 '파일 복제(file-copying)'가 더 적절한 용어라고 주장한다. _옮긴이

'공유'가 아님을 인정할 것"을 촉구하고 있다(Logie, 2006: 100). 이에 대해 어떤 사람들은 P2P 전송은 우리가 전통적으로 이해하고 있는 그런 '해적행위'의 한 유형도 아니라고 대응할 수도 있을 것이다[물론 미디어 파일의 디지털 전송은 이제 정확히 대표적인 (혹은 적어도 하나의) 전통적 '공유'와 '해적행위'로 이해된다는 사실은 제외하고 말이다].

'파일 공유'가 기술하는 행위가 새로운 것도 아니고 그러한 행위에 대한 법적인 대응 또한 새로운 것이 아니라는 점을 강조하는 것은 이 용어에 대한 어떠한 논의에도 적절하다. 실제로 첫 저작권법인 '앤여왕법(Statute of Anne)'이 300년 전에 영국에서 도입된 바 있으며 심지어 지난 수십 년 동안에도 (단지 세 가지 재생 기술의 예만 들자면) 복사기, VCR, 그리고 더블 카세트 데크(dual-cassette deck)가 공개적 토론, 법적 토론, 학술적 토론에 불을 붙였다. 그러나 그러한 맥락들에서 논의된 행위는 공유로 기술되지 '않는다'. 그러한 토픽을 다루고 있는 문헌에 대한 전체적인 리뷰는 이 책의 범위를 벗어난다. 그러나 만약 저작권과 법(여기서는 오늘날 우리가 '공유'라고 부르는 행위들이 아주 자세히 논의된다)에 관한 좀 더 중요한 책 몇 권을 살펴보면, '공유'라는 용어는 사람들이 실제로 하고 있는 것을 기술하는 데 결코 사용되지 않는다(이러한 책으로는 다음과 같은 것들이 있다. J. Boyle, 1996; Breyer, 1970; Kaplan, 1967; Ladd, 1982; Laing, 1985; Nimmer, 1969; Patterson, 1968; Plumleigh, 1989). 그뿐만 아니라 유명한 소니 대 유니버설 시티 스튜디오스(Sony Corp. v. Universal City Studios) 소송에도 공유에 대한 언급은 포함되어 있지 않다. 이것은 '파일 공유'라는 용어가 그러한 행위의 '디지털적인' 속성에 비롯되었다는 점과 더불어, 따라서 우리는 그 용어의 유래를 컴퓨팅의 역사에서 찾아야 함을 시사한다.

1) 컴퓨팅에 대한 매우 간략한 역사

최초의 전자 컴퓨터는 제2차 세계대전 당시 미국, 영국 및 독일 과학자들에 의해 만들어졌다. 이러한 컴퓨터는 한 번에 하나의 일만 할 수 있었고, 사용자들이 컴퓨터 연산 능력을 이용하려면 질서 있게 줄을 서야만 했다.+ 그러나 1950년대 말에 이르러 1대의 컴퓨터를 다수 사용자들이 이용할 수 있게 하자는 아이디어가 제기되기 시작했는데, 이러한 행위를 '시간 공유(time sharing)'라 불렀다(Hauben and Hauben, 1997: ch.6). 여기서 '공유'의 의미는 꽤 문자 그대로의 의미로서, 메인프레임 컴퓨터의 시간을 사용자들 사이에 나누는 것이었다. 그러나 그때까지도 이 용어는 컴퓨터 과학자들 사이에서 긍정적인 내포적 의미를 잃지 않았다. 예를 들어, 1955년 한 IBM 고객 집단은 중복된 프로그래밍 노력을 방지하기 위해 컴퓨팅 전문가 단체를 만들었다. 이 단체는 스스로를 SHARE라 불렀는데, 이 단체의 첫 사무국장은 이 단체명이 "이 단체의 목적을 매우 잘 기술하고 있다"라고 말했다(Mapstone and Bernstein, 1980: 363). 이 사용자 집단의 이름은 자발적 참여와 협업뿐만 아니라(Akera, 2001) "협력과 의사소통"(Armer, 1956: 2)의 가치도 전달했으며, 초기 컴퓨팅 산업의 중요한 측면을 반영했다(매우 잘 정리된 컴퓨팅의 역사를 보려면, Campbell-Kelly and Aspray, 1996; Ceruzzi, 1998 참조).

집적 회로와 마이크로프로세서의 발전으로 인해 연산 능력을 메인

+ 컴퓨터가 그리 많지 않았기 때문에 컴퓨터를 이용하려면 전산실 앞에 줄을 서야 했다. _옮긴이

프레임에서 사용자의 단말기로 옮기거나, 대안으로 더 작고 더 값싸지만 더 강력한 소형 컴퓨터를 만드는 것이 가능해지기 시작했는데, 이러한 추이는 1970년대 동안 가속화되었으며 오늘날 우리가 알고 있는 대로 마이크로컴퓨터, 즉 개인 컴퓨터가 채택되는 것으로 나타났다. 컴퓨터 보급은 다른 컴퓨터의 데이터에 어떻게 접근해야 하는가라는 새로운 문제를 야기했다. 그 해결책은 다른 컴퓨터의 디스크 드라이브에 대한 원격 접근을 제공하는 것이었다. 이것은 '디스크 공유(disk sharing)' 또는 '공유된 디스크 접근(shared disk access)'으로 알려졌다.

공유의 논리라는 측면에서 보면 이것은 분배로서의 공유에서 '공동으로 가지고 있는 것'으로서의 공유의 의미로 바뀜을, 다른 말로 하면 '공유하는 것'에서 '공유되는 것'으로 바뀜을 뜻했는데, 우리는 이것을 (컴퓨터 시간과 같은) 제한된 실체를 나누는 것으로 이해되는 공유의 제로섬 게임으로부터 결별한 것으로 이해할 수 있다. 둘째, 시간 공유에서 공유된 자원으로의 이동은 또한 단순히 연산만 하는 기계가 아니라 '정보'를 다루는 기계로서의 컴퓨터의 중요성이 커졌음을 반영한다. 사용자들은 디스크 드라이버의 연산 능력 때문이 아니라 디스크 드라이버가 유용한 데이터를 포함하고 있었기 때문에 원격 디스크 드라이브에 대한 접근이 필요했다.

원격 컴퓨터에 대한 접근이 가능해지자 '파일 공유'도 가능해졌다. 그러나 우리는 공동으로 가지고 있다는 의미에서 공유된 파일에 대한 접근 제공으로서의 파일 공유와 파일의 복제 및 분배로서의 파일 공유를 구분해야 한다. 내가 프린터를 나의 홈 네트워크에서 공유하도록 설치할 때, 이것은 전자의 의미이다. 그러나 지금 우리가 '파일 공유'라는 용어[(저작권이 있는) 영화, 음악 앨범, 책 등을 다운로드 하는 것]를 1999

년 냅스터가 엄청난 인기를 얻게 된 행위[냅스터는 2001년 미국 음반산업협회(Recording Industry Association)에 의해 소송을 당한 후 문을 닫았다]와 연관 짓는 것은 후자의 의미이다. 실제로 어떤 사람들은 냅스터가 '파일 공유'라는 용어를 대중의 의식 속에 자리 잡게 만든 데 직접적인 책임이 있다고 본다(Liebowitz, 2006).

지난 60여 년에 걸친 컴퓨팅 맥락에서 공유의 의미를 간략히 논의함으로써 나는 그러한 맥락에서 공유의 개념 사용이 변화한 데 대해서뿐만 아니라, 파일 공유가 왜 '파일 공유'로 불리게 되었는가라는 질문에 대해서도 약간의 대답을 제공했기를 희망한다. 공유는 늘 컴퓨팅이라는 전문용어의 일부였다. 구체적으로 말하면, 파일 공유 맥락에서는 공유의 의미가 공유를 공유지에 접근하는 것으로 예시화하는 것 같다: 우리는 이것을 시간 공유, 디스크 공유, 공유된 자원, 그리고 (파일을 복사하지 않고) 파일을 원격 사용자들이 접근할 수 있게 하는 것으로 이해될 때의 파일 공유라는 맥락에서 본다. 파일 공유는 메가[Mega, 메가업로드(Megaupload)의 후신]에 의해 대표되는 것과 같은, 적어도 일부 유형의 파일 공유에서 사용자들이 다른 사용자가 접근해서 이용하도록 저장소에 파일을 가져다둔다는 점에서 공유지 모델(model of the commons)과 매우 비슷하다. 그러나 앞에서 언급한 바와 같이 다운로드 하는 사람들은 파일을 다운로드 함으로써 공유지에 있는 어떤 것도 빼앗아가지 않는다는 점에서 공유지와는 다르다: 이 공유지에서는 어떤 비극도 발생하지 않는다(Hardin, 1968).[3]

컴퓨팅에서 (여러 가지 의미로) 공유의 긴 역사를 감안할 때, 파일 공유를 '파일 공유'라고 부르는 것은 자연스러운 단계였다. 이것은 꽤 중요한 방식으로 파일 공유를 해적행위와 구분해준다. 즉, 길레스피

(Gilespie, 2009)와 야르(Yar, 2008)가 초등학생을 상대로 한 해적행위 방지 캠페인에 관한 논문에서 강조한 것처럼, 해적행위는 강자들에 의해 선택된 은유이자 약자들에게는 강요된 은유인 반면(Van Dijk, 1993; Wodak and Meyer, 2001), '파일 공유'는 현장에서 아래로부터 나타난 용어이다. 더욱이 그것은 적어도 1960년대 말까지는 오늘날처럼 소프트웨어 시장이 존재하지 않았던 산업 맥락에서 그러했다: 소프트웨어는 사용자에 의해 내부적으로 개발되거나 하드웨어와 묶음으로 함께 제공되었다; 소프트웨어를 구매한다는 개념이 나온 것은 실제로 소프트웨어를 공유하는 행위가 일어난 이후의 일이다.

우리는 이러한 간략한 역사를 통해 다음과 같은 것을 알게 되었다: ① 이러한 맥락에서 '공유'라는 단어를 사용하는 것은 좀 더 은유적이 되었으며 부분으로 나눈다는 원래의 의미에서 더욱더 멀어졌다; ② 컴퓨팅 맥락에서 공유는 컴퓨팅 자원 부족의 공유에서 풍요의 공유로 극적으로 바뀌었다;[4] ③ 컴퓨터가 연산 기계에서 정보를 생산하고 분석하며 저장하는 기기로 진화함에 따라 공유 대상이 하드웨어에서 정보로 바뀌었다. 이것은 3장에서 기술된 소셜 미디어에서 '공유'라는 단어 사용이 변화한 과정을 상기시키는 변화이다.

2) '파일 공유'라는 (의도하지 않은) 수사

우리는 공유가 어떻게 거의 전 세계적으로 인정되는 행위인지, 그리고 공유가 기술하는 것에 대해 어떻게 공유가 긍정적인 겉치장을 부여하는지를 이미 보았다. 이처럼 어느 모로 보나 좋은 것이라는 의미는 (공유 경제에 대해서도 그런 것처럼) 파일 공유 경우와도 분명 관련이 있으며, 그것은 의심할 여지없이 공유에 반대하는 자들, 여기서는 "그것이 실제로 공유가 아니다"라고 주장하는 많은 정부 및 오락산업 대표들을 겁먹게 만드는 측면이기도 하다. 앞 장에서 보았듯이, 공유는 우리 치유 문화의 핵심 구성요소이며, 공유의 의사소통적 측면은 또한 공유의 분배적 측면과 더불어 '파일 공유'라는 용어에 의해서도 재연되고 있다. 파일 공유 활동과 파일 공유라는 전문용어에 대한 리보위츠의 비판은 이 점을 함축적으로 정리하고 있다. 리보위츠는 파일 공유자들은 "이러한 파일을 함께 경험하지도 않으며 서로 만나거나 심지어 서로 알게 될 가능성도 없기" 때문에 '파일 공유'는 부적절한 명칭이라고 주장한다(Liebowitz, 2006: 4). 리보위츠는 공유는 공유자들 간의 친밀성을 필요로 한다고 말하면서, 파일 공유는 인간적인 것이 개입되지 않기 때문에 공유가 아니라고 주장한다.

파일 공유가 기술하는 것은 분배라는 제로섬 행위가 아니며 또한 우리가 공유의 무지개 효과라고 부를 수도 있는 것이 이 경우에는 적용되는 것처럼 보이지 않기 때문에 해적행위의 측면에서 이야기하는 것을 선호하는 사람들은 '파일 공유'라는 용어에 대해 비판적이다.[5] 그러나 이것은 '공유'의 의사소통적 측면과 우리의 감정과 정서를 공유하는 것이 우리가 사회적 관계를 지속시키는 방식이라는 생각을 무시하는 것이다. 물론 이것은 파일 공유자들이 서로 가깝게 느낀다거나 연결되어 있다고 말하려는 것이 아니다(그러나 그들이 서로 가깝게 느끼거나 연결되어 있을 수도 있다: 일부 파일 공유자들 사이의 공동체 의식에 관해서는, Beekhuyzen and von Hellens, 2009; Cenite, Wang, Peiwen and Chan, 2009 참조). 오히려 나는 파일 공유의 수사에 대해 지적하고자 한다: 그러한 수사는 유형(有形)의 사물을 공유하는 것을 친사회적인 유형의 행동으로 묘사할 뿐만 아니라, 현대의 대인 사교성의 핵심인 정서와 감정의 공유와 같은 무형(無形)의 사물을 공유하는 것도 떠올리게 해준다. 이제 우리는 얼마나 많이 공유하는 것이 적절한가를 둘러싼 토론에서 파일 공유자들 스스로가 이러한 공유의 의미를 어떻게 이용하는지 살펴볼 것이다.

2. 그것은 당신이 공유하는 것이 아니다(그것은 당신이 공유하는 방식이다)

이제 우리는 파일 공유의 명칭이 아니라 파일 공유 행위로 관심을 돌린다(이는 나중에 이 둘을 재결합하기 위해서이다). 이 장의 나머지 부분은 비트토렌트 프로토콜을 사용하는 파일 공유에 관한 것이다. 구체적으로 말하면, 이 장의 나머지 부분은 비트토렌트 프로토콜을 사용해 다운로드 할 수 있는 콘텐트에 대한 링크를 제공하는 사설 회원제 웹사이트에 대한 것으로, 이 웹사이트는 회원들이 그들 자신을 위해 다운로드 하는 만큼이나 다른 사람과 공유하는지 여부를 모니터한다. 훨씬 더 깊이 드릴 다운(drill down)+하고 있는 이 부분은 개인 비트토렌트 사이트 회원들이 호혜적인 방식으로든 그렇지 않은 방식으로든 파일을 공유하고 있는 정도를 모니터하는 데 사용되는 기제를 이야기하는 방식에 대해 살펴본다.

+ 더 많은 정보를 찾기 위해 관련 텍스트나 아이콘 등을 클릭해 마치 뚫고 들어가듯이 검색하는 것 _옮긴이

이러한 사설 파일 공유 커뮤니티를 살펴보는 것이 타당한 이유는 여러 가지이다. 첫째, 그러한 커뮤니티는 파일 공유에 대한 연구라는 맥락에서 비교적 덜 연구된 현상이다. 이것은 부분적으로 파일 공유에 대한 연구가 더 성숙한 것과 관련이 있다; 파일 공유에 대한 연구는 아마도 몇 년 전에는 특징을 구분하는 것이 덜 중요했겠지만 이제는 그러한 특징을 구분하는 데 소홀해서는 안 되는 단계에 다다르고 있다. 그러나 점차 늘어나고 있는 사설 비트토렌트 사이트에 대한 연구들에 따르면 그러한 사이트들이 밝혀야 할 특이한 특징을 가지고 있음이 분명하다. 예를 들어, 우리는 회원들에게 그들이 다운로드 한 만큼 업로드 해줄 것을 요청하는 여러 기제가 의도하지 않은 결과를 초래했는지 여부와 이러한 사실이 공유할 때 받기만 해서는 안 되고 주기도 해야 한다는 널리 퍼져 있는 믿음에 어떤 함의를 갖는지 물어볼 수 있다. 이와 관련해 폐쇄된 파일 공유 커뮤니티에서 공유되고 있는 것은 결코 파일이 아니라 그러한 커뮤니티 내의 통화(通貨) 대용물, 즉 '공유 비율(share ratio)'임이 드러나고 있기 때문에 새로운 변형도 존재한다.

둘째, 이 장의 시작 부분에서 제시했듯이, 사설 비트토렌트 커뮤니티는 공정하게 공유하도록 사람들을 부추기고 설득하는 데 사용되는 당근과 채찍을 살펴볼 수 있는 현시대의 장소를 우리에게 제공한다. 비트토렌팅은 하나의 사회기술적인(sociotechnical) 시스템으로서 꽤 새롭지만(이 프로토콜은 2002년에 공개되었다), 비트토렌팅에 대한 논의를 불러일으키는 이슈는 모든 종류의 공유지를 둘러싼 토론의 전통적인 토픽을 토대로 한다. 이런 점에서 우리는 파일 공유를 살펴봄으로써 공유에 대한 훨씬 더 일반적인 질문을 제기할 수 있다. 예를 들어, 공유 벤처(sharing venture)의 회원들은 공정하게 공유하도록 어떻게 고무되는가? '공정한 공유'는 어떻게 정의되는가? 그리고 공유를 하지 않고 무임승차하는 회원에게는 어떤 제재가 가해지는가? 이러한 질문은 크고 작은 모든 사회나 집단이 대답할 방법을 찾아야 하는 질문들과 비슷하다.

셋째, 파일 공유는 어떤 영역 내에서의 활동을 프레임하고 구성할 때 '공유'라는 단어가 어떤 위치를 차지하는지를 살펴볼 수 있는 또 하나의 행위 영역을 우리에게 제공한다. 바꾸어 말하면, 그러한 영역은 파일 공유 노력의 도덕적 등고선을 만들고자 하는 시도로, '공유'라는 단어가 하나의 자원으로서 명시적으로 강조되는 방식뿐만 아니라 그 단어 자체가 사용되는 방식도 살펴봄으로써 공유의 은유가 작동하는 것을 살펴보고 그것이 작동하는 방식도 조사할 수 있는 장소이다.

1) 토렌팅

현재 파일 공유에는 두 가지 주된 유형이 존재한다.[6] 공유의 관점에서 보면 우리에게 덜 흥미로운 첫째 유형은 킴 닷콤(Kim Dotcom)의 메가.콤(Mega.com)과 같은 사이트로 대표된다. 이러한 사이트들의 경우, 사람들은 파일을 다른 사용자가 다운로드 할 수 있는 중앙 저장소에 업로드 한다. 다운로드 하는 사람들은 링크를 클릭한 다음 해당 파일이 자신들의 컴퓨터에 다운로드 될 때까지 기다리기만 하면 된다. 파일을 다운로드 하는 모든 사람이 동일한 서버에 접속할 것이기 때문에 이러한 유형의 파일 공유는 분명 대역폭 사용 측면에서 중앙 저장소에 대한 높은 수요를 촉발한다.[7] 이러한 유형의 파일 공유는 또한 법집행기관의 표적이 된다.

둘째 유형의 파일 공유는 비트토렌트 기술을 사용한다. 비트토렌트는 세 가지 주된 측면에서 첫째 유형과는 다른데, 이 세 가지 측면은 서로 관련되어 있기도 하다. 첫째, 파일은 청크(chunk)+로 나누어진 다음 개별적으로 다운로드 된 후 사용자의 비트토렌트 클라이언트 소프트웨어를 통해 다시 하나로 종합된다. 둘째, 사용자는 단 하나의 중앙집중화된 소스를 다운로드 하는 것이 아니라, 다른 사용자들로부터 전체 파일을 다운로드 하는데, 다운로드 하는 사람은 다른 사용자들과 함께 임시 P2P 스웜(swarm)++에 연결된다. 셋째, 사용자는 파일을 다운로드 하는 동시에 스웜에 있는 다른 사람들에게 그 파일을 업로드 하고 있는데, 이것은 매우 중요하다. 이것은 방금 언급한 첫째 차이와 관련 있다. 즉, 파일이 청크로 나누어져서 임의의 순서대로 다운로드 되기 때문에, 주어진 시간에 다른 사용자들의 컴퓨터에는 각기 다른 청크가 다운로드 될 것이다. 그래서 사용자 A의 컴퓨터에는 청크 1, 3, 5가 다운로드 되는 반면, 사용자 B의 컴퓨터에는 청크 2와 4가 다운로드 될 수도 있다. 이 시점에서—그리고 이것은 분명 과도한 단순화이다—사용자 A는 자신이 아직 다운로드 하지 못한 청크를 사용자 B로부터 다운로드 할 것이고, 사용자 B는 다운로드 하지 못한 청크를 사용자 A로부터 다운로드 할 것이다. 이것은 본질적으로 공유가 이루어지는 P2P 네트워크이다. 당신은 당신이 이미 다운로드 한 청크를 업로드 해

\+ 대용량의 데이터를 전송할 때 중간 손실의 위험을 없애기 위해 데이터를 일정한 크기로 쪼갠 단위 _옮긴이

++ 같은 파일을 주고받으며 얽혀 있는 시더(seeder), 즉 전체 파일을 배포하는 배포자와, 피어(peer), 즉 전체를 제외하고 같은 파일을 주고받는 클라이언트의 수를 합친 무리를 의미한다. _옮긴이

서 다른 사용자들이 이용할 수 있도록 하지 않고서는 비트토렌트 파일을 다운로드 할 수 없다.[8]

비트토렌트 기술의 성과 가운데 하나는 무임승차 현상을 줄이는 것인데, 무임승차는 현대의 공유 벤처이든 역사 속의 공유 벤처이든 공유 벤처들이 직면했거나 직면하고 있는 문제이다.[9] 실제로 무임승차 문제는 개럿 하딘(Garrett Hardin)으로 하여금 공유지의 종식은 비극이라고 단언하게 만들었다(Hardin, 1968). 앞에서 지적한 바와 같이, 이 문제는 다운로드 하는 사람들이 자신들이 이미 다운로드 한 파일의 일부분을 다른 사용자에게 업로드 하게 함으로써 줄어들었다. 사용자들은 파일을 다운로드 하고자 하는 다른 사람에게 어떤 식으로든 기여하지 않고는 전체 파일을 다운로드 할 수 없다. 만약 비트토렌트라는 인공적 산물에 정치학이 존재한다면(Winner, 1980), 또는 만약 이 기술이 어떤 가치를 암시한다면, 그것은 되돌려주지 않고는 가져가서는 안 된다는 것이며 이상적으로는 가져간 것과 거의 똑같게 되돌려주어야 한다는 것이다.

이 시점에서 우리는 우리 가운데 압도적인 다수가 업로드 속도보다 더 빠른 다운로드 속도를 즐긴다는 관찰 결과를 추가해야 한다. 만약 나의 다운로드 속도가 업로드 속도보다 5배 더 빠르다면, 나는 어떤 토렌트 파일을 다운로드 하는 데 걸리는 시간에 그 파일의 20%를 다시 다른 사용자들에게 성공적으로 업로드 하기만 하면 될 것이다. 그러나 만약 내가 다운로드를 끝내자마자 그 스웜을 떠난다면, 나는 다른 다운로더들이 여전히 필요로 하는 청크에 접속할 수 있는 사용자의 수를 줄이고 있는 것이다. 만약 모든 사람이 이렇게 한다면, 사용자들은 그 토렌트 파일을 다운로드 하는 것을 끝낼 수 없을 것이다. 그렇다면 비트토렌트의 논리와 우리의 인터넷 연결 속성(업로드보다 다운로드가 더 빠른)을 감안할 때, 비트토렌트 기술이 시사하는 공정한 공유라는 관점에서 마땅히 해야 할 일은 다운로드가 끝난 모든 토렌트를 계속해서 다른 사용자를 위해 이용 가능하게 하는 것이다[이것을 시딩(seeding)이라 하며 다운로드만 하고 업로드는 하지 않는 것을 리칭(leeching)이라고 한다].[10] 얼핏 보기에 착한 파일 공유자는 비트토렌트 다운로딩 소프트웨어에 의해 손쉽게 제공되는 정보를 적어도 자신이 다운로드 한 만큼 반드시 업로드 할 것이다. 달리 표현하면, 비트토렌트 프로토콜이 시사하는 것은 규범적으로 말해서 사용자들이 적어도 1의 공유 비율을 유지하는 것을 목표로 해야 한다는 것이다(여기서 공유 비율은 사람들이 업로드 한 데이터의 양을 그들이 다운로드 한 데이터의 양으로 나눈 값을 말하는데, 만약 내가 100GB 파일을 다운로드 한 후 그 파일의 50GB를 다른 사용자들에게 업로드 한다면 나의 공유 비율은 0.5이고, 만약 내가 충분히 길게 시드 해서 200GB를 업로드 한다면 나의 공유 비율은 2가 될 것이다). 내가 파일 다운로드를 끝낸 후에 스웜에 들어온 사용자들은 분명 내가 (혹은 다른 사람이) 비트토렌트 소프트웨어를 오픈해서 자신들이 그것을 다운로드 할 수 있도록 해주기를 바랄 것이다. 실제로 토렌트를 공유할 때 마땅히 해야 할 일은 가능한 한 길게, 적어도 다운로드 한 만큼은 콘텐트를 시드 함으로써 더 많은 콘텐트가 더 많은 사용자에게 더 오랫동안 이용 가능하게 해주는 것이라고 말하는데, 이것은 꽤 일리 있어 보인다.

앞에서 언급했듯이 만약 모든 사람이 단순히 파일을 다운로드만 한 후 자신들의 비트토렌트 클라이언트를 닫아버린다면[이러한 행위를 일컬어 '치고 빠지기(hit-and-running)', 줄여서 HnR이라고 한다], 그 토렌트는 죽을 것이고 다른 사람들은 파일을 다운로드 할 수 없을 것이다. 이러한 종류의 행동은 공개/개방 토렌트 트래커(public/open torrent tracker)로 알려진 데서는 막는 것이 불가능하다. 즉, 피어들(peers)+은 서로 이름을 모르며, 한 사용자의 다운로드 기록을 다른 사용자는 알 수가 없다(내가 연쇄적으로 치고 빠지기를 하는 사용자라는 것을 당신은 모른다. 다른 말로 하면, 사람들은 지켜야 할 평판을 가지고 있지 않다). 만약 당신이 나의 행동을 불쾌하게 생각하더라도, 당신은 당신의 비트토렌트 소프트웨어가 나에게 연결되지 않게 할 수 없는 것이다. 토렌트를 살아 있게 유지하기 위해서는 개별 사용자들이 해당 파일을 위한 디스크 공간을 할당해야 하고 그 파일을 다른 사용자들에게 업로드 하는 데 필요한 대역폭을 할당해야 하기 때문에, 그리고 (아무도 당신이 치고 빠지기를 했다는 것을 모르는 한) 치고 빠지기를 한 사람에게 어떤 결과도 발생하지 않기 때문에, 토렌트의 생명은 짧은 경향이 있다: 토렌트 가운데 40%가 1개월 이내에 사망한다(Kaune et al., 2010). 사설 트래커들이 등장한 것은 부분적으로 이러한 문제를 극복하기 위해서였다.

사설 파일 공유 커뮤니티, 즉 '사설 트래커(private tracker)'는 폐쇄된 온라인 집단이다. 그들은 흔히 음악 또는 음악 장르, TV 프로그램, 또는 어떤 특정한 나라의 문화 콘텐트에 초점을 맞춘다. 사설 트래커들이 공개 비트토렌트 사이트와 구별되는 점은 그들은 각 회원이 업로드 하고 다운로드 한 데이터 양에 대한 기록을 유지한다는 것이다; 즉, 그들은 각 회원의 공유 비율, 회원들이 신규 토렌트를 업로드 함으로써 커뮤니티에 새로운 콘텐트를 제공했는지 여부, 회원들이 다운

\+ 특정 자료(파일)에 접근한 모든 사용자 _옮긴이

로드 한 토렌트를 시드 하고 있는지 아니면 치고 빠지기를 하는지 여부, 그리고 데이터를 업로드 하고 다운로드 하는 속도 등을 안다. 사설 트래커에서 갖는 지위의 토대가 되는 주된 파라미터(paramerter)는 공유 비율과 다른 사용자들에게 업로드 한 데이터의 양이다. 사이트마다 회원들의 공유 비율에 관한 정책이 다르지만, 그들은 (거의) 모두 회원들이 어떤 임계값 이상으로 공유 비율을 유지할 것을 요구한다.[11] 사용자의 공유 비율을 규제하는 시스템은 '공유 비율 시행(share ratio enforcement: SRE)'으로 알려져 있는데, 폴 에이트켄(Paul Aitken)은 비트토렌트 사이트에 대한 문화기술적 연구에서 그 시스템을 "사설 사이트를 공개 비트토렌트 파일 공유의 훨씬 더 평등주의적인 논리와 구별 짓는 단 하나의 가장 좋은 구조적·조직적 요인"이라고 정의했다(Aitken, 2012: 96).[12]

이 장의 나머지 부분에서 우리는 사설 트래커 사이트 회원들이 SRE에 대해 어떻게 생각하는지와 다른 기제들이 수반하는 일부 의도하지 않은 결과에 대해 알게 될 것이다. 또한 다른 사이트의 SRE 시스템에 대한 사용자들의 발언을 통해 '공유'와의 연계성이 어떻게 표현되는지도 보게 될 것이다. 더욱이 이러한 커뮤니티들이 파일 공유 전용이라는 점을 감안할 때, 우리는 공정한 공유의 개념이 어떻게 논의되는지 물어보아야 한다. 사설 파일 공유 커뮤니티에서 파일을 공유하는 가장 좋은(가장 도덕적이고 가장 효율적이며 가장 정당한) 방법에 대한 포럼 분석을 토대로 할 때, 파일 공유자들은 분배의 정의(distributive justice), 게임 이론(game theory), 자본주의 경제 모델 대 사회주의 경제 모델 등을 포함한 여러 복잡한 윤리적 이슈를 직시하는 것 같다.

이들은 그저 우연히 다운로드 하는 사람 이상이라는 점에 특히 주의해야 한다. 대부분의 사설 트래커는 접근 권한을 얻기가 쉽지 않는데, 에이트켄은 사설 트래커의 회원이 되기 위해 반드시 투자해야 할 노동을 "상당한 시간 투자, 상당한 수준의 기술적 역량, 그리고 사설 사이트에 관한 정보를 언제 어디서 찾아야 하는지 알 수 있을 정도의 충분한 '웹 상식'을 필요로 하는 복잡한 과정"이라고 기술하면서 그 노동에 대해 다소 자세하게 적고 있다(Aitken, 2012: 93). 또한 이러한 사용자들은 포럼 쓰레드에 댓글을 달 만큼 파일 공유에 대해 확고한 견해를 가지고 있기도 하다; 즉, 그들은 포럼 게시글을 읽을 뿐만 아니라 자신의 기고문도 쓸 만큼 파일 공유에 충분한 관심을 가지고 있다.

그러나 포럼 게시글 자체를 자세히 조사하기에 앞서 사설 트래커들과 그들의 SRE 기제가 어떻게 작동하는지에 대해 좀 더 잘 이해해보도록 하자.

2) 사설 비트토렌트 트래커

컴퓨터 과학자들은 주로 네트워크 효율성(network efficiency) 관점에서 SRE 시스템들을 연구하면서 여러 사설 트래커가 채택한 그러한 시스템에 상당한 관심을 보여왔다. 이러한 연구들은 우리에게 일부 중요한 배경 정보를 제공할 수 있다. 그러나 앞으로 보게 되겠지만, 그러한 배경 정보에는 한계점이 있다.

최소한 컴퓨터 과학자들에 따르면, 사용자들이 시드 하도록 장려하거나 강요하는 기제를 도입하는 것은 효과가 있는 듯 보인다: 사설 트래커들은 더 나은 다운로드 속도를 제공하며 그들의 토렌트는 더 오래 살아 있다(Chen, Chu and Li, 2012). 그러나 일부 대단히 흥미로운 의도

하지 않은 결과와 기이한 역설 또한 발생했다. 의도하지 않은 첫째 결과는 SRE가 해결하고자 했던 바와 정반대인 문제를 야기한다는 것이다. 만약 사용자들에게 특정한 공유 비율을 유지하도록 요구하는 것이 업로드 하려는 사용자들의 동기화를 최소화하는 문제를 극복한다고 주장한다면, 공유 비율이 일종의 통화(通貨)가 될 때 공유 비율은 '다운로드 동기 저하'라는 문제를 야기한다(Chen, Chu and Li, 2012). 사용자들은 자신들의 공유 비율을 지켜야 할 필요가 있기 때문에 다운로드 하는 데 조심하게 된다. 그러나 한 사용자가 다운로드 하는 각각의 비트(bit)는 다른 사용자가 업로드 하는 하나의 비트이기 때문에, 업로드 하고자 하는 (그래서 자신들의 공유 비율을 향상하고자 하는) 사용자는 다운로드 하기를 꺼리는 다른 사용자와 직면하게 된다(Jia, Rahman, Vinkó, Pouwelse and Epema, 2011).

공유 비율이 낮은 사용자들은 파일을 다운로드 할 수 없기 때문에 이 문제는 그들에게 특히 심각하다. 물론 그들은 새로운 토렌트를 업로드 할 수 있지만, 새로운 토렌트가 리치 된다고(다운로드 된다고) 하더라도, 그리고 그 토렌트가 여러 차례 다운로드 된다고 하더라도, 그 토렌트를 업로드 한 사람이 1차적인 수혜자가 되리라는 보장은 없다. 일단 그 토렌트 전체가 다른 사용자에 의해 리치 되면, 비트토렌트 프로토콜의 또 다른 주요 특징이 나타나기 시작한다: 비트토렌트는 리처(leecher, 다운로드 하는 사람)와 가장 빠른 시더(seeder, 업로드 하는 사람)의 연결을 선호한다. 여기서 사용자들의 인터넷 연결 속도의 차이가 강력하게 작동하기 시작한다: 만약 나의 인터넷 연결 속도는 5Mbps이고 당신의 속도는 100Mbps이며 우리 둘 다 같은 토렌트 스웜에 있다면, 비트토렌트 프로토콜은 사용자들의 다운로드 욕구가 당신을 향하도록 결정한다. 따라서 나의 공유 비율은 정체되어 있는 반면, 당신의 공유 비율은 상승할 것이다. 앞으로 보게 되겠지만, 이것은 스스로 이러한 상태가 공정한지를 묻는 사설 트래커의 회원들에게 무거운 부담을 지우는 이슈이지만, 그 이슈를 다루기에 앞서 우리는 새로운 용어인 '시드박스(seedbox)'를 추가할 필요가 있다.

시드박스는 토렌트를 리치 하고 시드 하기 위해 갖추어져 있는 원격 서버에 있는 공간이다. 어떤 사용자가 시스박스를 빌리는 것은[13] 자신의 토렌트를 저장할 서버 공간을 빌리는 것이어서 통상 100Mbps의 매우 빠른 속도로 업로드와 다운로드를 할 수 있다. (이 속도면 당신은 하나의 DVD 콘텐트를 약 5분 안에 다운로드 할 수 있다.) 공유 비율에 관한 한 시드박스 사용자는 이제 정규 가정 브로드밴드 사용자보다 엄청난 이점을 가지게 된 것이다. 일부 사용자들은 그로 인해 자신들이 시드하는 것, 따라서 자신들의 공유 비율을 향상하는 것(이를 통해 그들은 다른 토렌트를 다운로드 할 수 있게 되는데, 결국 이것이 그들이 거기에 있는 첫째 목적이다)이 더 어려워지기 때문에 이것을 부당한 이점이라고 생각한다.

언급한 대로 컴퓨터 과학 문헌들을 통해 우리는 SRE 시스템을 운영하는 사설 파일 공유 사이트들의 일부 중요한 특징을 이해할 수 있다: 사설 공유 파일 사이트들은 더 빠른 다운로드 속도를 제공하고 토렌트를 더 오래 살아있게 하는 경향이 있다는 점에서 공개 트래커보다 더 낫다. 그리고 사설 공유 파일 사이트들은 공유 비율이 통화인 경제를 만들어내며 공급이 수요를 초과하는 상황을 만들어내는데, 이것은 사설 공유 파일 사이트들이 계속해서 특정한 사용자들(특히 인터넷 접속 속도가 더 느린 사람들)에게 토렌트를 다운로드 할 수 있게 해줄 만큼 충분히 높은 공유 비율을 만들어내는 데 장애물이 될 수 있다(Chen, Chu and Li, 2012; Jia, Rahman, Vinkó, Pouwelse and Epema, 2013; Kash, Lai, Zhang and Zohar, 2012; Liu, Dhungel, Wu, Zhang and Ross, 2010).

그러나 이러한 배경 지식이 필수적이긴 하지만, 행위자 자신이 이러한 시스템에 대해 어떻게 생각하는지, 그리고 그들이 상황을 규제하는 공정하고 정당한 방법을 어떻게 개념화하고 있는지에 대한 우리의 이해에 기여하지는 않는다. 아마 이러한 비판은 그 비판이 부적절하다고 주장함으로써 무시될 수 있을 것이다: 이러저러한 SRE 제도가 지닌 효율성에 대한 논문들은 사용자들이 그러한 제도를 어떻게 이해하는지에 대한 우리의 이해에 기여한다고 주장하지 않는다. 그러나 그러한 논문들은 사설 트래커의 회원에 대한 이치에 맞지 않는 것 같은 가정, 특히 우리가 게임 이론적인 상황에서 합리적인 행위자들을 다루고 있다는 가정을 하고 있다. 예를 들어, 냅스터에서의 공유 유인책에 대한 한 논문은 "행위자들은 경제적 측면에서 합리적이며 자신들의 기대된 효용을 극대화하기 위해 행동한다"라고 가정하고 있다(Golle, Leyton-Brown and Mironov, 2001: 265). 분명 파일 공유에 대해 효용 극대화(utility maximization) 관점을 취하는 파일 공유자도 존재하지만(이들은 특정한 다른 파일 공유자들로부터 비판을 받는다), 연구자들에 따르면 '공유지에서 밀접한 관계를 유지하며 사는(commoning)'+ 영역이나(Caraway, 2012), 선물하기 영역(Giesler, 2006; Giesler and Pohlmann, 2003; Ripeanu, Mowbray, Andrade and Lima, 2006), 또는 적

+ 'commoning'이라는 용어는 역사학자 피터 라인보(Peter Linebaugh)가 그의 저서 『마그나 카르타 선언』에서 사용한 용어로, 사람들이 공유지에서 밀접한 관계를 맺으며 사는 것을 의미한다. _옮긴이

어도 호혜의 영역(Cenite et al., 2009)에서 활동하는 파일 공유자도 존재한다. 마찬가지로 사설 파일 공유 커뮤니티에 대한 비쿠이젠(Beekhuyzen)의 연구 결과는 음악 산업에 관해서는 역방향의 입장이 적어도 부분적으로 파일 공유자들을 동기화하는 요인임을 보여준다(Beekhuyzen and von Hellens, 2009; Beekhuyzen, von Hellens and Nielsen, 2011). 마찬가지로 앤더슨 슈워츠(Andersson Schwartz)는 파일 공유는 그것이 일부로 속해 있는 동일한 문화 교환의 자본주의 체계 위에서 번성한다고 주장하면서 모든 파일 공유자에게 반자본주의적 동기를 부여하는 데 주의를 기울일 것을 촉구한다(Schwartz, 2014; 또한 Tetzlaff, 2000 참조). 한편 공유를 반체제+ 행위로 여기는 사람도 분명 존재한다(Guadamuz, 2002에서 저자가 사이버공간에서 새로운 공유 윤리를 요구하는 부분 참조).

그러므로 행위자들이 이성적이고 최대의 개인 효용을 추구하고 있다고 가정하기보다는, 그들이 자신들이 하고 있는 것에 대해 어떻게 생각하는지 살펴보자. 그리고 그것이 왜 당신이 공유하는 것이 아닌지, 그것이 왜 당신이 공유하는 방식인지 이해하려 노력해보자.

3) 파일 공유에 대해 파일 공유자들이 쓴 글

세 군데 온라인 포럼[한 포럼은 유명한 사설 음악 파일 공유 웹사이트(포럼 1), 다른 하나는 토렌트와 사설 트래커 일반에 대한 토론 전용 공개 포럼

\+ 기존의 체제, 주의, 정책, 기관 등을 부정하는 것을 말한다. 주로 자본주의와 공산주의의 이념 대립에서 이들 체계를 반대하는 운동을 기술하는 데 사용된다. _옮긴이

(포럼 2),[14] 나머지 하나는 토렌트 현장에 대한 이야기 전용 사설 사이트(포럼 3)[15]]에서 SRE와 파일을 공유하는 적절한 방법에 대해 토론이 벌어진 바 있는데, 나는 이 토론을 소개하고자 한다. 나는 포럼 1과 2에서는 2개의 긴 쓰레드를 분석하는데, 한 쓰레드에는 39명의 사용자가 114개의 게시글을 올렸고, 다른 쓰레드에는 55명의 사용자가 146개의 게시글을 올렸다(총 94명이 260개의 게시글을 올렸다). 포럼 3에서는 시드박스와 공유 비율에 대해 토론한 6개의 각기 다른 쓰레드를 분석한다. 이들 쓰레드에는 약 120명의 서로 다른 사용자가 모두 194개의 게시글을 올렸다. 그밖에 나는 7만 명의 파이러트 베이(Pirate Bay)[16] 사용자를 대상으로 설문조사한 리서치 베이(Research Bay) 프로젝트도 활용한다(Larsson et al., 2012). 이 설문조사에는 응답자들이 파일 공유에 대해 자유롭게 쓸 수 있는 주관식 질문도 포함되어 있다.[17] 이러한 주관식 질문에 대한 대답은 검색이 가능하며, 나는 응답자들이 '비율'이라는 단어를 사용한 34개의 대답을 활용한다.[18] 실적 분석용 소프트웨어인 MAXQDA로 모든 텍스트를 불러들인 후 텍스트를 코딩했다.

다음에 나오는 분석은 특정한 관점이 상대적으로 더 널리 퍼져 있다고 주장하는 것이 아니라, (한 사용자에 의해 단지 한 차례만 언급되었더라도) 어떤 관점의 표현 자체를 일단의 문화적 신념을 나타내는 것으로 취급한다. 그렇긴 하지만, 여기서 사용자들이 제기한 주장의 종류가 파일 공유에 대한 이전의 연구에 제시된 주장과 꽤 비슷하다는 점에 주목할 필요가 있다(Aitken, 2012; Giesler and Pohlmann, 2003; Tetzlaff, 2000 참조). 이 게시글을 읽으면서 내가 제시하는 새로운 시각은 평등주의적이고 호혜적인 경제적 관계 양식을 암시하는 것으로서의 '공유' 개념이 토론 내내 반향을 일으킨다는 것이다.

4) 파일 공유, 공유, 그리고 커뮤니티

내가 읽은 포럼 게시글은 SRE와 사설 토렌트 사이트에 대한 다양한 토론을 망라하고 있지만, 이 장의 목적상 나는 분명하게 공유의 개념을 사용하는 게시글에 초점을 맞춘다. 많은 포럼 게시자에게 '공유'는 중요한 자원이다. 실제로 특정 사용자는 그러한 포럼에서의 토론을 공유는 물론 공유와 연관된 공정함과 배려라는 가치의 측면에서 분명하게 프레임한다. 앞으로 보게 되겠지만, SRE 기제와 지나치게 부풀려진 공유 비율을 공유의 측면에서 논의하는 것의 한 가지 흥미로운 결과는 논의의 초점이 개인에서 커뮤니티로 바뀐다는 것이다. 내가 지금 제기하고 있는 주장은 쉽게 이해할 수 있는 인과적 주장은 아니다; 우리가 파일 공유와 공유 비율을 다루고 있기 때문에 사람들이 공정함과 커뮤니티라는 개념을 염두에 두고 있다고 단순하게 말할 수 있는 것은 아니다. 오히려 (그것이 무엇이든) '공유'의 가치를 믿는 파일 공유자들에게 파일 공유는 커뮤니티가 달성하고자 기울이는 노력이며, 커뮤니티의 복지는 그들이 가장 공정한 노동의 분배를 이해하는 방식에 큰 역할을 한다. 역시 앞으로 보게 되겠지만, 커뮤니티에 대한 헌신이 반드시 공유 비율에 대한 전적으로 느슨한 접근으로 해석되지는 않으며, 다음 논의의 후반부에서 우리는 만약 그러한 커뮤니티의 요구를 충족할 수 없는 사용자들이 있을 경우 아마도 그들의 파일 공유 욕구는 다른 곳에서 더 잘 채워질 것이라는 의견을 (대체로 꽤 공손하게) 제시하는 사용자를 만나게 될 것이다.

이들 포럼에서는 공유가 긍정적인 활동으로 많이 언급된다. 포럼 1에 글을 올린 한 게시자는 "공유는 전부이자 본질이다"라고 말한다. 또 다른 게시자는 "나는 나의 물건을 공유하는 걸 좋아한다"라고 말하며, 또 한 사람은 "나는 공유하기 위해 여기에 있다"라고 말한다. 우리는 SRE에 의해 야기된 문제의 창의적인 해결책을 곧 이야기하겠지만, 포럼 2에서 그 문제들의 해결책을 촉진하고자 하는 한 게시자의 글을 지금 인용해보고자 한다. "이것은 모든 사람으로 하여금 공정하게 공유하게 해주면서도 여전히 고속 시더들이 가장 좋아하는 일을 할 수 있게 해준다! 결국 노력하는 사람은 모두 좋은 공유 비율을 유지할 것이며 공유할 수 있다." 여기서는 파일 공유 커뮤니티의 구성 활동을 공유로 정의하는데("모든 사람은 …… 공유할 수 있다"), 공유는 '공정한 공유'라는 문구를 통해 공정함과 관련된다. 바로 그 사용자는 또한 사설 커뮤니티의 일원이 되려면 "공유해야 하며 자신의 본분을 다해야 한다"라고 규정한다. 포럼 3의 게시자들 역시 공유에 대해 이야기하고 있다. 잠시 뒤 우리가 살펴볼 토론의 일환으로 한 게시자는 "사용자들에게 관심을 가지고 있는 모든 트래커"가 해야 할 일에 대해 기술하고 있으며, "공유와 배려"가 목표임을 시사하면서 "만약 공유와 배려가 목표가 아니면 다른 프로토콜로 바꾸라"라고 말한다. 사설 트래커를 가장 잘 체계화하는 방법에 관한 토론에 올라온 또 다른 게시글에서 그 게시자는 "공유는 배려이다"라는 말을 추가하기에 앞서 자신은 "가능한 한 많이 시드 하는 것이 나쁜 것으로 여겨지는지 알지 못했다"라고 적고 있다. 이것들은 다시 한 번 이러한 운율을 맞춘 경구가 얼마나 문화적으로 접근 가능한지,+ 그리고 그것이 사람들의 도덕적 태도를 프레

+ 문화적 접근성(cultural accessibility)이란 서로 다른 문화 출신의 사람들이 접근해서 이용/이해할 수 있는 정도를 말한다. _옮긴이

임 하는데 어떻게 도움을 주는지를 우리에게 보여준다.

이것이 게시자들이 공유의 개념에 시간과 노력을 투자한 게시글의 유일한 예는 아니다. 매우 화가 난 한 게시자는 오버시딩(overseeding)에 대한 쓰레드를 시작했다. 오버시딩은 사용자가 해당 토렌트에 대한 공유 비율이 1에 도달했음에도 계속해서 하나의 토렌트를 시드 하고 그것을 시드 함으로써 아마도 업로드를 해서 공유 비율을 향상해야 할 필요가 있는 다른 사용자가 그 토렌트를 시드 하지 못하도록 막는 것을 말하는데, 이것은 특히 업로드 속도가 매우 빠른 시드박스 사용자에게 적용된다. 그 사용자는 다음과 같이 적고 있다. "나는 파일을 공유하는 것과 해적행위자(a pirate)라고 불리는 것이 무언가 값어치 있는 일을 의미하는 것이라고 생각했다. …… 그것은 누가 최고의 공유 비율 수치를 가지고 있는지 또는 어쩔 수 없이 회원들이 업로드 크레디트를 사거나 다운로드 할 다른 수단에 돈을 지불하게 함으로써 훨씬 더 많은 돈을 쓰게 하는 상태에 빠뜨리는지에 대한 것이 아니라, 공유에 대한 것이었다." 그는 나중에 다음과 같이 덧붙인다. "파일 공유는 공유에 관한 것이고, BT[BitTorrent]는 당신이 받은 것을 되돌려주는 것에 관한 것이다. 후자의 방식이 유지되도록 하기 위해 함께 노력하자." 자신이 "매우 가난하다"라고 밝힌 또 다른 사용자는 "사람들은 여력이 있는 것은 공유하며 그 공유를 통해 모든 사람이 승자가 된다"라는 맑스 사상 때문에 사람들이 해적행위에 이끌린다는 의견을 제시한다. 또 다른 게시자는 "토렌트 시스템은 바로 당신과 같은 다른 사람과 공유하는 것"이라고 정의한다.

공유는 구매 및 판매와는 현저히 다르며(Belk, 2010, 2014), 어떤 사람들은 파일 공유는 돈이 드는 노력이어서는 안 된다고 생각한다. 그러나 포럼 3에 참여한 한 게시자는 시드박스의 존재 때문에 가치 있는 업로드를 위해서는 "시드박스 및 초고속 연결과 경쟁할 수 없는 것을 벌충하기 위해 어떤 식으로든 돈을 쓰지 않을 수 없기 때문에 해적행위는 이래저래 '유료' 서비스가 되고 있다"라고 말한다. 이 게시자는 반복해서 분명하게 "나는 파일 공유가 원래 의도한 대로 무료였고 늘 무료였어야 하는 가능성을 높이기 위해 서비스에 돈을 지불하는 것은 거절한다"라고 주장한다. 포럼 3의 동일한 토론에 참여한 또 다른 게시자는 "트래커로 계속 남아 있기 위해 시드박스를 가져야 한다는 생각은 좀 지나치며, 그것은 내가 옹호하는 모든 것에 상당히 위배된다"라고 말하면서 "계정을 유지하기 위해 회원들에게 시드박스에 억지로 돈을 지불하게 하는 것은 옳지 않다"라고 덧붙인다. 한편 또 다른 게시자는 "당신이 시드박스를 가질 여력이 없거나 빠른 연결 속도를 위해 돈을 지불할 여력이 없다는 것이 당신의 공유 비율이 망가짐을 의미하지는 않는다"라는 의견을 제시한다. 모든 사람이 스스로 조심해야 한다는 메시지가 담긴 소수의 댓글에 대해 한 게시자는 냉소적으로 "모든 사람이 스스로를 그렇게 배려심이 있다는 사실을 알게 되어 좋다"라고 적고 있다.

포럼 3에는 파일 공유에 돈이 들어가고 재정적인 염려를 해야 하는 것에 대한 훨씬 더 노골적인 비판도 존재하는데, 한 사용자(자신이 "매우 가난하다"라고 기술한 그 사람)는 "우리는 자본주의의 덫에 어느 정도 걸려들지 않기 위해 공해(公海)에서 항해를 시작하지 않았는가?"라고 묻는다. 마찬가지로 포럼 3의 또 다른 게시자는 더 많은 사람이 개인보다 커뮤니티를 우선시해주기를 바란다. "사람들은 다른 회원은 뒷전인 채 '자신'을 위해 파일을 얼마나 빨리 얻을 수 있는지에만 신경 쓴다. …… 파일 공유의 정신은 바로 거기에서 파괴되었다." 또 다른 게시자 역시 좀 더 집단주의적인 접근방법을 밀어붙이면서 "다른 사람을 위해 자리를 양보하는 것은 '해적행위자로서' 당신의 책임이다. 만약 시더-리처 비율이 3 대 1에 이르고 연결속도가 괜찮다면, 스웜에서 빠져나와 다른 사람들이 해볼 수 있게 하라"(강조 따옴표 추가)라고 말한다. '해적행위자로서'라는 문구는 해적행위자는 다른 모든 사람과 달리 행동함을, 즉 해적행위자를 나머지 사람들과 구별시키는 일 처리 방식이 존재하며 또한 해적행위자가 하는 일 가운데 하나가 '역시 더 나은 공유 비율을 위해 애쓰고 있는 다른 사람을 위해 이타적으로 자리를 양보하는 것'임을 시사하기 때문에 그러한 표현은 의미심장하다.

홍미롭게도 '공유'라는 개념은 또한 낮은 공유 비율을 갖는 것에 대해 불평하는 사용자들을 별로 인정하지 않는 사람들 가운데 일부에 의해서도 사용된다: 예를 들어, 한 게시자는 그들은 "공유하기를 원하는 게 아니라 그냥 가져가기를 원한다"라고 주장한다. 그들은 공유하기를 원하지만 사설 트래커에서는 시더가 리처보다 우세하기 때문에 공유하지 못한다는 사실과 무관하게, 이 게시자는 공유를 호혜적인 것으로 인식한다; 그/그녀에게 그저 가져가는 것은 파일 공유의 가치 및 목적과 상반된다.

5) 지나치게 많이 공유하는 것에 대한 해결책

여기서 분석한 포럼 게시글에는 오버시딩, 즉 지나치게 많이 공유하는 것의 문제점에 대한 다양한 해결책이 포함되어 있다. 나는 그 해결책을 모두 열거하는 대신(세어보니 제시된 해결책과 제안이 서른다섯 가지가 넘었다), 그 해결책들이 파일 공유자에게 더 적게 그리고 더 느리게 공유할 것을 촉구한다는 점에서 파일 공유에 대한 직관에 반하는 함의를 갖는 것들에 초점을 맞춘다.

한 가지 제안은 시드박스 사용자들이 일반 가정 사용자와 좀 더 비슷해지도록 그들의 업로드 속도를 조절하는 것이다. 이것은 비트토렌트 프로토콜에 의해 기회가 주어지는 매우 빠른 업로더들에 대한 선호를 없애는 효과가 있을 것이다. 물론 이 방법은 다른 모든 사람의 다운로드 속도를 더 느리게 하는 효과도 있을 것인데, 시드박스 사용에 대한 포럼 참여자들의 응답 가운데 많은 응답이 이 점을 자주 지적한다.

둘째 해결책은 공유 비율이 좋고 버퍼(buffer)+가 좋은 사용자들이 자신들이 진정 원하지 않는 파일을 다운로드 해서 자신들의 버퍼를 다시 유통시키는 것이다. 포럼 1의 한 게시자는 자신은 항상 이렇게 한다고 말한다. "나는 hdd(hard disk drive) 공간이 꽉 찰 때까지 하루에 50개의 토렌트를 무작위로 다운로드 한다." 또 다른 게시자는 과거에 자신은 "단지 쓸모없는 것을 다운로드 하기 위해 무작위로 토렌트를 다운로드 했다"라고 말한다.[19]

포럼 게시자들은 사설 트래커 사이트 회원 간의 공유 비율을 고르게 하기 위해 사용자들이 할 수 있는 셋째 해결책을 제안하는데, 바로 시딩 할 필요가 없을 때 시딩을 중단하는 것이다. 이것은 꽤 노동 집약적인 접근방법으로, 사용자들이 무엇을 계속해서 시드 해야 하고 어떤 스웜을 떠나야 할지를 결정하기 위해 자신들이 시드 하고 있는 여러 토렌트의 상태를 분석해야 한다는 점은 인정해야 한다. 여기에

+ 여유 있게 다운로드를 하기 위해 업로드 용량을 미리 채워놓는 것을 말한다. _옮긴이

는 반직관적인 무언가가 존재해서, 결국 파일 공유자가 파일을 공유하지 '못하게' 요구하거나, 또는 적어도 특정 파일과 특정한 조건하에서는 파일을 공유하지 못하게 요구한다. 공유하는 방법을 안다는 것은 곧 언제 공유해서는 안 되는지를 안다는 것이다. 흥미롭게도 이것은 파일 공유에 대해서만 그런 것은 아니다: 『여행 공유하기(Sharing the Journey)』에서 로버트 우쓰노우는 말이 너무 많다는 이유로 한 지원 단체에서 퇴출당한 여성에 대해 기술하고 있다. 그 예에서 그 여성의 말하기 대 청취 비율은 균형이 이루어지지 않았으며 그 커뮤니티는 그녀를 퇴출시켰다.

3. 결론

컴퓨팅에 대한 간략한 역사에서는 '파일 공유'라는 용어가 언제 등장하는지를 찾아냈다면, 이 장에서는 파일 공유가 왜 그렇게 불리는지 그 이유를 살펴보았다. 오늘날 이 용어가 이렇게 불리는 부분적인 이유는 '공유'라는 단어에 의해 촉발되는 긍정적인 연상과 분명 관련 있다. 그러나 이 용어의 기원을 조사해보면 또한 결핍에서 풍요로 컴퓨팅의 조건이 변화한 것과 하드웨어에서 정보로 초점이 변화한 것을 분명하게 알 수 있다.

다음으로 나는 사설 트래커에서의 파일 공유를 면밀하게 살펴보는 세 가지 이유를 제시했다. 첫째 이유는 우리가 그것에 대해 충분히 알지 못하기 때문이었다. 여기서 제시된 분석이 보여주는 것은 사용자들에게 공유 비율을 시행함으로써 사설 트래커들은 여러 의도하지 않은 결과를 파일 공유의 세계에 초래했다는 것이다. 그 가운데 하나는 사설 트래커에서는 당신이 '무엇'을 공유하느냐 하는 것은 문제가 되지 않지만 '얼마나 많이' 공유하느냐 하는 것은 문제가 된다는 것이다. 공유 비율을 향상하기 위한 노력으로 일부 사용자들은 아무 관심도 없는 콘텐트를 다운로드 한 후 그 콘텐트를 다시 다른 사용자를 위해 업로드 한다. 또 하나는 일부 파일 공유자는 다른 파일 공유자들이 지나치게 많이 공유한다고 느끼고 있으며 때때로 공유 행위(다른 파일 공유자에게 콘텐트를 업로드 하는 것)가 실제로 이기적이며 다른 사람에게 해롭다고 느낀다는 것이다. 이것을 통해 우리는 사설 비트토렌트 커뮤니티에서 공유되는 것은 콘텐트가 아니라 공유 비율이며, 공유 비율은 일종의 통화가 되었다는 결론을 내릴 수 있다. 일부 사용자들은 이것이 공정하게 분배되어야 할 자원이라고 분명히 믿고 있다. 만약 사설 비트토렌트 사이트에서 관리되어야 할 필요가 있는 자원이 존재한다면 그것은 콘텐트가 아니라 버퍼라는 데 모두가 동의한다.[20] 버퍼는 어떤 사용자들은 비축하는 반면 또 어떤 사용자들은 자신들이 어려움에 처해 있다고 보는 사람에게 기꺼이 나누어주는 희소성 있는 상품(scarce commodity)이다. 이러한 사이트들이 어떻게 운영되어야 하는지에 대한 토론의 초점은 공유 비율을 확보하고 재분배하는 방법으로, 콘텐트와는 무관하다.

사설 비트토렌트 사이트를 자세하게 살펴보는 둘째 이유는 그러한 사이트에서 사용된 당근과 채찍이 다른 공유 벤처에도 좀 더 일반적으로 적용될 수 있기 때문이었다. 이러한 사이트는 규칙을 어기는 것에 대해서는 확실한 제재(즉, 커뮤니티로부터의 퇴출)를 가한다. 이것은 파일 공유자들에게 휘두르는 꽤 강력한 채찍이다. 커뮤니티 내에서의 지위 형태로도 유인이 제공된다. 때때로 확실한 특권도 주어지지만(예를 들어, 특별 포럼, 새로운 토렌트에 대한 조기 접근 등), 이러한 지위는 대부분 상징적이다[예를 들어, 수퍼유저(Superuser)로 불리는 것]. 어떤 면에서 사설 파일 공유 커뮤니티 내에서의 지위 귀속(attribution of status)은 일반적인 공유 경제 내에 속해 있는 꽤 많은 기업에서 운영되는 평판 시스템과 비슷하다.

이러한 사이트에 대해 연구하는 셋째 이유는 SRE에 대한 찬반 논쟁에서 '공유'라는 단어의 위치를 명확히 하기 위함이다. 앞에 제시된 발췌문에서 우리는 일부 사용자들이 '공유'라는 단어와 매우 강한 동질감을 느끼면서 "공유가 전부이자 본질"이라고 주장하는 것을 볼 수 있다. 일부 사용자들의 경우, '파일 공유'라는 용어를 주도해나가는 것처럼 보인다. 만약 그들의 생각처럼 그것이 "파일 공유"로 불린다면 우리는 우리가 공유하고 있는지를 분명히 해야 한다. 공유와 배려 간의 손쉬운 연관성과 공정한 공유라는 개념도 등장한다. 다른 사용자들은 어떤 특정한 기제—보통 이 시드박스 또는 저 시드박스에 지불한 액수에 비례하는 것이 아니라 필요에 따라 공유 비율을 재분배하는 것을 포함하는 기제—를 옹호하고자 노력하면서 공유의 개념을 사용한다. 이들에게 '공유'는 또한 오락산업에 의해 대표되는 것에 반하는 형태의 소유권을 나타낸다. 어느 쪽이든 우리가 앞의 장들에서 보았던 바와 매우 흡사하게 '공유'는 '배려'와 공정함을 떠올리게 하는 개념으로 사용된다.

비록 파일 공유가 '파일 공유'라고 불리지 않았다 하더라도, 이러한 파일 공유자들은 여전히 파일을 공유해왔을 것이다. 그러나 이 장에 인용된 사례들은 그 단어 자체가 사고 및 자기표현의 유형에 어떻게 영향을 미치고 있는지, 또 그 단어 자체가 사설 비트토렌트 커뮤니티의 파일 공유자들이 거기서 자신들이 발견할 거라고 상상하는 대인관계의 종류에 대한 기대치를 어떻게 설정하고 있는지를 매우 분명히 보여준다. 빌리그와 맥밀런이 주장하듯이, "은유적 의미의 구조는 우리의 이해에 매우 큰 영향을 미친다"(Billig and MacMillan, 2005: 461).

7

결론

'공유'는 우리 삶의 다양한 영역을 대표하게 되었으며, 그러한 영역들은 '공유'라는 용어 아래 수렴되고 있다. 이 말은 일단의 공통 가치와 공유 간의 연관성이 내가 분석한 세 가지 사회 분야에 걸친 우리의 행위와 그러한 행위에 대한 우리의 성찰적 해석(reflexive interpretation)에 영향을 미친다는 뜻이다. 이 책과 이 책이 제공하는 분석의 목적은 친밀한 의사소통의 형식 또는 공유 경제의 형식+인 소셜 미디어에 대한 학문에서 최종 결정을 내리려는 것이 아니다. 오히려 이 책과 이 책이 제공하는 분석의 목적은 '공유'라는 하나의 단어를 살펴보고 그 단어를 통해 오늘날 우리가 어떻게 사는지, 그리고 어떻게 살기를 희망하는지에 대해 무언가를 말하려는 것이었다. 이 마지막 장에서 밝혀나가겠지만, 오늘날 '공유'의 개념은 점차 디지털 영리 기업에 의해 매개

+ 여기서 형식이란 의미, 즉 내용이 표현되는 수단이다. _옮긴이

되는 방식을 통해 사적인 것을 희생한 채 공적인 것을 확대하는 것을 포함한다. 나는 공적인 것을 확대하는 것을 '포함한다'고 했지 공적인 것을 확대하는 것'이다'라고 말하지 않으며, 정도 조절을 나타내는 '점차'라는 부사를 추가하는데, 왜냐하면 '공유'는 의미론적 용어와 실용적 용어 모두에서 의미가 매우 풍성해 단 하나의 문장으로는 '공유'의 전체 의미를 포착할 수 없기 때문이다.

'공유'는 단순한 동음이의어가 아니라 다의적인 동음이의어이다. 이 둘의 차이는 동음이의어의 서로 다른 의미들이 관련되어 있는지 여부와 상관이 있다. 예를 들어, 'spring'이라는 단어의 경우 이 단어의 동음이의어들은 서로 관련이 없다(봄이라는 계절을 나타내는 'spring'은 나선 모양으로 단단히 휘감겨 있는 금속을 나타내는 'spring'과 아무 관련이 없다). 그러나 '공유'의 경우, 이 단어의 동음이의어들은 매우 확실하게 서로 관련되어 있다. 이 책 전체를 통해 논의해온 공유의 서로 다른 예시화들을 연결해주는 것은 우리가 '공유'와 연관 짓는 일단의 가치이다. 이 책의 도입부에서 기술한 바 있고 이 책을 통해 반복적으로 언급되었듯이, 이러한 가치에는 개방성, 정직, 상호성, 평등, 신뢰 등이 포함된다. 그러나 이것이 우리가 어디서나 공유에 대한 이야기를 찾을 수 있고 이러한 가치들을 찾을 수 있음을 의미하는 것은 아니다. 이 책을 통해 내가 보여주고자 했던 것 가운데 하나는 '공유'가 역사적으로 '언제' 이 단어를 사용해 기술하는 행위들과 연관되었는가 하는 것이다: 2장과 5장에서 보았듯이, 특정한 긍정적인 가치들이 특정한 사회적·문화적 시점(특히 1930년대와 1970년대)에 공유와 연관되었다. 이러한 통시적 접근방법은 공유(혹은 '공유')를 본질화(essentialize)⁺하지 않도록, 즉 공유의 의미 가운데 어떤 특정한 것에만 얽매이지 않도록, 우리에게 상기시켜주는 기능을 한다. 통시적 접근방법으로 인해 또한 우리는 현재 공유를 둘러싼 의미의 무리들이 새롭고 광범위하다는 것을 알 수 있다.

의미는 시간이 흐르면서 변한다. 어떤 경우에는 '공유'라는 단어가 이미 사용 중이었고 그 단어에 특정한 가치들이 새롭게 추가되었다. 디지털 공유가 이러한 경우이다: '시간 공유'와 '디스크 공유'는 1950년대와 1960년대에 사용되었던 대로 규범적으로 중립적인 용어였으며, 나눈다는 비은유적이고 비평가적인 의미를 지닌 공유에 가까웠다: 쟁기가 밭을 가는 것은 좋은 것도 아니고 나쁜 것도 아니다. 그러나 '공유'가 파일 공유와 특히 소셜 미디어적 공유로 이동함에 따라, 현재 우리가 아주 손쉽게 공유와 연관 짓는 가치들이 '공유'에 주입되었다. 3장에서 나는 유토피아적으로 말해서 이것 자체가 컴퓨터 및 컴퓨터 네트워크를 구축하는 것과 함수관계에 있다는 의견을 제시했다. 그러나 다른 시기에도 그러한 가치는 이미 존재했고(혹은 존재하는 것으로 기술되었고), 그로 인해 '공유'를 적용하는 것은 자연스러운 것처럼 보인다. 이것의 예로는, 인터넷은 늘 공유에 대한 것이었다거나 고대 부족들은 공유를 중심으로 조직되었다고 말하는 사람들을 들 수 있다. 이러한 서로 다른 방식으로 공유의 은유는 내가 공유의 영역이라 부른 서로 다른 사회 분야들 주위에서 의미를 바꾼다. 물론 이러한 의미 변화 과정은 혼란스러우며 단어—어떠한 단어이든—의 서로 다른 의미들은 때로 중첩된다. 언어학자인 이브 스위처(Eve Sweetser)는 "만약 어떤 단어가

+ 어떤 성질이나 특성을 특정 유형의 사람이나 사물에 기본적이거나 고유한 것으로 특징짓는 것 _옮긴이

그림 7.1 **공유의 영역들**

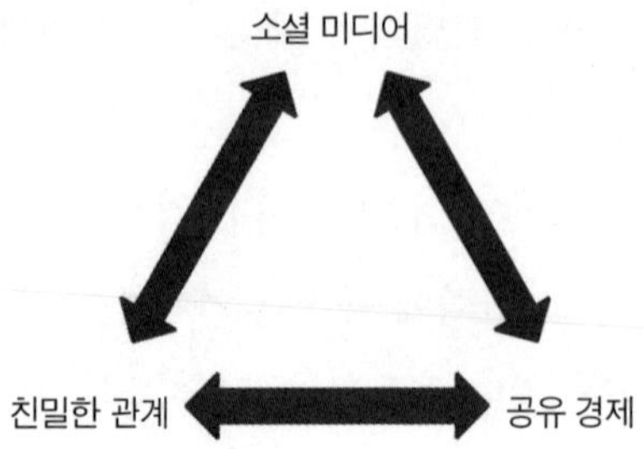

한때는 A를 의미했다가 지금은 B를 의미한다면, 우리는 화자들이 1066년 6월 14일+에 그냥 깨어만 있지 않고 의미를 바꾸었다고 꽤 확신할 수 있다. 좀 더 정확히 말하면, 그 단어가 A와 B 모두를 의미했던 시기가 있었다"라고 우리에게 상기시켜준다(Sweetser, 1990: 9; Larsson, 2013: 617에서 재인용).

이제 우리는 이 책의 도입부에서 제시한 주제로 되돌아가서, 〈그림

+ 1066년 10월 14일은 헤이스팅스 전투가 벌어진 날로, 영국 남동부 헤이스팅스에서 노르망디 공국의 정복왕 윌리엄과 잉글랜드 국왕 해럴드의 군대가 맞붙은 이 전투에서는 노르망디군이 승리했다. 전투 결과, 정복왕 윌리엄은 잉글랜드의 윌리엄 1세로 등극했고, 노르만 왕조가 성립되었다. 이로써 노르만 정복이 완성된 것이다. 프랑스 북부 노르망디에서 온 노르만 정복자들은 그 수는 많지 않았으나 영국인들의 삶에 크나큰 영향을 끼쳤고 결국에는 영어의 발달에도 기여했다. 그 영향으로 영어와 프랑스어에 새로운 단어와 문장이 수도 없이 많이 생겨났다. 영국인이 정복자인 노르만인과 접촉함에 따라 영어와 노르만 프랑스어의 구조도 단순해졌다. 이처럼 고대 영어와 프랑스어는 서로에게 이로운 영향을 끼쳤지만 노르만인이 완전히 뿌리를 내릴 때쯤에는 한쪽 언어만 남게 되었다. 헤이스팅스 전투 이후 영어가 법률, 교육, 행정 분야에서 제자리를 되찾는 데는 200년이나 걸렸다. 하지만 결국에는 영어가 승리했다. 자료: 위키피디아; 필립 구든, 『세계사를 품은 영어 이야기: 카이사르부터 오바마까지』, 서정아 옮김(허니와이즈, 2015) _옮긴이

7.1〉에서 공유의 의미론적 영역들을 연결하는 화살표에 대해 무언가를 말할 수 있다. 소셜 미디어와 공유 경제는 밀접히 연관되어 있다. 오늘날의 공유 경제는 하이-테크 디지털 경제이며(특히 '공유'라는 단어에 디지털이라는 의미가 내포되어 있기 때문이다), 우리는 4장에서 어떤 은유가 실제 행동을 설명하는 데 어떻게 사용되는지를 보여주는 두드러진 예를 통해, 밀레니얼 세대 사이에서 온라인 공유가 어떻게 오프라인에서 물건을 기꺼이 공유하고자 하는 의향의 적어도 부분적인 원인이 되는지 보았다. 친밀한 관계와 공유 경제는 공유 경제(영리 및 비영리 모두)에 의해 옹호되는 대인관계의 종류가 치유 문화에 의해 촉진되는 대인관계의 종류와 비슷하다는 점에서 관련되어 있다: 이것은 정직, 신뢰, 타인에 대한 존중 등을 토대로 하는 관계이다[위셰어가 주최한 공유 경제 행사에서 권장된 포옹을 상기하라]. 공유 경제는 디지털일 뿐만 아니라 (최소한 선언적 수준에서) 자본주의에 의해 야기된 기능적이고 차가우며 인간미 없는 관계를 신뢰할 수 있는 유대와 공동체 의식, 그리고 진정성으로 대체하기 위해 애쓴다. 마찬가지로 일의 논리, 즉 시장의 논리와 전혀 다른 논리에 따르면, 친밀한 유대관계 또한 작용하고 있는 것으로 여겨진다. 마지막으로 소셜 미디어상에서의 공유와 이야기의 한 유형으로서의 공유 간의 연관성은 주로 이 둘 모두 진정성 있는 의사소통을 토대로 자기 및 타인과의 관계를 본다는 점에서 존속된다. 존 더럼 피터스(John Durham Peters) 또한 이 둘을 연관 지은 바 있다. 그는 "기술적 비전과 치유적 비전"에 대해 논의하면서, 이러한 두 비전 모두 "인간의 접촉에서 생기는 장애와 문제는 더 나은 기술이나 더 나은 관계 기법에 의해 해결될 수 있다"라고 주장한다(Peters, 1999: 29). 다시 말하지만, 이것은 모든 소셜 미디어 커뮤니케이션이

반드시 진정성 있으며 정직하다거나, 우리의 중요한 타자와의 모든 커뮤니케이션이 반드시 진정성 있으며 정직하다고 말하려는 것이 아니다. 여기서 말하려는 바는 그럼에도 두 경우 모두에서 공유의 개념은 (구어 및/혹은 문어) 텍스트를 통한 자기표현과 자기 구성을 의미한다는 것이다.

이 책을 통해 보아왔듯이, 공유 행위는 늘 양다리를 걸치고 있으며 때로는 도전하고 계속해서 변하면서 서로를 투과하는 공적인 것과 사적인 것 간의 경계에 이의를 제기한다. 좀 더 정확하지만 좀 더 장황하게 말하자면, 우리는 실제로 공적인 것과 사적인 것으로 '지각되는' 것에 대해서 이야기해야 한다. 훨씬 더 장황하지만 좀 더 정확하게 말하자면, 우리는 공유 행위가 적절하게 공적 영역에 속해 있는 것으로 지각되는 것과 적절하게 사적 영역에 속해 있는 것으로 지각되는 것 간의 흐릿한 경계선 위에 양다리를 걸치고 있다고 말해야 한다. 내가 이렇게 표현하는 이유는, 한편으로는 공적인 것과 사적인 것의 사회적으로 구성된 특성의 요점만 추출하지 않기 위해서이고, 다른 한편으로는 (그리고 앞의 것과 관련된 것으로) 공적인 것과 사적인 것의 가변성을 강조하기 위해서이다. 이런 점에서 우리가 소셜 미디어의 구성 활동으로서의 공유에 대해서 이야기하든, 생산 및 소비 모델로서의 공유에 대해서 이야기하든, 아니면 이야기의 한 유형으로서의 공유에 대해서 이야기하든 공유는 (사적인 것에서 공적인 것으로의) 방향성을 가지고 있다.

온라인 공유가 사적인 것을 희생시킨 채 공적인 것을 확대한다고 말하는 것은 진부한 느낌이 든다(인터넷과 관련해서 공적인 것과 사적인 것 간의 경계의 변화에 관해서는, Ford, 2011; Lasén and Gómez-Cruz, 2009

참조). 결국 공적인 것이 기본값(default)이다.[1] 소셜 미디어에서 그리고 다른 디지털 맥락에서 공유는 분배하는 것, 다른 사람[혹은 허미다(Hermida, 2014)가 주장했듯이, 모든 사람]에게 말하는 것, 그리고 확실하게 혼자만 간직하지 않는 것을 의미한다. 리얼리티 TV 프로그램의 논리를 확대하면, 소셜 미디어상에서의 공유는 일반인으로 하여금 일상적인 것을 볼 수 있게 해준다(Marwick, 2012). 이런 점에서 페이스북 프로필을 전 세계 사람이 볼 수 있게 할 것인지 아니면 사용자의 친구만 볼 수 있게 할 것인지는 아무런 문제가 되지 않는다. 5장에서 우리는 '과잉공유(over-sharing)'의 개념을 살펴보았는데, 오버셰어러스.콤(oversharers.com)의 예 가운데는 한 어머니가 화장실에서 처음으로 눈 아이의 대변 사진을 올린 것과 건물 계단에서 섹스하는 것에 대한 기술이 포함되어 있다. 간단히 말해, 과잉공유는 사람들이 "그들의 삶에서 난처할 정도로 은밀한 (혹은 역겹거나 혐오스러운) 세부사항"을 게시하는 것을 말한다.[2] '과잉공유'의 함의는 정상적인 양을 공유하는 것이 좋다는 것이다. 더욱이 '과잉공유'라는 용어가 조어(造語)이고 이 말이 널리 채택되었다는 사실 자체(이 단어는 웹스터 사전에 2008년 올해의 단어로 등재되었다)가 부정적인 말로 공유에 대해서 이야기하는 것이 얼마나 어려운지를 반영한다. 이런 점에서 오늘날 '공유'는 윌리엄스가 『키워드』에서 '공동체'에 대해 쓴 다음의 말과도 같다: '공동체'는 "결코 비호의적으로 사용된 적이 없는 단어이다"(Williams, 1976: 5).

생산 및 소비를 위한 모델로서의 공유의 개념은 공유지 개념과 밀접히 연관되어 있다. 누군가가 빵을 동료와 공유할 때, 그들은 그 빵의 소유권을 그들 자신으로부터 일종의 공동소유권으로 옮기고 있는 것이다. 실제로 협업적 소비 분야에서 우리는 공적인 것과 사적인 것이 재

구성되는 것을 분명히 볼 수 있다: 예를 들어, 카우치서핑(Couchsurfing)은 낯선 이를 자신의 집에 초대해 (무료로) 소파에서 잠을 자게 해주며, 수많은 온라인 카풀제는 낯선 이가 자신의 차에 타는 것을 허락한다. 나는 5장에서 논의된 논쟁을 재점화하지 않고 당신이 사용하지 않을 때 누군가가 당신의 물건을 사용하도록 허락하는 것과 당신이 사용하지 않을 때 그들이 사용료를 내고 당신의 물건을 사용하는 것 간에는 차이가 있음을 인정한다. 전자의 경우는 당신의 물건(혹은 시간, 또는 그 어떤 것)이 공적 영역에 기여하는 한 방식이며, 후자의 경우는 당신의 물건이 당신에게 돈을 벌어다주는 한 방식이다. 그러나 내가 주장하고자 하는 바는 두 경우 모두에서 당신은 다른 사람이, 많은 경우 낯선 사람이, 당신의 물건을 이용할 수 있게 하고 있다는 것이다. 이와 관련해 어떤 기업이 공개될(public) 때, 그 기업은 주식(shares)을 팔기 시작한다. 공유(sharing)와 공공성(publicness)은 어떻게든 다시 합쳐지는 것 같다.

스피치의 한 범주로서의 공유 역시 공적인 것과 사적인 것 간의 경계가 변화하는 것과 관계가 있다. 예를 들어, 공유가 구성 활동인 지원 단체에서 사람들은 자신의 사적인 문제에 대해 이야기하고 그러한 문제를 공적 영역(혹은 최소한 그 집단의 영역)에 갖다놓는다. 좀 더 일반적으로, 친밀한 사람 간의 의사소통의 한 유형으로서의 공유는 오늘날 치유 문화의 중심인데, 여기서 문화적으로 받아들여지는 갈등 해소와 문제 해결 방식은 이야기를 통한 방식이다. 여기서 주장하고자 하는 바는 현대의 친밀한 관계[기든스는 이것을 '순수한 관계(pure relationship)'라고 부른다(Giddens, 1992)]는 자기에 대한 지식, 중요한 타자의 자기에 대한 지식, 그리고 그러한 지식을 이야기를 통해 파트너들 사이에 전해주는 것을 토대로 한다. 이런 점에서 자기는 덜 사적이다. 여기서 말하려는 바는, 우리가 우리의 자기를 완전히 공적인 것으로 만든다는 것이 아니라, 우리는 우리가 '공유'라고 부르는 종류의 스피치를 통해 다른 사람으로 하여금 우리의 자기들(our selves)을 좀 더 알게 한다는 것이다. 그리고 우리는 거의 50년 전과 비교할 때 훨씬 더 많이 그렇게 한다.

데이브 에거스(Dave Eggers)의 소설 『더 서클(The Circle)』(2013)에는 공유하라는 명령에 대한 패러디(와 공유의 영역들이 서로 관련되는 방식에 대한 예시)가 등장한다. 이 책은 고속 승진하는 신입직원 메이(Mae)의 경험을 통해 알게 되는 실리콘 밸리(Silicon Valley)의 한 기술 회사에 대해 기술하고 있다(강력한 페이스북과 구글을 생각해보라). 이 회사의 전체주의적인 슬로건은 다음과 같다. "비밀은 거짓말이다. 공유는 배려이다. 프라이버시는 절도이다." 이 회사는 모든 사람이 행하고 궁극적으로 생각하는 모든 것으로부터 모든 사람이 이득을 볼 수 있도록 공개되는 세계를 만들기 위해 애쓰고 있다. 따라서 메이가 약간의 고독을 찾아 아름다운 심야 카누 여행을 떠나면서 여행 사진을 온라인에 게시하지 않자 사장인 이몬(Eamon)은 그녀를 불러 그녀의 행동을 설명하라고 요구한다. 나중에 회사 직원들 앞에서 이루어진 인터뷰 겸 좌담에서 메이는 사장에게 했던 말을 다시 한다.

> 그건 정말 이기적이었어요, 이몬. 이기적이었다는 말 외엔 달리 할 말이 없습니다. 그건 어린이가 자신이 좋아하는 장난감을 함께 가지고 놀지 않으려는 것과 같아요. 나는 비밀을 유지하는 것이, 음, 도리를 벗어난 행동의 일부라는 것을 이해합니다. 그것은 밝게 빛나고 너그러움이 있는 곳이 아니라 나쁜 곳에서 옵니다. 그리고 내가 그랬던 것처럼 당신이 당신의 친구에게서 …… 경험을 빼앗을 때, 당신은 근본적으로 그들

의 것을 훔치는 것입니다. 당신은 그들이 가질 권리가 있는 무언가를 그들에게서 빼앗고 있습니다. 지식은 기본적인 인간의 권리입니다. 모든 가능한 인간의 경험에 대해 동등하게 접근하는 것은 기본적인 인간의 권리입니다.

……

나는 당신이 따라해주기를 바라는 것이 있습니다.

이거 참 창피하기는 하지만, 나는 공유는 배려라고 말했습니다. …… 나는 그것이 간단하다고 생각합니다. 만약 당신이 친애하는 동료들에게 관심이 있다면, 당신은 당신이 알고 있는 것을 그들과 공유합니다. 당신은 당신이 보는 것을 공유합니다. 당신은 당신이 할 수 있는 그 어떤 것도 그들에게 줍니다. 만약 당신이 그들의 곤경과 그들의 고통과 그들의 호기심과 이 세계에 있는 그 어떤 것에 대해 배우고 그것을 알 그들의 권리에 관심이 있다면, 당신은 그들과 공유합니다. 당신은 당신이 가지고 있는 것과 당신이 보는 것과 당신이 알고 있는 것을 공유합니다. 나에게 그러한 논리는 부인할 수 없는 것입니다(Eggers, 2013: 301~302).

이 발췌문에서 메이는 공유의 다양한 의미를 펼쳐 보여주고 있다. 먼저 그녀는 공유의 의사소통적 의미와 분배적 의미 간의 차이를 숨긴 채 자신의 카누 여행에 대해 이야기하지 않은 것을 좋아하는 장난감을 공유하지 않는 어린이와 비교하고 있다. 만약 당신이 사람들에게 관심이 있다면 당신은 "당신이 가지고 있는 것과 당신이 보는 것"을 그들과 공유할 것이라고 말하면서 그녀는 또 다시 이렇게 비교한다. 공유는 당신이 다른 사람들에게 헌신하는 것으로 예시화된다; 공유하지 않는 것, 더 나쁘게는 의도적으로 공유를 피하는 것은 이기적임과 일탈을 나타내는 신호이다.

『더 서클』에서 공유는 엄격한 자본주의적인 체계라는 맥락에서 기술의 도움을 받는 철저한 공개성(radical publicness)[3]을 의미한다. 메이가 공유하는 정보는 그 정보의 상업적 가치로 이익을 얻으며, 메이는 자신의 노동+과 가족으로부터 소외된 채 여전히 외로운 개인으로 남아 있다. 에거스의 책 전체를 통해 공유가 배려와 동일시됨에도 불구하고 공유가 커뮤니타스(communitas)++로의 복귀를 알린다는 암시는 없다. 궁극적으로 공유에 대한 약속은 지켜지지 않는다. 나는 리처드 바브룩(Richard Barbrook)과 앤디 캐머런(Andy Cameron)이 "샌프란시스코의 문화적 자유분방함과 실리콘 밸리 하이테크 산업의 기이한 결합"의 결과이자 "히피들의 자유분방한 영혼과 여피(yuppie)+++들의 기업가적 열의"의 결합이라고 기술한 '캘리포니아 이데올로기(Californian Ideology)'++++의 실현을 에거스가 기술하고 있다고 생각한다(Barbrook and Cameron, 1996: 44~45). 이것은 우리가 에거스가 말하는 공유를 캘

+ 마르크스는 노동 소외가 자본주의만의 특징이라고 본다. 그의 관점에서 보면, 자본주의 사회에서 노동을 하는 노동자들은 인생에서 정말 중요한 네 가지로부터 소외되고 있다. '노동의 생산물'로부터의 소외, '노동의 과정'에서의 소외, '인간류(人間類)의 고유한 특성'으로부터의 소외, '인간'으로부터의 소외가 그것이다(http://happeningsss.tistory.com/entry/노동) _옮긴이

++ 영국 출신의 사회인류학자 빅터 터너(Victor Turner)가 제창한 개념이다. 사회관계에는 두 가지 양식이 있는데 하나는 정치적·법적·경제적 지위가 구조화되고 분화된 계급적인 체계로서의 양식이고, 다른 하나는 평등한 개인으로 구성된 미조직이고 미분화된 중간집단으로서의 양식이다. 이 후자를 그는 '커뮤니타스'라고 했다. 터너는 사회생활이란 구조와 커뮤니타스를 연속적으로 경험하는 변증법적 과정이라고 이해했다. 커뮤니타스의 예로는 양의(兩義)적 심벌리즘(symbolism)이 나타나는 통과의례의 경계단계, 천년왕국운동, 카니발 등을 들 수 있다. 자료: 『21세기 정치학대사전』(한국사전연구사). _옮긴이

+++ 도시에 사는 젊고 세련된 고소득 전문직 종사자 _옮긴이

++++ 캘리포니아로 상징되는 자유주의의 문화적·정치적·경제적 이념 _옮긴이

리포니아 이데올로기의 슬로건—"낙관주의적이고 해방적이지만, 태어난 사회의 양극화"에 대해서는 눈을 감는(Barbrook and Cameron, 1996: 62)—의 기본 원리로 제안할 수 있음을 시사하면서 『더 서클』을 꽤 잘 기술하고 있다.

버닝 맨(Burning Man)은 캘리포니아 이데올로기의 연례 페스티벌이다. 버닝 맨과 실리콘 밸리, 특히 구글은 이미 여러 차례 제휴를 맺었으며(주목할 만한 두 사례는 Kozinets, 2002; Turner, 2009), 이 페스티벌의 특징 역시 언론의 엄청난 주목을 끌고 있다. 터너는 페스티벌 전체를 하이테크 제품 개발팀의 일시적 속성에 비교하면서 버닝 맨이 실리콘 밸리 문화를 풍자하는 것으로 본다. 그러나 거래관계가 맺어지고 일과 관련된 네트워크가 형성되고 강화되면서 그러한 제휴가 풍자적이지만은 않다; 또한 구글 자체가 그 페스티벌의 지도(위성, 3D) 대부분을 제작하기도 해서 구글과 버닝 맨의 제휴가 구글 브랜드의 일부가 될 정도였다.[4] 터너는 "공유지 기반 동료 생산(commons-based peer production)"(Benkler, 2006)이라는 개념을 사용함으로써 버닝 맨을, 일시적인 공유 경제이긴 하지만, 공유 경제로 묘사한다. 실제로 터너는 그러한 일시성이 바로 요점이라고 주장한다. "시장과의 연을 끊음"[5]으로써 버닝 맨 참여자들은 실제로 "그들의 실패를 만회한다"(Turner, 2009: 91).

로버트 코지네츠(Robert Kozinets) 역시 "버닝 맨과 시장 체계 간의 불가피하게 투과적인 경계"를 해결하기 위해 노력하고 있다(Kozinets, 2002: 31). 먼저 그는 버닝 맨이 사람들에게 공유하고 배려하는 공동체에서 사는 경험을 제공함으로써 "지배적인 시장 논리에 의해 손상된 공동체적 기풍을 예증한다"라고 말한다(p. 33). 코지네츠는 예로서 "상업적 거래 금지령이 사람들을 서로 더 가까이 다가가게 했고 그럼으로써 배려하고 공유하는 공동체 개념이 형성되게 도와주었다"라고 믿은 한 제보자에 대해 말한다(p. 28). 코지네츠 논문의 핵심 측면은 의사소통적인 측면이다: 그는 "개인화된 상호작용"(p. 29), "자기표현"(p. 26), 그리고 초기 미국 광고산업에 관한 저서에서 리어스(Lears, 1995)가 기술한 것과 동일한 "치유적 언어"에 대해 이야기한다. 실제로 공유와 배려는 그 페스티벌에 대한 코지네츠의 문화기술적 연구에서 뚜렷이 드러나는 특징이다. 그러나 코지네츠 역시 터너처럼 그 페스티벌의 체제 파괴적인 잠재력에 대해 복잡한 해석을 내린다. 실제로 코지네츠가 소비에 초점을 맞추는 것이 터너가 생산에 주목하는 것을 보완하다고 말할 사람도 있을 것이다. 버닝 맨의 카타르시스는 "궁극적으로 시장 체계를 받쳐주는 것이다"라고 코지네츠는 말하지만(Kozinets, 2002: 36), 동시에 그것은 우리에게 ("어떤 사람들에게 그리고 때때로") "해방과 현대 소비자 문화에서 시장과 공동체가 수행하는 역할"에 대해 생각해보도록 요청한다(p. 37).

버닝 맨에서의 공유는 내가 오늘날 이 단어에 대해서 보여주고자 하는 것의 상당 부분을 잘 포착해서 보여주고 있다. 버닝 맨은 반문화적이면서 체제 파괴적이고; 버닝 맨은 하이테크 분야와의 제휴를 분명하게 보여주며; 또한 버닝 맨은 진정성 있는 의사소통, 평등, 신뢰, 타인의 수용, 상호관계를 토대로 하는 대인관계 양식을 촉진한다. 그럼에도 2014년 유급 직원을 둔 사치스러운 캠프의 존재를 결코 무시할 수 없게 되면서 그 페스티벌은 어느 정도 오명을 입었다. 철저한 포괄주의(radical inclusion),+ 철저한 자기의존(self-reliance), 탈상품화(decommodification)++라는 그 페스티벌의 원칙을 위반하면서 사치스러운 캠프 사설 조직자들은 표를 2만 달러에 팔았고 손목 밴드를 착용한 유료 고객에게는 냉방시설이 된 곳에서 모든 식사를 제공하겠다고 약속했다.[6] 반발이 일자 캠프 조직자들은 "턴키 캠프(turnkey camp)"[7][버닝 맨과 기술 분야 간의 연계를 우리가 알고 있지 못할 경우에 대비해 "플러그 앤드 플레이(plug and play)" 캠프로도 알려져 있다]에 대한 규칙을 바꾸었으며 또한 그 페스티벌의 원칙에 대한 자신들의 약속도 바꾸었다. '공유'라는 단어와 마찬가지로 버닝 맨의 의미와 버닝 맨이 주는 느낌을 둘러싸고도 논쟁이 벌어지고 있다.

이 책을 통해 본 것처럼 공유의 개념이 공유가 약속하는 바에 늘 부응하는 것은 아니다. 때로 그것은 정말 아무런 약속을 하지 않거나 마지못해 약속할 뿐이다. 예를 들어, 내가 나의 홈 네트워크에 프린트 공유를 설정해놓을 때, 나는 공유와 관련된 어떠한 가치도 경험하지 않고; 그러한 가치들을 경험하려는 뜻도 없으며; "그것은 실제로 공유가 아니다"라고 선언하고픈 생각도 분명히 들지 않는다. 바꾸어 말하면, 공유의 약속은 맥락 의존적(context dependent)이다. 그러나 특히 공유가 배려가 되었고 무지개와 연관된 넓은 맥락은 공유를 착취적이고 서로를 소원하게 만들 염려가 있는 넓은 맥락이기도 하다. 이것은 코지네츠(Kozinet, 2002)와 터너(Turner, 2009)의 버닝 맨에 대한 분석에서 내가 얻은 교훈이다. 실용적으로 말하자면 공유는 자본주의에 대한 하나의 대안이며, 동시에 자본주의의 최첨단에 우리가 참여하는 방식이다. 공유는 내가 나의 중요한 타자와 중요한 개인적 문제를 논의하고

+ 공동체의 모든 구성원을 위해 테마 캠프가 구성되어야 한다는 것을 의미한다. _옮긴이

++ 테마 캠프가 어떤 회사나 단체의 홍보 목적으로 기획되어서는 안 된다는 것을 의미한다. _옮긴이

자 할 때 내가 사용하는 의사소통 유형의 이름이지만, 내가 커뮤니케이션 기술의 도움을 받아 공유를 할 때, 나의 의사소통은 상품화된다. 이것은 오늘날 '공유'(와 공유)의 역설이다.

'공유'는 디지털 문화와 치유 문화와 매력적인 경제 모델을 결합한다. 한편으로 '공유'라는 단어는 우리가 오늘날 어떻게 살지를 이해하려고 애쓸 때 우리에게 흥미로운 방향을 가르쳐주는 유용한 도구이다. 다른 한편으로 이러한 사회적 영역들 간의 연계성은 '공유'라는 단어에 의해서뿐만 아니라 그 단어와 연관된 가치에 의해서도 구성되는데, 그러한 가치는 별로 힘들이지 않고 습득되어 한 영역에서 다른 영역으로 이동한다. 따라서 '공유'는 자기발견적인 것이 아니라 우리가 살면서 신조로 삼는 은유이다.

공유의 개념은 다음과 같은 일단의 가치를 약속한다: 공유는 우리를 동료들에게 더 가까이 데려다줄 것이다; 공유는 사회적 격차를 줄여줄 것이다; 공유는 자본주의 사회의 과잉을 회복시켜주는 역할을 할 것이다. 그러나 오늘날 '공유'라 불리는 행위가 반드시 '공유'가 약속하는 바를 우리가 실행할 가능성을 더 높여주지는 않아서, 사람들은 결국 그것은 "실제로 공유가 아니다"라고 말하게 된다. 그러나 만약 공유할 수 있다고 우리가 믿지 않거나 공유가 우리와 멀어지고 있다고 생각한다면, 우리는 어떻게 살아나갈 수 있을까? 만약 그러한 약속이 사라지고 없어진다면, 우리는 무엇을 해야 하나? 아마 절망뿐일 것이다. 그래서 여러 작가들은 공유에 대해 진정한 또는 순수한 또는 진심어린 이야기를 함으로써 '공유'를 보호하고 싶어 한다. 그러나 공유의 신성화(sacralization)는 일부 사람들에게는 공유를 없애버리겠다고 위협하는 조건하에서만 이해될 수 있다. 사회가 그러한 가치로부터 우리를 멀어지게 하고 있다고 사람들이 느끼고 나서야 비로소 '공유'는 그것이 오늘날 가지고 있는 모든 긍정적인 내포적 의미를 가지게 되었다(이것은 사회가 그러한 가치로부터 우리를 멀어지게 하고 있었다거나 실제로 사회가 그렇게 하지 않고 있었다고 말하려는 것이 아니다). 그들이 "그것은 실제로 공유가 아니다"라고 말할 때 그들이 '그것'이라고 말하는 '공유'는, '그것'을 만들어냈고 그것을 '공유'라고 부른 것과 동일한 사회적 과정의 산물이 아니다. 비전문가인 내가 이 책에서 단어에 대한 이러한 종류의 메타언어적(metalinguistic) 관심을 강조하는 것은 레이먼드 윌리엄스가 그의 고전 『키워드』에서 보여준 노력과 맥을 같이한다. 언어는 "사회와 역사의 과정들을 단순히 [반영하지]" 않는다고 그는 말한다; 오히려 그는 "일부 중요한 사회적 과정과 역사적 과정이 언어 '내에서' 일어난다"라고 말한다(Williams, 1976: 22). 이것은 '공유'에 현재 공유가 가지고 있는 의미를 가져다준 '사회적 과정과 역사적 과정'이 공유의 사용에 대한 불만의 배경이 되는 과정과 동일한 과정이라고 주장하면서 내가 은연중에 말하고 있는 바이다. 즉, '순수한' 공유나 '진정한' 공유에 대한 개념은 그러한 개념이 사용되는 자본주의 맥락에 선행하지 '않는다'. 그러한 개념은 착취적이고 서로를 소원하게 하는 사회 구조 체계에 대한 인식에 대한 대응이다('공유 경제'의 일부는 때로 그러한 구조 체계를 더 선명하게 만드는 것으로 간주된다). 그뿐 아니라 그러한 개념은 성격상 분명 현대적인 자기에 대한 관념과 자기와 타인의 관계에 대한 관념(특히 그러한 관계에서 의사소통의 중요도와 관련해)에 의존하기도 한다.

이 책 도입부에서 나는 지금이 공유 시대라고 말했다. 이 말은 소셜 미디어와 더 일반적으로는 컴퓨터-매개 커뮤니케이션이 우리 대부분에게 일상생활의 피할 수 없는 부분이며 우리가 이 세상과 상호작용하는 방식의 큰 부분을 구성한다는 의미이다. 또한 나는, 비록 그것이 생산적인 공유 경제이건 소비적인 공유 경제이건 간에, 그리고 영리적인 공유 경제이건 비영리적인 공유 경제이건 간에, 공유 경제가 성장해왔음을 지적하고자 한다. 그리고 나는 또한 우리의 가장 친밀한 관계의 토대가 되는 이야기의 유형을 강조하고 그러한 이야기의 유형을 통해 특정한 유형의 자기를 나타내고자 한다. 이 외에도 이 책을 통해 우리는 '공유'라 불리는 행위가 언제 그렇게 기술되기 시작했는지 보았다. 이를 통해 나는 오늘날 '공유'에 담겨 있는 일단의 의미가 새로운 것이라고 주장한다. 이러한 행위들의 일부를 '공유'라고 부르는 것에 대한 저항 역시 마찬가지로 새로운 것이다.

이 책은 10년 전에는 쓰일 수 없었으며, 아마 5년 전에도 마찬가지였을 것이다. 1930년대에 옥스퍼드 그룹은 공유를 친밀한 이야기의 한 유형으로 개발했는데, 그것은 AA에서, 그리고 그 뒤에는 지원 단체 분야를 통해 제도화되었다. 그러나 그 당시 '공유'는 기술적(技術的)인 내포적 의미를 가지고 있지 않았으며 물적 자원을 재분배하는 데 대한 그 어떤 의미도 가지고 있지 않았다. 1960년대와 1970년대에 미국의 반문화는 공유에 열광한 나머지 공유를 진정한 자기표현과 의사소통의 한 형식으로 보았다. 또한 그 당시 공유는 물적재에 대한 평등주의적 접근을 의미했다. 동시에 공유는 컴퓨팅에서 핵심 개념이 되어가고 있었지만, 어떤 면에서 공유는 어떠한 규범적 측면도 가지고 있지 않았다. 심지어 컴퓨터가 체제 전복적인 사회 변화를 불러일으킬 수 있는 힘을 가지고 있다고 받아들여졌을 때도, 공유의 개념은 반문화 프로그램과 컴퓨터 설계 및 네트워킹의 진보를 결합하는 방식으로 사용되지 않았다. 사람들은 처음부터 컴퓨터 네트워크를 서로 소통하기 위해 사용하고 있었지만, 2000년대 초반에서 중반 사이에 소셜 네트워크 사이트가 천문학적으로 늘어나고 나서야 비로소 '공유'는 컴퓨터-매개 커뮤니케이션을 기술하는 지배적인 용어가 되었으며, 그제야 비로소 진정한 의사소통으로서의 공유의 의미를 띠게 되었다. 오늘날 우리가 알고 있는 공유 경제가 2010년 무렵 갑자기 나타났을 때, 공유 경제는 그 단어가 지닌 디지털적이고도 의사소통적인 의미와 물질주의적 신념[가능한 한 많은 것을 소유하고자 하는 욕구를 믿는]에 대한 도전을 결합했다. '공유'가 이러한 의미장들(디지털적인 것, 정서적인 것, 그리고 경제적인 것)에 동시에 불을 붙인 것은 지금에 와서이며, 그럼으로써 공유와 공유 경제는 우리의 현대 디지털 생활을 잘 포착하고 구성한다. 윌리엄스에게 한 번 더 양해를 구하면서, '공유'라는 단어는 오늘날 "감정의 구조", "다른 특정한 성질들과는 역사적으로 완전히 다른 특정한 성질의 사회적 경험과 관계"를 전달하는데 이것은 "세대감이나 시대감을 준다"라는 그의 말을 인용하는 바이다(Williams, 1977: 131).

'공유'에 대해 깊이 파봄으로써 나는 레이먼드 윌리엄스가 그의 『키워드』에서 설명했던 '암시적 연결(implicit connections)'을 보여주고자 했다(Williams, 1976). 다른 사람들은 분명 내가 여기서 소셜 미디어나 치유 담론이나 P2P 경제에 대해 쓴 것보다 더 통찰력 있는 글을 썼다. 그러나 나는 공유의 개념을 통해 그러한 글들을 함께 소개했고 또한 '공유'가 어떻게 그러한 영역들 각각에 개별적으로뿐만 아니라 한 영역에서 다른 영역으로의 의미 이동을 통해 집합적으로도 의미를 부여하는지 보여주었다. 따라서 이러한 시도의 결과는 공유의 부분들을 합하는 것보다 더 크다: 공유는 현 사회의 넓은 부분을 읽고 이해할 수 있는 복잡하고 상반되는 행위와 의미의 집합이며; 공유는 또한 우리가 사는 방식을 우리가 평가하는 규범적인 잣대이기도 하다. 서로 다른 역사를 가지고 있는 공유의 서로 다른 의미들; 공유가 오늘날 우리의 생활을 이해하기 위해 들이대는 프리즘이면서도 우리가 살면서 따르는 프로그램이 되는 방식; 공유가 무엇인지를 둘러싸고 벌어지는, 끝이 없는 것처럼 느껴지지만 실제로는 놀라울 정도로 새로운 논쟁: 이 모든 것은 '이제' 합쳐져 이 시대를 공유 시대로 만들고 있다.

미주

1장. 도입

1 또한 사무엘 13장 20절 참조. "온 이스라엘 사람들이 각기 보습이나 삽이나 도끼나 괭이를 벼리려면 블레셋 사람들에게로 내려갔었는데."

2 http://www.zipcar.com/about 참조.

3 심지어 홈 네트워크에서 프린터 공유를 설정할 때도 공유와 연관된 아무런 긍정적인 가치를 경험하지 않는다. 그런 데서 긍정적인 가치를 경험한다면 사람들이 다소 이상하게 여길 것이다.

4 물론 윌리엄스가 핵심적인 문화적 개념들을 처음으로 노력해서 밝혀낸 것은 아니다. 예를 들어, 셰리 오트너(Sherry Ortner)는 "사회인류학 분야에서 가장 어려운 작업은 몇몇 핵심 단어의 의미를 결정하는 것인데, 그 단어를 이해하는 것이 전체 조사의 성공을 좌우한다"라고 말한 사회인류학자 E. E. 에번스-프리처드의 말을 인용한다(Evans-Pritchard, 1962: 80; Ortner, 1973: 1338에서 재인용). 문화인류학자로서 오트너는 "핵심 심벌"이라고 부르는 것에 관심을 갖고 있다. 이는 어떤 문화의 핵심 요소에 대한 관심이 단어에 제한되는 것이 아니라 "흥미로운 문화적 초점" 역할을 할 수 있는 심벌로도 확대됨을 시사한다(Ortner, 1973: 1344).

5 http://www.shareable.net/blog/the-15-best-shareable-books-of-2009 참조.

6 웨이백 머신(Wayback Machine), 2011년 2월 21일, http://web.archive.org/web/20110210201533/

7 http://onthecommons.org/what-we-believe 참조.

8 내가 객원 편집인으로 울프갱 쉬츨(Wolfgang Sützl)과 함께 편집한 ≪정보, 커뮤니케이션 & 사회(Information, Communication & Society)≫ 특집호(소개글을 보려면, John and Sützl, 2016 참조); 린다 프라이스(Linda Price)와 러셀 벨크가 편집한 ≪소비자 연구 협회 저널(Journal of the Association for Consumer Research)≫ 특집호(소개글을 보려면, Price and Belk, 2016 참조); 그리고 펠릭스 스태들러(Felix Stadler)와 울프갱 쉬츨이 편집한 ≪국제 윤리학 리뷰(International Review of Ethics)≫ 특집호(Stadler and Sützl, 2011).

9 2012년 오스트리아 인스브루크에서 이틀간 개최된 공유의 윤리에 관한 학회; 2014년 시애틀에서 열린 국제 커뮤니케이션 학회(International Communication Association) 예비학회; 2015년 영국에서 개최된 공유와 사회성에 관한 학회; 그리고 바이마르에서 열린 쿨투르심포지엄(Kultursymposium) 등이 있다. 여기에 공유 경제를 주제로 한 수많은 학회와 콜로키움은 포함되지 않는다.

2장. 공유는 어떻게 배려가 되었나

1 셰리 오트너(Ortner, 1973)는 메리 더글러스(Mary Douglas, 1966)가 살아 있는 유기체가 흔히 어떻게 은유의 토대를 제공하는지를 보여주고 있음을 우리에게 상기시켜준다.

2 스펜서(Spencer)의 『요정의 여왕 II(Faerie Queene II)』(1590: x.28)에 나오는 대사: In his crowne he counted her no haire, But twixt the other twaine his kingdome whole did shaire.

홀랜드(P. Holland)가 쓰고 캠던(W. Camden)이 번역한 브리태니아(Britannia)(1610: i.641)에 나오는 문구: He shared the Country among his companions.
셰익스피어(Shakespeare)의 희곡 『아테네의 타이먼(Timon of Athens)』(1623: ii.23)에 나오는 대사: Good fellowes all, The latest of my wealth Ile share among'st you.

3 벨크(Belk, 2014)와 많은 다른 사람들은 오늘날의 공유 경제와 관련해 이런 주장을 한다. 나는 4장에서 이러한 주장에 대해 자세하게 따져볼 것이다.

4 COHA는 "소설, 대중잡지, 신문, 그리고 논픽션의 글들을 포함하고 있으며 연대별·장르별로 균형이 맞추어져 있다"(Davies, 2012a: 121). 다른 역사적 말뭉치에 비교했을 때 COHA가 가지고 있는 장점에 대한 더 자세한 내용은 Davies(2012b) 참조.

5 이러한 말뭉치들은 http://corpus.byu.edu에서 이용 가능.

6 이 제외된 하나는 1935년에 발행된 종교에 관한 서적에 나온 것인데, 여기에는 "배려와 공유의 방법"이 "악을 이기는 방법"으로 언급되어 있다. "사랑의 방법은 적이나 범죄자가 그들을 배려하는 어떤 사람으로 인해, 그리고 그들을 배려하는 어떤 사람 때문에 충분히 고통받을 만큼 그 사람의 배려에 의해 마음과 의지가 바뀌는 것에 좌우된다."—따라서 공유는 상대의 고통을 야기한다(Curry, 1935).

7 독자들은 구글 이미지 검색을 통해서 '공유는 배려'라는 용어와 흔히 연관된 것에 대한 아이디어를 얻을 수 있다. 강아지, 아이스크림을 나눠먹는 어린이, 그리고 무지개를 볼 준비를 하라.

3장. 공유와 인터넷

1 이 인용문을 가져온 TED 강연 원고를 보려면, http://www.ted.com/talks/sherry_turkle_alone_together 참조.

2 Sharing is Daring, https://www.facebook.com/notes/facebook/sharing-is-daring/2214737130

3 물론 인터넷이 심리적으로 그리고 사회적으로 늘 해로웠고 지금도 해롭다거나, 인터넷은 국가와 기업의 손에 들어가 있는 감시 도구라는 식의 다른 내러티브도 존재한다. 그러나 인터넷에 대한 그와 같은 개념화는 온라인 맥락에서 '공유'의 위치를 이해하려는 나의 노력과는 무관하다.

4 또다시 이것은 인터넷에 대해 반이상향적으로 기술하는 흐름의 존재를 부정하려는 것이 아니다. 그러나 나는 여기서 공유가 언제 어떻게 친사회적인 인터넷 사용의 필수 요소가 되었는지에 관심이 있기 때문에 인터넷의 반사회성에 초점을 맞춘 저작물은 나의 관심 범위 밖이다.

5 나는 이 용어의 암시적인 목적론과 그 용어가 이전에 반복해서 말해왔던 온라인 사회성과 사용자 생성 콘텐트를 무시하는 방식을 포함해 이 용어의 문제적 속성을 알고 있다. 나는 여기서 웹 2.0이 일반적으로 언급하는 웹의 역사에서의 시기, 즉 2000년대 중반을 언급하기 위해 이 용어를 사용한다.

6 다른 사례로는 스트리터(Streeter, 2011)와 플리쉬(Flichy, 2007)가 있다.

7 공유 관심사를 중심으로 조직되는 가상 커뮤니티 맥락은 제외하는데, 여기서는 이 단어가 매우 다르게 사용된다.

8 로런스 레시그 역시 스스로 이 문제를 제기했다(Lessig, 2008). 우리는 4장에서 그가 그 문

제에 어떻게 대답했는지 보게 될 것이다.

9 이 부분은 ≪뉴 미디어와 사회(New Media & Society)≫에 게재된 논문을 토대로 하고 있다(John, 2013a 참조).

10 Brooker, C.(2012). "I'm all for sharing, but why the online obsession with revealing every detail of your life?," *Guardian*, January 29 2012, http://www.theguardian.com/commentisfree/2012/jan/29/sharing-obsession-revealing-every-detail

11 Improving Sharing Through Control, Simplicity, and Connection, https://www.facebook.com/notes/facebook/improving-sharing-through-control-simplicity-and-connection/101470352130

12 Facebook Expands to Include Work Networks, https://newsroom.fb.com/News/217/Facebook-Expands-to-Include-Work-Networks

13 The Next Step, https://www.facebook.com/notes/facebook/the-next-step/2207522130

14 압운에 다시 한 번 주목하라. Sharing is Daring, https://www.facebook.com/notes/facebook/sharing-is-daring/2214737130

15 Share is Everywhere, https://www.facebook.com/notes/2215537130

16 Facebookⓡ Enables Users to Share Video, Photos, News, Blogs and More From Anywhere on the Web, http://blog.photobucket.com/facebook_enable/

17 2004년부터 변화해온 페이스북의 태그라인을 기록하고 있는 페이스북 스크린샷을 보려면, http://www.michaelgalpert.com/post/140737454/the-many-faces-of-facebook 참조.

18 페이스북 소개 페이지, https://www.facebook.com/facebook/info 참조.

19 조사한 사이트는 다음과 같다: AsianAvenue, aSmallWorld, Badoo, Bebo, BlackPlannet, Care2, Classmates, Dodgeball, Facebook, Fiverr, Flickr, Flixster, Fotolog, Friendster, Habbo, hi5, Last.fm, LinkedIn, LiveJournal, Meetup, Multiply, MyLife, Mysapce, Myyearbook, Netlog, Orkut, PerSpot, Piczo, SixDegrees, Skyrock, StumbleUpon, Tagged, Tribe.net, TwitPic, Twitter, Viadeo, WeeWorld, Windows Live Spaces, Xanga, XING, Yahoo! 360, Yfrog, YouTube, Zoppia.

20 http://en.wikipedia.org/wiki/List_of_social_networking_websites 참조.

21 웨이백 머신 소개 페이지, http://archive.org/about/faqs.php#The_Wayback_Machine

22 http://www.flickr.com/help/general 참조.

23 괄호 속의 날짜는 그 사이트가 웨이백 머신에 의해 크롤되어 저장된 날짜를 말한다.

24 마찬가지로 피터스는 "쿨리가 '커뮤니케이션'이 지닌 두 가지 의미의 내적 관련성, 즉 이동 또는 운송으로서의 커뮤니케이션과 마음의 소통으로서의 커뮤니케이션을 보여주고 있다"라고 지적한다(Cooley, 1894: in Peters, 1999: 184).

25 https://www.facebook.com/notes/facebook/keeping-count-of-sharing-across-the-web/165161437130(October 26 2009) 참조.

26 http://www.bebo.com/about/(January 31 2010) 참조.

27 http://www.metafilter.com/95152/Userdriven-discontent 참조.

28 온라인에서 광범위하게 이용 가능하다. 예를 들어, http://finance.yahoo.com/news/mark-zuckerberg%E2%80%99s-ipo-letter-why-Facebook-exists.html

29 HBO 코미디 시리즈물인 〈실리콘 밸리(Silicon Valley)〉는 거의 모든 에피소드에서 이러한

생각을 웃음거리로 만든다.

30 http://www.facebook.com/about/privacy/your-info#howweuse 참조.

31 http://www.google.com/intl/en/policies/privacy 참조.

32 https://twitter.com/PRODesigns/status/6285639115203563521 참조.

4장. 공유 경제

1 이 책을 쓰고 있을 당시 샌프란시스코의 한 연방 판사는 우버 운전사들이 우버를 상대로 집단소송을 제기하는 것을 허용했다. 당신이 이 책을 읽고 있을 때 즈음이면 우버는 2015년 말 상황과 크게 달라져 있을 수도 있다.

2 아마 궁극적으로 공유 경제의 이 부분은 우리를 지나 네프(Gina Neff, 2012)가 말한 "벤처 노동자(venture laborer)"로 바꿔놓거나, 메리 그레이(Mary Gray)가 제안했듯이, 노동력의 태스크화(taskification)를 초래할 것이다(http://marylgray.org/?p=357 참조).

3 P2P 재단은 일단의 매우 비판적인 잡지 기사를 제공하고 있다. 링크를 보려면, http://p2pfounddation.net/Sharing_Economy#Discussion_2 참조.

4 http://www.collaborativeconsumption.com 참조.

5 이 인터페이스는 1800년부터의 결과를 제공하지만, 〈그림 4.2〉에서 볼 수 있는 최초의 일시적인 변화가 있기 전에는 이러한 세부 검색이 존재하지 않는다.

6 http://www.bloomberg.com/bw/stories/2005-06-19/the-power-of-us 참조.

7 http://money.cnn.com/magazines/business2/business2_archive/2004/05/01/368240/index.htm 참조.

8 http://joi.ito.com/weblog/sharing-economy 참조.

9 또 다른 번역에서는 Urgeschichte가 '원시 과거'로 번역되어 있다(Bird-David, 2005: 205).

10 '초개인주의'라는 용어는 흥미롭다. 좀 더 구체적으로 말하면, 접두어 '초'가 흥미롭다. 보츠먼과 로저스 또한 '소비주의'라는 용어 앞에 이 접두어를 붙인다. '개인주의'와 '초개인주의'의 차이는 분명하지 않지만, '초'라는 접두어는 어떻게 해서든 그것 뒤에 붙어 있는 개념을 보호하면서 개인주의 사회에서 자라는 것은 괜찮지만 초개인주의 사회에서 자라는 것은 괜찮지 않으며 소비주의는 괜찮지만 '초소비주의'는 그렇지 않다고 말하는 것 같다. 여기서 '초'는 '과도함'을 의미한다. 나는 이것을 특정한 공유 경제 옹호자들이 현상 유지에 던지는 단지 성의 없는 문제 제기를 보여주는 것으로 간주한다.

11 http://techcrunch.com/2011/11/14/why-the-collaborative-consumption-revolution-might-be-as-significant-as-the-industrial-revolution-tctv 참조.

12 나는 '원시적'이라는 단어에 내포된 식민주의적이고 인종주의적인 함의에 대한 나의 인식을 나타내기 위해 이 단어를 스케어 인용(scare quote, 문장 속에서 직접 인용 대상이 아닌데도 특정 어구를 강조하거나 주의를 환기하기 위해 인용부호를 사용하는 것 _옮긴이)에 포함한다; 나는 독자들이 내가 언급하고 있는 그 용어가 대중적으로 어떻게 사용되는지 이해하리라고 가정한다.

13 다음에 인용된 내용과 다른 신문 기사들은 내가 만든 신문 기사의 말뭉치에서 가져온 것이다. 이 말뭉치는 협업적 소비에 대해 논의하는 것으로, 2010년 5월에서 2012년 4월 사이에 주요 신문에 게재된 것들이다. 그 기간에는 '협업적 소비'라는 용어가 '공유 경제'보다 더 눈길을 끌었다. (신문이 이전에 다른 곳에 게재된 기사를 게재할 때와 같이) 유사한 기사를

걸러낸 후 렉시스넥시스(LexisNexis)의 '세계 주요 출판물' 데이터베이스를 통해 '협업적 소비'를 검색한 결과 84개의 신문 기사가 추려졌다. 이 가운데 21개는 실질적으로 협업적 소비에 대해 논의하지 않았기 때문에 분석에서 제외했다[예를 들어, 150개 단어 미만의 기사; 협업적 소비가 논의될 이벤트에 대한 공지; 협업적 소비에 대한 책 출간 알림; 오자(誤字) 공지 등]. 나머지 63개 기사는 질적인 내용분석 소프트웨어 패키지인 애틀래스.티(Atlas.ti)를 통해 분석했다.

14 모스는 공유에 대해서 말하는 것이 아니라 선물하기에 대해 말하고 있지만, 그 역시 "과거의 기본적인 것"으로 돌아가고픈 욕망을 표현하고 있다(Mauss, 1966[1925]: 66).

15 앤드류 오램(Andrew Oram, 2001)은 이 용어의 인기가 높아진 시기를 2000년 중반으로 본다.

16 2016년 7월 현재, 이 강연은 테드 사이트(http://www.ted.com/talks/rachel_botsman_the_case_for_collaborative_consumption)에서는 100만 번 가까이 조회되었고, 유튜브(http://www.youtube.com/watch?v=AQa3kUJPEko)에서는 16만 번 가까이 조회되었다.

17 아마 어떤 곳에서보다 여기서 이 책의 영국중심주의가 느껴질 것이다. 나는 다른 언어로 번역될 때 여기서 주장하는 바가 유지될지 여부를 알지 못한다. 그렇긴 해도 '공유'의 현재 의미는 시간 특정적이고 문화 특정적이라는 것이 정확히 이 책의 주장이다.

18 또한 http://www.shareable.net/blog/Is-Social-Media-Catalyzing-Offline-Sharing-Economy 참조.

19 이것은 나를 '공유'의 근본적인 핵심 의미로 인도하지 않는다. '공유세탁'이 존재할 수도 있음을 받아들인다는 것은, 특정 사회적 행위자들이 동의하기에 충분한 공유의 의미를 정확히 식별했음과 현 시점에서 그들은 자신을 오늘날 '공유'와 연관되어 있는 긍정적인 가치와 관련지으려 하고 있음을 인정하는 것일 뿐이다.

20 부조화와 이기심에 대한 유사한 종류의 설명이 이탈리아 몬테그라네시(Montegranesi)의 '비도덕적인 가족주의'에 대한 에드워드 밴필드(Edward Banfield)의 설명에 제시되어 있다(Banfield, 1958). 이 책을 내게 살짝 알려준 엘리후 카츠(Elihu Katz)에게 감사한다.

21 우리가 현재 가지고 있는 낭만적인 유토피아에 대한 개념은 시장 및 상품화 과정과 관련해서 등장했으며 그 과정에 깊이 뿌리 박혀 있다는 일루즈(Illouz, 1997)의 실증을 유추를 통해 고려해보라.

5장. 감정 공유

1 https://www.facebook.com/facebook 참조.

2 http://books.google.com/ngrams에서 이용 가능하다.

3 나는 옥스퍼스 그룹에 대한 책들이 공유에 대해 어떻게 논의하고 있는지 알아보기 위해 그러한 책을 9권 읽었다(Cantril, 1941; Clark, 1951; Day, 1923; Eister, 1950; Kitchen, 1934; Leon, 1939; Russell, 1932; The Layman with a Notebook, 1933; Van Dusen, 1934).

4 카보는 여기서 의사소통의 한 유형에 대해 논의하고 있는데, 그럼에도 그는 분배로서의 공유 은유를 사용함에 주목하라.

5 로라 포트우드-스테이서(Laura Portwood-Stacer)가 기술한 것처럼, 나는 또한 잠정적으로 공유하지 않는 것의 위험에 대한 이러한 견해들을 페이스북 명령 불복종자들에게는 어떤 병적인 것이 존재한다는 인식과 관련시키고자 한다.

6장. 파일 공유

1 2012년 1월, 다운로드 할 수 있는 파일의 거대한 저장소인 메가업로드(Megaupload)가 폐쇄된 후, 전 세계의 인터넷 트래픽이 4% 감소했다고 한다. 이 수치는 많은 온라인 뉴스 기사에 인용되었지만, 그 출처를 찾으려는 노력은 실패로 돌아갔다. 그 후 넷플릭스의 출현으로 P2P 파일 공유에 대한 사용자들의 관심이 줄어들었으나, 미국에서는 비트토렌트 사용이 여전히 고정 접속 인터넷 사용의 5% 이상을 차지해, 넷플릭스, 유튜브, 그리고 웹 서핑에 이어 4위에 해당한다(Sandvine, 2014).

2 이 부분은 존(John, 2014)을 토대로 하고 있다.

3 물론 저작권자들은 비극, 즉 예술가들의 수입원 손실이 '존재'한다고 주장한다.

4 이 점은 흥미롭게도 '공유 차례(sharing turn)'에 대한 그라스무크(Grassmuck, 2012)의 분석과 일치하는데, 그의 분석에 따르면 공유는 풍족의 결과이지 필수품이 부족해서 일어나는 것은 아니다.

5 이것 역시 에크하트 및 바르디(Eckhardt and Bardhi, 2015)의 공유 경제에 대한 비판을 떠올리게 한다.

6 사람들은 또한 이메일과 드롭박스와 구글 드라이브(Google Drive) 같은 서비스를 이용함으로써, USB 플래시 드라이브를 사용함으로써, 디스크에 데이터를 구움으로써, 그리고 TV 박스 셋을 친구에게 빌려줌으로써 파일을 공유하기 때문에 나는 이를 '파일 공유의 주된 유형'이라고 말한다.

7 서버는 다른 장소에서 미러(mirror)될 수도 있지만, 이것이 여기서의 주장을 근본적으로 약화시키지는 않는다.

8 사용자들은 어떤 경우에도 자신들의 컴퓨터로부터 업로드 하는 것을 막기 위해 자신들의 환경 설정을 바꿀 수 있기 때문에 이것은 엄밀히 말하면 사실이 아니다.

9 비트토렌트가 애초에 하나의 해결책으로 제시되는 것의 문제점은 대용량 파일을 분배하기를 원하는 중앙 서버의 부담을 어떻게 줄이느냐 하는 것이었다. 따라서 음악 스트리밍 서비스인 스포티파이는 네트워크상의 모든 사용자의 음악 라이브러리에 접근함으로써 작동된다. 마찬가지로 사용자들에게 BBC TV 채널을 본방으로 그리고 캐치업(catch-up)으로 볼 수 있게 해주는 BBC의 아이플레이어(iPlayer) 같은 다른 미디어 스트리밍 서비스도 데이터 양이 많은 콘텐트를 전달하는 부담을 분산하기 위해 P2P 기술을 사용한다.

10 슈워츠는 리칭의 은유를 매우 우아하게 풀어내고 있다. "혈액은행이 할 수 있는 것처럼 P2P 네트워크는 많이 리치 될 수, 즉 P2P 네트워크에서 많은 콘텐트를 구할 수 있다"(Schwartz, 2014: 159). 여기에다 우리는 오래된 의학적 신념에 따라 리칭은 유기체 전반의 건강에 도움이 된다는 점을 덧붙일 수도 있을 것이다.

11 이 임계값은 보통 1 미만이다. 때때로 그 임계값은 슬라이딩 스케일(sliding scale, 어떤 기준의 변화에 따라 요금, 세금, 임금 등과 같은 값이 변하는 척도 _옮긴이)이다. 일부 서로 다른 사이트들의 비율 요건에 대한 요약을 보려면, 에이트켄의 〈표 5.1〉, 〈표 5.2〉, 〈표 5.3〉(Aitken, 2012: 99~100) 참조.

12 사설 트래커에게 SRE를 적용하는 것이 치고 빠지는 자(hit-and-runner)를 억제하기 위해 내장 기제(built-in mechanism)를 제공한 최초의 사회기술적 제도는 아니었다. SRE 이전에 사용자들이 불법 복제된 소프트웨어를 공유할 수 있는 BBS(bulletin board system)와 이와 동일한 목적에 전적으로 사용되는 FTP 서버는 비율제로 운영되었다. 이것은 파일 공유 역

사 가운데 대체로 증거자료가 없는 부분이긴 하지만, http://www.engadget.com/2013/07/31/the-sinister-side-of-the-80s-bbs를 참조하라. 좀 더 초창기 제도에 대한 그러한 담론 분석은 이 장의 범위를 넘어서는 것이다.

13 시드박스는 한 달에 15달러 정도면 빌릴 수 있다.

14 이 포럼은 사용자명과 비밀번호로 감추어져 있지 않다. 따라서 나는 그 포럼이 허락이나 동의를 구할 필요 없이 조사하기에 충분할 만큼 공개되어 있다고 생각한다. 그럼에도 불구하고, 그리고 비록 사용자들이 실제 이름으로 통하지 않을지라도, 나는 그들의 필명을 언급하지 않을 것이다. 인터넷 연구에서의 공개성의 윤리 문제에 관해서는, Hine, 2009 참조.

15 포럼 1과 3의 사회자들은 그 사이트의 익명성을 지켜준다는 조건하에 내가 그들의 포럼을 조사할 수 있도록 허락했다.

16 파이러트 베이는 가장 인기 있는 공개 트래커 가운데 하나이다.

17 주관식 질문은 다음과 같았다. "파일 공유라는 주제에 대해, 특히 당신 고국의 상황은 어떠한지, 그리고 인터넷 및/혹은 파일 공유에 관한 한 그다음으로 큰 일은 무엇일지에 대해 당신의 견해를 밝히시오."

18 파이러트 베이는 공개 트래커이기 때문에 공유 비율이라는 개념은 사용자들 사이에서 중요한 개념이 아니다.

19 이러한 행위는 다운로드 된 파일은 수익 손실이라는 생각이 거짓임을 어느 정도 보여준다 [P2P와 '수익 손실'에 관한 더 자세한 내용은 Sinnreich, 2013, 특히 ch.4 참조].

20 '버퍼'는 당신이 다운로드 한 바이트 양과 업로드 한 바이트 양의 차이이다.

7장. 결론

1 나는 여기서 2009년 프로필, 상태, 그리고 사진을 디폴트로 공개하기로 한 페이스북의 널리 보도된 결정에 대해 언급하고 있다.

2 http://www.oversharers.com 참조.

3 이러한 종류의 철저한 공개성에 대한 ≪사우쓰 파크(South Park)≫의 지저분한 대본은 "당신 머릿속의 생각을 실제로 가져와 인터넷에 직접 보낼 수 있는 도구"인 쉬터(Shitter)라는 소셜 미디어 앱을 통해서 이루어진다. 그 앱의 유일한 회원은 카트먼(Cartman)과 알렉 볼드윈(Alec Baldwin)이다(2013년 9월 25일 방송된 17번째 시즌 첫째 에피소드인 ≪사우쓰 파크≫ 에피소드, 'Let Go, Let Gov' 참조).

4 바이스와 맬시드(Vise and Malseed, 2008)에 따르면, 첫 구글 두들(doodle)은 사용자들에게 그 팀이 페스티벌 중임을 알리기 위해 구글.콤(Google.com)에 게시된 버닝 맨 이미지였다.

5 '버닝 맨의 10가지 원칙' 가운데 두 가지는 '선물하기'와 '탈상품화'이다. http://burningman.org/culture/philosophical-center/10-principles 참조.

6 http://www.msn.com/en-us/money/companies/the-billionaires-at-burning-man/ar-AA910Bw를 참조하거나 온라인에서 'luxury Burning Man camps'를 검색해보라.

7 http://burningman.org/event/camps/turnkey-camping 참조.

참고문헌

Aitken, P. A.(2012). The ambivalences of piracy: BitTorrent media piracy and anti-capitalism (PhD), Leeds: University of Leeds.

Akera, A.(2001). Voluntarism and the fruits of collaboration: the IBM user group, Share. *Technology and Culture* 42/4: 710~36.

Albinsson, P. A., and Yasanthi Perera, B.(2012). Alternative marketplaces in the 21st century: building community through sharing events. *Journal of Consumer Behaviour* 11/4: 303~15. doi:10.1002/cb.1389

Alcott, L. M.(1873). *Work: A Story of Experience.* Boston, MA: Roberts Brothers.

Andrejevic, M.(2004). *Reality TV: The Work of Being Watched.* London: Rowman & Littlefield Publishers.

Andrews, A.(2009). Sour note as agents and artists clash over music file sharing. *The Telegraph,* 12 September. Retrieved from: 〈http://www.telegraph.co.uk/finance/newsbysector/mediatechnologyandtelecoms/6180010/Sour-note-as-agents-and-artists-clash-over-music-file-sharing.html〉.

Arceneaux, N., and Weiss, A. S.(2010). Seems stupid until you try it: press coverage of Twitter, 2006-9. *New Media & Society* 12/8: 1262~1279.

Armer, P.(1956). *SHARE: A Eulogy to Cooperative Effort.* Retrieved from Santa Monica, CA: 〈http://www.dtic.mil/cgi-bin/GetTRDoc?Location=U2&doc=GetTRDoc.pdf&AD=AD0605110〉.

Aslama, M., and Pantti, M.(2006). Talking alone: reality TV, emotions and authenticity. *European Journal of Cultural Studies* 9/2: 167~184.

B., D.(1997). *Turning Point: A History of Early A.A.'s Spiritual Roots and Successes.* San Rafael, CA: Paradise Research Publications.

Baedeker, R.(2011). Rent my life! Get a job? Yeah, right. There's a much quicker way to make a buck when the economy's in the tank. *Newsweek,* 28 November, p. 31.

Banfield, E. C.(1958). *The Moral Basis of a Backward Society.* Chicago, IL: Free Press; Research Center in Economic Development and Cultural Change.

Barbrook, R.(1998). The hi-tech gift economy. *First Monday* 3/12. Available at: 〈http://firstmonday.org/ojs/index.php/fm/article/view/631〉.

Barbrook, R., and Cameron, A.(1996). The Californian ideology. *Science as Culture* 6/1: 44~72.

Bardhi, F., and Eckhardt, G. M.(2012). Access-based consumption the case of car sharing. *Journal of Consumer Research* 39/4: 881~898. doi:10.1086/666376

Bauwens, M.(2011). Understanding peer to peer as a relational dynamics. *International*

Review of Information Ethics 15: 41~51.

Bays, H., and Mowbray, M.(1999). Cookies, gift-giving, and the Internet. *First Monday* 4/11. Available at: 〈http://firstmonday.org/ojs/index.php/fm/article/view/700/610〉.

Beck, U., and Beck-Gernsheim, E.(1995). *The Normal Chaos of Love.* Cambridge, UK: Polity.

Beekhuyzen, J., and von Hellens, L.(2009). *Reciprocity and Sharing in an Underground File Sharing Community.* Paper presented at the 20th Australasian Conference on Information Systems Melbourne.

Beekhuyzen, J., von Hellens, L., and Nielsen, S.(2011). Underground online music communities: exploring rules for membership. *Online Information Review* 35/5: 699~715.

Belk, R.(2007). Why not share rather than own? *The ANNALS of the American Academy of Political and Social Science* 611/1: 126~140. doi:10.1177/0002716206298483

Belk, R.(2010). Sharing. *Journal of Consumer Research* 36/5: 715~734. doi:10.1086/612649

Belk, R.(2014). Sharing versus pseudo-sharing in Web 2.0. *The Anthropologist* 18/1: 7~23.

Bellah, R. N., Madsen, R., Sullivan, W. M., Swidler, A. and Tipton, S. M.(1985). *Habits of the Heart: Individualism and Commitment in American Life.* Berkeley, CA: University of California Press.

Benjamin, W., and Tiedemann, R.(1999). *The Arcades Project.* Cambridge, MA: Belknap Press.

Benkler, Y.(2004). Sharing nicely: on shareable goods and the emergence of sharing as a modality of economic production. *Yale Law Journal* 114/2: 273~359.

Benkler, Y.(2006). *The Wealth of Networks: How Social Production Transforms Markets and Freedom.* New Haven, CT: Yale University Press.

Benkler, Y.(2011). *The Penguin and the Leviathan: The Triumph of Cooperation over Self-Interest,* 1st edn. New York: Crown Business.

Benski, T., and Fisher, E.(eds)(2013). *Internet and Emotions.* New York: Routledge.

Billig, M., and MacMillan, K.(2005). Metaphor, idiom and ideology: the search for 'no smoking guns' across time. *Discourse & Society* 16/4: 459~480.

Bird-David, N.(2005). The property of sharing: western analytical notions, Nayaka contexts. In T. Widlok and W. G. Tadesse(eds), *Property and Equality.* New York: Berghahn Books, pp. 201~216.

Bollier, D.(2010). Is this a new version of communism? In J. Walljasper(ed.), *All that We Share: How to Save the Economy, the Environment, the Internet, Democracy, Our Communities, and Everything Else that Belongs to All of Us.* New York: New Press, pp. 11~13.

Botsman, R.(2011). School of life: ideas for modern living No. 50: collaborative consumption. *Observer,* 30 January, p. 8.

Botsman, R., and Rogers, R.(2010). *What's Mine is Yours: The Rise of Collaborative Consumption.* New York: HarperBusiness. boyd, d., and Ellison, N. B.(2007). Social network sites: definition, history, and scholarship. *Journal of Computer Mediated Communication* 13/1: 210~230.

Boyle, J.(1996). *Shamans, Software, and Spleens: Law and the Construction of the Information Society.* Cambridge, MA: Harvard University Press.
Boyle, K.(2012). Why buy when you can share it all – for a price. *Washington Post,* 5 March, p. 1.
Brake, D.(2014). *Sharing Our Lives Online: Risks and Exposure in Social Media.* Basingstoke, UK; New York: Palgrave Macmillan.
Breyer, S.(1970). The uneasy case for copyright: a study of copyright in books, photocopies, and computer programs. *Harvard Law Review* 84/2: 281~351.
Brown, P. M.(1937). *The Venture of Belief.* New York: Fleming H. Revell Company.
Bryant, B.(2011). Don't splash the cash~Internet hiring is the new buying. *Evening Standard,* 7 February. Available at: 〈http://www.standard.co.uk/lifestyle/dont-splash-the-cash-internet-hiring-is-the-new-buying-6564124.html〉.
Buck-Morss, S.(1989). *The Dialectics of Seeing: Walter Benjamin and the Arcades Project.* Cambridge, MA: MIT Press.
Buckingham, D.(2006). Children and New Media. In L. A. Lievrouw and S. M. Livingstone (eds), *Handbook of New Media: Social Shaping and Consequences of ICTs(Updated Student edition).* London; Thousand Oaks, CA: SAGE, pp. 76~91.
Buczynski, B.(2013). *Sharing is Good: How to Save Money, Time and Resources through Collaborative Consumption.* Gabriola, BC: New Society Publishers.
Burke, M.(2010). The role of sharing in social well-being. Retrieved from: 〈https://www.facebook.com/notes/facebook/the-role-of-sharing-in-social-well-being/382236972130〉.
Butler, G. D.(1940). *Introduction to Community Recreation, Prepared for the National Recreation Assn,* 1st edn. New York: McGraw-Hill.
Cahan, A.(1917). *The Rise of David Levinsky.* New York; London: Harper & Brothers.
Cameron, D.(1995). *Verbal Hygiene.* London; New York: Routledge.
Cameron, D.(2000). *Good to Talk?: Living and Working in a Communication Culture.* London; Thousand Oaks, CA: Sage Publications.
Cammaerts, B.(2011). Disruptive sharing in a digital age: rejecting neoliberalism? *Continuum: Journal of Media & Cultural Studies* 25/01: 47~62.
Campbell-Kelly, M., and Aspray, W.(1996). *Computer: A History of the Information Machine,* 1st edn. New York: Basic Books.
Cantril, H.(1941). *The Psychology of Social Movements.* New York: John Wiley and Sons, Inc.
Caraway, B. R.(2012). Survey of file-sharing culture. *International Journal of Communication* 6: 21.
Carbaugh, D.(1988). *Talking American: Cultural Discourses on Donahue.* Norwood, NJ: Ablex Pub. Corp.
Carbaugh, D.(1989). Fifty terms for talk: a cross-cultural study. In S. Ting-Toomey and F. Korzenny(eds), *International and Intercultural Communication Annual,* vol. 13, pp. 93~120.

Carbaugh, D.(2007). Cultural discourse analysis: communication practices and intercultural encounters. *Journal of Intercultural Communication Research* 363: 167~182.

Carbaugh, D., Berry, M. and Nurmikari-Berry, M.(2006). Coding personhood through cultural terms and practices: silence and quietude as a Finnish 'natural way of being'. *Journal of Language and Social Psychology* 25/3: 203~220.

Carey, J. W.(1989). *Communication as Culture: Essays on Media and Society.* Boston, MA: Unwin Hyman Inc.

Castells, M.(2009). *Communication Power.* Oxford; New York: Oxford University Press.

Cenite, M., Wang, M. W., Peiwen, C. and Chan, G. S.(2009). More than just free content: motivations of peer-to-peer file sharers. *Journal of Communication Inquiry* 33/3: 206~221.

Ceruzzi, P. E.(1998). *A History of Modern Computing.* Cambridge, MA: MIT Press.

Chen, X., Chu, X. and Li, Z.(2012). Improving sustainability of BitTorrent darknets. *Peer-to-Peer Networking and Applications* 7/4: 539~554.

Chute, B. J.(1956). *Greenwillow.* New York: Dutton.

Cincotta, K.(2011). Borrower & lender be. *Sunday Age,* 20 February, p. 17.

Clark, W. H.(1951). *The Oxford Group, Its History and Significance.* New York: Bookman Associates.

Cole, D.(1974). Dollie Cole on breast cancer. *Saturday Evening Post* 246: 6~13.

Cole, R. E.(1983). A Japanese management import comes full circle. *The Wall Street Journal,* 22 February, p. 22.

Cooley, C. H.(1894). *The Theory of Transportation.* Baltimore, MD: American Economics Association.

Couldry, N.(2012). *Media, Society, World: Social Theory and Digital Media Practice.* Cambridge, UK; Malden, MA: Polity.

Courtney, K.(2011). Word on the street: collaborative consumption. *The Irish Times,* 26 February, p. 5.

Coyne, R.(2007). Cornucopia limited: design and dissent on the Internet. Cambridge, MA: MIT Press.

Critcher, C.(2008). Making waves: historical aspects of public debates about children and mass media. In S. M. Livingstone and K. Drotner(eds), *The International Handbook of Children, Media and Culture.* Los Angeles, CA: SAGE, pp. 91~104.

Curry, A. B.(1935). *Speaking of Religion.* New York: Charles Scribner's Sons.

Davies, M.(2012a). Expanding horizons in historical linguistics with the 400-million word. *Corpus of Historical American English. Corpora* 7/2: 121~157.

Davies, M.(2012b). Some methodological issues related to corpusbased investigations of recent syntactic changes in English. In T. Nevalainen and E. C. Traugott(eds), *The Oxford Handbook of the History of English.* Oxford: Oxford University Press, pp. 157~174.

Day, S. S.(1923). *The Principles of the Group.* Great Britain: Oxford Group.

de Saussure, F.(2011 [1916]). *Course in General Linguistics.* New York: Columbia University

Press.

de Waal, F. B. M.(2009). *The Age of Empathy: Nature's Lessons for a Kinder Society,* 1st edn. New York: Harmony Books.

Deignan, A.(2005). *Metaphor and Corpus Linguistics.* Amsterdam; Philadelphia: John Benjamins Publishing.

Doolittle, J.(1865). Social life in China. *The Harpers Monthly* 31: 429~442.

Douglas, M.(1966). *Purity and Danger.* London: Routledge and Kegan Paul.

Douglas, S. J.(1987). *Inventing American Broadcasting, 1899~1922.* Baltimore, MD: Johns Hopkins University Press.

Dovey, J.(2000). *Freakshow: First Person Media and Factual Television.* London; Sterling, VA: Pluto Press.

Dror, Y.(2013). 'We are not here for the money': founders' manifestos. *New Media & Society* 17/4: 540~555.

Dubrofsky, R. E.(2007). Therapeutics of the self: surveillance in the service of the therapeutic. *Television & New Media* 8/4: 263~284.

Dubrofsky, R. E.(2011). Surveillance on reality television and Facebook: from authenticity to flowing data. *Communication Theory* 21/2: 111~129.

Dunbar Bromley, D.(1932). The Frenchwoman holds her own. *Harpers* 12: 102~112.

Eckhardt, G. M. and Bardhi, F.(2015). The sharing economy isn't about sharing at all. *Harvard Business Review.* Available at: 〈https://hbr.org/2015/01/the-sharing-economy-isnt-about-sharing-at-all〉.

Edwards, P. N.(1996). *The Closed World: Computers and the Politics of Discourse in Cold War America.* Cambridge, MA: MIT Press.

Eggers, D.(2013). *The Circle: A Novel.* New York: Alfred A. Knopf.

Eister, A. W.(1950). *Drawing-room Conversion: A Sociological Account of the Oxford Group Movement.* Durham, NC: Duke University Press.

Ellison, N. B. and boyd, d.(2013). Sociality through social network sites. In W. H. Dutton (ed.), *The Oxford Handbook of Internet Studies,* 1st edn. Oxford: Oxford University Press, pp. 150~172.

Ellison, N. B., Steinfield, C. and Lampe, C.(2007). The benefits of Facebook 'friends': social capital and college students' use of online social network sites. *Journal of Computer Mediated Communication* 12/4: 1143~1168.

Elwood, J. M.(1993). In search for God in story and time. *America* 169: 10~13.

Evans-Pritchard, E. E.(1962). *Social Anthropology and Other Essays.* New York: Free Press.

Finck, H. T.(1899). *Primitive Love and Love-stories.* New York: Charles Scribner's Sons.

Fischer, C. S.(1992). *America Calling: A Social History of the Telephone to 1940.* Berkeley, CA: University of California Press.

Fisher, E.(2015). 'You media': audiencing as marketing in social media. *Media, Culture & Society* 37/1: 50~67.

Fitzpatrick, M. A.(1987). Marriage and verbal intimacy. In V. J. Derlega and J. H. Berg(eds), *Self-disclosure: Theory, Research, and Therapy.* New York: Plenum Press, pp.

131~154.
Flichy, P.(2007). *The Internet Imaginaire.* Cambridge, MA: MIT Press.
Ford, S. M.(2011). Reconceptualizing the public/private distinction in the age of information technology. *Information, Communication & Society* 14/4: 550~567.
Frean, A.(2010). The start-up that's putting the social network generation in the driving seat. *The Times,* 30 December, p. 46.
Frick, M.-L., and Oberprantacher, A.(2011). Shared is not yet sharing, or: what makes social networking services public? *International Review of Information Ethics* 15: 17~23.
Fuchs, C.(2011). *Foundations of Critical Media and Information Studies.* New York: Routledge.
Füredi, F.(2004). *Therapy Culture: Cultivating Vulnerability in an Uncertain Age.* London; New York: Routledge.
Gansky, L.(2010). *The Mesh: Why the Future of Business is Sharing.* New York: Penguin.
Gaskins, K.(2010). *The New Sharing Economy.* Retrieved from: 〈http://latdsurvey.net/pdf/Sharing.pdf〉.
Gates, B., Myhrvold, N. and Rinearson, P.(1995). *The Road Ahead.* New York: Viking.
Ghosh, R. A.(2005). Cooking pot markets: an economic model for the trade in free goods and services on the Internet. *First Monday.* Retrieved from: 〈http://www.firstmonday.org/htbin/cgiwrap/bin/ojs/index.php/fm/article/view/1516/1431〉.
Giddens, A.(1992). *The Transformation of Intimacy: Sexuality, Love, and Eroticism in Modern Societies.* Stanford, CA: Stanford University Press.
Giesler, M.(2006). Consumer gift systems. *Journal of Consumer Research* 33/2: 283~290.
Giesler, M., and Pohlmann, M.(2003). The anthropology of file sharing: consuming Napster as a gift. *Advances in Consumer Research* 30: 273~279.
Gillespie, T.(2009). Characterizing copyright in the classroom: the cultural work of antipiracy campaigns. *Communication, Culture & Critique* 2/3: 274~318.
Gillespie, T.(2010). The politics of 'platforms'. *New Media & Society* 12/3: 347~364.
Golle, P., Leyton-Brown, K. and Mironov, I.(2001). *Incentives for Sharing in Peer-to-Peer Networks.* Paper presented at the Proceedings of the 3rd ACM conference on Electronic Commerce, Tampa, Florida, USA.
Goodman, J. D.(2010). Learning to share, thanks to the Web. *The New York Times,* 26 September, p. 2.
Grassmuck, V.(2012). The sharing turn: why we are generally nice and have a good chance to cooperate our way out of the mess we have gotten ourselves into. In W. Sützl, F. Stalder, R. Maier and T. Hug(eds), *Media, Knowledge and Education: Cultures and Ethics of Sharing.* Innsbruck: Innsbruck University Press, pp. 17~34.
Griffen-Foley, B.(2004). From Tit-Bits to Big Brother: a century of audience participation in the media. *Media, Culture & Society* 26/4: 533~548.
Gross, B., and Gross, R.(1974). *Will it Grow in a Classroom?* New York: Delacorte Press.
Guadamuz, A.(2002). The 'new sharing ethic' in cyberspace. *The Journal of World Intellectual Property* 5/1: 129~139.

Habermas, J.(1989). *The Structural Transformation of the Public Sphere: An Inquiry into a Category of Bourgeois Society.* Cambridge, MA: MIT Press.

Haddon, D.(2000). Spiritual practices for living. *Total Health* 22: 49~51.

Hardin, G.(1968). The tragedy of the commons. *Science* 162/859: 1243~1248.

Harrington, M.(1995). Expert: protect yourself privacy floats free in cyberspace. *Denver Post,* 11 September, p. F14.

Harris, M., and Gorenflo, N.(2012). *Share or Die: Voices of the Get Lost Generation in the Age of Crisis.* Gabriola, BC: New Society Publishers.

Harvey, J., Smith, A. and Golightly, D.(2014). Giving and sharing in the computer-mediated economy. *Journal of Consumer Behaviour.* Available at: 〈http://onlinelibrary.wiley.com/journal/10.1002/(ISSN)1479-1838/earlyview〉

Hasko, V.(2012). Qualitative corpus analysis. In C. A. Chapelle(ed.), *The Encyclopedia of Applied Linguistics.* Blackwell Publishing Ltd, pp. 4758~4764.

Hauben, M., and Hauben, R.(1997). *Netizens: On the History and Impact of Usenet and the Internet.* Los Alamitos, CA: IEEE Computer Society Press.

Hearn, A.(2010). Structuring feeling: Web 2.0, online ranking and rating, and the digital 'reputation'economy. *Ephemera* 10/3&4: 421~438.

Hermida, A.(2014). *Tell Everyone: Why We Share and Why It Matters.* Toronto: Doubleday Canada.

Hickman, L.(2011). It's good to share: collaborative consumption – the idea that we swap or share anything from clothes to cars rather than buy more – is a brilliantly simple concept. But does it work? *Guardian,* 15 June, p. 10.

Himanen, P.(2001). *The Hacker Ethic, and the Spirit of the Information Age,* 1st edn. New York: Random House.

Hine, C.(2009). How can qualitative internet researchers define the boundaries of their projects? In A. N. Markham and N. K. Baym(eds), *Internet Inquiry: Conversations about Method.* Los Angeles, CA: Sage Publications, pp. 1~20.

Ignatieff, M.(1988). Modern dying. *The New Republic* 199: 28~33.

Illouz, E.(1997). *Consuming the Romantic Utopia: Love and the Cultural Contradictions of Capitalism.* Berkeley, CA: University of California Press.

Illouz, E.(2003). *Oprah Winfrey and the Glamour of Misery: An Essay on Popular Culture.* New York: Columbia University Press.

Illouz, E.(2007). *Cold Intimacies: The Making of Emotional Capitalism.* Cambridge, UK: Polity.

Illouz, E.(2008). *Saving the Modern Soul: Therapy, Emotions, and the Culture of Self-help.* Berkeley, CA: University of California Press.

Jakobson, R.(1960). Closing statement: linguistics and poetics. In T. Sebeok(ed.), *Style and Language.* Cambridge, MA: MIT Press, pp. 350~377.

James, A., Jenks, C. and Prout, A.(1998). *Theorizing Childhood:* Cambridge, UK: Polity.

Jessup Moore, C.(1851). *Frank and Fanny: A Rural Story.* Boston, MA: Phillips, Samson & Co.

Jia, A. L., Rahman, R., Vinkó, T., Pouwelse, J. A. and Epema, D. H.(2011). *Fast Download but Eternal Seeding: The Reward and Punishment of Sharing Ratio Enforcement.* Paper presented at the Peer-to-Peer Computing(P2P), 2011 IEEE International Conference.

Jia, A. L., Rahman, R., Vinkó, T., Pouwelse, J. A. and Epema, D. H.(2013). Systemic risk and user-level performance in private P2P communities. *Parallel and Distributed Systems, IEEE Transactions on* 24/12: 2503~2512.

Johansen, B., and Johansen, R.(2007). *Get There Early: Sensing the Future to Compete in the Present.* San Francisco, CA: Berrett-Koehler Publishers.

John, N. A.(2013a). Sharing and Web 2.0: the emergence of a keyword. *New Media & Society* 15/2: 167~182. doi:10.1177/1461444812450684

John, N. A.(2013b). The social logics of sharing. *The Communication Review* 16/3: 113~131. doi:10.1080/10714421.2013.807119

John, N. A.(2014). File sharing and the history of computing: or, why file sharing is called 'file sharing'. *Critical Studies in Media Communication* 31/3: 198~211. doi:10.1080/15295036.2013.824597

John, N. A.(2016). Sharing. In B. Peters(ed.), *Digital Keywords: A Vocabulary of Information Society and Culture.* Princeton, NJ: Princeton University Press.

John, N. A., and Sützl, W.(2016). The rise of 'sharing' in communication and media studies. *Information, Communication & Society* 19/4: 437~441.

Kalamar, A.(2013). Sharewashing is the new greenwashing. Retrieved from: ⟨http://www.opednews.com/articles/1/Sharewashing-is-the-New-Gr-by-Anthony-Kalamar-130513-834.html⟩.

Kao, J.(2007). *Innovation Nation: How America is Losing its Innovation Edge, Why it Matters, and What We Can Do to Get it Back.* New York, NY: Simon and Schuster.

Kaplan, B.(1967). *An Unhurried View of Copyright.* New York: Columbia University Press.

Kash, I. A., Lai, J. K., Zhang, H. and Zohar, A.(2012). *Economics of BitTorrent Communities.* Paper presented at the Proceedings of the 21st international conference on World Wide Web.

Katriel, T.(1987). 'Bexibùdim!': ritualized sharing among Israeli children. *Language in Society* 16/03: 305~320.

Katriel, T.(1988). Haxlafot: rules and strategies in children's swapping exchanges. *Research on Language and Social Interaction* 22/1: 157~178.

Katriel, T., and Philipsen, G.(1981). 'What we need is communication': 'Communication' as a cultural category in some American speech. *Communication Monographs* 48/4: 301~317.

Kaune, S., Rumin, R. C., Tyson, G., Mauthe, A., Guerrero, C. and Steinmetz, R.(2010). *Unraveling BitTorrent's File Unavailability: Measurements and Analysis.* Paper presented at the Peer-to-Peer Computing(P2P), 2010 IEEE Tenth International Conference on.

Kennedy, J.(2013). Rhetorics of sharing: data, imagination and desire. In G. Lovink and M. Rasch(eds), *Unlike Us Reader: Social Media Monopolies and Their Alternatives.*

Amsterdam: Institute of Network Cultures, pp. 127~136.

Kennedy, J.(2014). Sharing in networked culture: imagination, labour and desire(PhD dissertation). Melbourne, Victoria: Swinburne University.

Kennedy, J.(2016). Conceptual boundaries of sharing. *Information, Communication & Society* 19/4: 461~474. doi:10.1080/1369118X.2015.1115888

Kitchen, V. C.(1934). *I Was a Pagan.* New York; London: Harper & Brothers.

Kleiner, D.(2011). Trapped in the World Wide Web. In G. Friesinger, J. Grenzfurthner and T. Ballhausen(eds), *Mind and Matter: Comparative Approaches Towards Complexity.* Bielefeld: transcript Verlag, pp. 175~188.

Kline, R., and Pinch, T.(1996). Users as agents of technological change: the social construction of the automobile in the rural United States. *Technology and Culture* 37/4: 763~795.

Koontz, D. R.(1983). *Phantoms.* New York: Berkley Publishing Group.

Kozinets, R. V.(2002). Can consumers escape the market? Emancipatory illuminations from Burning Man. *Journal of Consumer Research* 29/1: 20~38. doi:10.1086/339919

Krantz, J.(1980). *Princess Daisy,* 1st edn. New York: Crown Publishers.

Kraut, R., Kiesler, S., Boneva, B., Cummings, J., Helgeson, V., and Crawford, A.(2001). Internet paradox revisited. *Journal of Social Issues* 58/1: 49~74.

Kraut, R., Patterson, M., Lundmark, V., Kiesler, S., Mukophadhyay, T., and Scherlis, W. (1998). Internet paradox: a social technology that reduces social involvement and psychological well-being? *American Psychologist* 53/9: 1017~1031.

Kron, J.(1983). *Home-psych: The Social Psychology of Home and Decoration.* New York: Potter.

Kropotkin, P. A.(1902). *Mutual Aid: A Factor of Evolution.* London: Heinemann.

Kutner, L.(1989). Parent & child. *New York Times,* 28 December, p. C8.

Ladd, D.(1982). Home recording and reproduction of protected works. *American Bar Association Journal* 68: 42~45.

Laing, D.(1985). Music video: industrial product, cultural form. *Screen* 26/2: 78~83.

Lakoff, G., and Johnson, M.(1980). *Metaphors We Live By.* Chicago, IL: University of Chicago Press.

Lakoff, R. T.(1990). *Talking Power: The Politics of Language I Our Lives.* New York: Basic Books.

Larkin, B.(2008). *Signal and Noise: Media, Infrastructure, and Urban Culture in Nigeria.* Durham, NC: Duke University Press.

Larrimore, L., Li, J., Larrimore, J., Markowitz, D. and Gorski, S.(2011). Peer to peer lending: the relationship between language features, trustworthiness, and persuasion success. *Journal of Applied Communication Research* 39/1: 19~37. doi:10.1080/00909882.2010.536844

Larsson, S.(2013). Copy me happy: the metaphoric expansion of copyright in a digital society. *International Journal for the Semiotics of Law-Revue internationale de Sémiotique juridique* 26/3: 615~634.

Larsson, S., Svensson, M., de Kaminski, M., Rönkkö, K. and Alkan Olsson, J.(2012). Law, norms, piracy and online anonymity-practices of de-identification in the global file sharing community. *Journal of Research in Interactive Marketing* 6/4: 260~280.

Lasch, C.(1978). *The Culture of Narcissism: American Life in an Age of Diminishing Expectations,* 1st edn. New York: Norton.

Lasén, A., and Gómez-Cruz, E.(2009). Digital photography and picture sharing: redefining the public/private divide. *Knowledge, Technology & Policy* 22/3: 205~215.

Layman with a Notebook, The.(1933). *What is the Oxford Group?* London: Oxford University Press.

Leadbeater, C.(2008). *We-think.* London: Profile.

Lears, T. J. J.(1995). *Fables of Abundance: A Cultural History of Advertising in America.* New York: Basic Books.

Lears, T. J. J.(1983). From salvation to self-realization: advertising and the therapeutic roots of the consumer culture, 1880~1930. In T. J. J. Lears and R. Whightman Fox(eds), *The Culture of Consumption: Critical Essays in American History, 1880~1980.* New York: Pantheon Book, pp. 1~38.

Leib, F. A.(1989). *The Fire Dream.* Novato, CA: Presidio Press.

Leon, P.(1939). *The Philosophy of Courage; or, The Oxford Group Way, by Philip Leon.* New York: Oxford University Press.

Lessig, L.(2008). *Remix: Making Art and Commerce Thrive in the Hybrid Economy.* New York: Penguin Press.

Levine, M.(2009). Share my Ride. *New York Times,* 16 March, p. MM36.

Levy, S.(1984). *Hackers: Heroes of the Computer Revolution,* 1st edn. Garden City, NY: Anchor Press/Doubleday.

Liebowitz, S. J.(2006). File sharing: creative destruction or just plain destruction? *Journal of Law and Economics* 49/1: 1~28.

Litman, J.(2004). Sharing and stealing. *Hastings Communications and Entertainment Law Journal* 27: 1~48.

Liu, Z., Dhungel, P., Wu, D., Zhang, C. and Ross, K. W.(2010). *Understanding and Improving Ratio Incentives in Private Communities.* Paper presented at the Distributed Computing Systems(ICDCS), 2010 IEEE 30th International Conference on.

Livingstone, S. M., and Lunt, P. K.(1994). *Talk on Television: Audience Participation and Public Debate.* London; New York: Routledge.

Loban, B.(2004). Between rhizomes and trees: P2P information systems. *First Monday* 9/10, at: 〈http://www.firstmonday.org/htbin/cgiwrap/bin/ojs/index.php/fm/article/view/1182/1102〉.

Logie, J.(2006). *Peers, Pirates, and Persuasion: Rhetoric in the Peer-to-Peer Debates.* West Lafayette, IN: Parlor Press.

Lupton, D.(1998). *The Emotional Self.* London: Sage.

McArthur, E.(2015). Many-to-many exchange without money: why people share their resources. *Consumption Markets & Culture* 18/3: 239~256.

McCarthy, M.(1955). *A Charmed Life,* 1st edn. New York: Harcourt.

McGlone, M. S., and Tofighbakhsh, J.(2000). Birds of a feather flock conjointly(?): Rhyme as reason in aphorisms. *Psychological Science* 11/5: 424.

McGraw, E.(2006). 1899, from Ain't we got fun. *The Southern Review* 42: 520~529.

Macken, D.(2011). Sharing is the new shopping. *Australian Financial Review,* 5 March, p. 22.

Maloney, L.(1983). A new understanding about death. *US News & World Report* 95: 62~65.

Mansell, R.(2012). *Imagining the Internet: Communication, Innovation, and Governance.* Oxford: Oxford University Press.

Mapstone, B., and Bernstein, M. I.(1980). The founding of SHARE: NCC'80 Pioneer Day. *Annals of the History of Computing* 2: 363~372.

Marks, S. R.(1986). *Three Corners: Exploring Marriage and the Self.* Lexington, MA: Lexington Books.

Martin, M.(1991). *Hello, Central?: Gender, Technology, and Culture in the Formation of Telephone Systems.* Montreal: McGill-Queen's Press-MQUP.

Marwick, A. E.(2012). The public domain: social surveillance in everyday life. *Surveillance & Society* 9/4: 378~393.

Mateus, S.(2010). Public intimacy. *Sphera Pública* 10: 57~70.

Mauss, M.(1966 [1925]). *The Gift; Forms and Functions of Exchange in Archaic Societies.* London: Cohen & West Ltd.

Mead, M.(1953). Modern marriage. *The Nation* 177: 348~350.

Meikle, G.(2016). *Social Media: Communication, Sharing and Visibility.* New York: Routledge.

Melville, H.(1851). *Moby-Dick, or, the Whale.* New York, London: Harper & Brothers; Richard Bentley.

Michel, J.-B. et al.(2011). Quantitative analysis of culture using millions of digitized books. *Science* 331/6014: 176~182.

Miller, V.(2008). New media, networking and phatic culture. *Convergence: The International Journal of Research into New Media Technologies* 14/4; 387~400.

Minar, N., and Hedlund, M.(2001). A network of peers: peer-to-peer models through the history of the internet. In A. Oram(ed.), *Peer-to-Peer: Harnessing the Benefits of a Disruptive Technology.* Beijing; Sebastopol, CA: O'Reilly, pp. 3~20.

Mirghani, S.(2011). The war on piracy: analyzing the discursive battles of corporate and government-sponsored anti-piracy media campaigns. *Critical Studies in Media Communication* 28/2: 113~134. doi:10.1080/15295036.2010.514933.

More, P. E., and Harris, C.(1904). *The Jessica Letters: An Editor's Romance.* New York: G.P. Putnam's Sons.

Morell, M. F.(2011). The unethics of sharing: Wikiwashing. *International Review of Information Ethics* 15: 9~16.

Morgan, L. H.(1881). *Houses and House-life of the American Aborigines.* Washington DC: Contributions to North American Ethnology. Department of the Interior, US

Geographical and Geological Survey of the Rocky Mountain Region, vol. 4.

Morris, L. B.(1983). The war between doctors and nurses. *Good Housekeeping* 93: 169~172.

Moskowitz, E. S.(2001). *In Therapy We Trust: America's Obsession with Self-fulfillment.* Baltimore, MD: Johns Hopkins University Press. n/a.(1846). Michelet's Life of Luther. *North American Review* 63: 433~466.

n/a.(1944). Mahatma and Viceroy. *Time* 44: 45~47.

n/a.(1999). American Craft Council Awards 1999. *American Craft* 59: 54~65.

n/a.(2010). Location, location: big ideas. *Australian Financial Review,* 9 July, p. 30.

Navarro, M.(2010). This holiday, secondhand items gain some respect. *The New York Times,* 23 December, p. 22.

Neff, G.(2012). *Venture Labor: Work and the Burden of Risk in Innovative Industries.* Cambridge, MA: MIT Press.

Negroponte, N.(1995). *Being Digital,* 1st edn. New York: Knopf.

Niles, H. E., and Niles, M. C. H.(1935). *The Office Supervisor: His Relations to Persons and to Work.* New York: J. Wiley & Sons.

Nimmer, M. B.(1969). Does copyright abridge the first amendment guarantees of free speech and press? *UCLA Law Review* 17: 1180~1204.

Nye, D. E.(1990). *Electrifying America: Social Meanings of a New Technology, 1880~1940.* Cambridge, MA: MIT Press.

O'Donnell, J.(2007). Marketers keep pace with 'tweens'. *USA Today,* 11 April, p. 1B.

Oram, A.(ed.)(2001). *Peer-to-Peer: Harnessing the Benefits of a Disruptive Technology.* Beijing; Sebastopol, CA: O'Reilly.

Ortner, S. B.(1973). On key symbols. *American Anthropologist* 75/5: 1338~1346.

Ozanne, L. K., and Ballantine, P. W.(2010). Sharing as a form of anti-consumption? An examination of toy library users. *Journal of Consumer Behaviour* 9/6: 485~498.

Parker, C.(1922). *Working with the Working Woman.* New York and London: Harper & Brothers.

Patterson, L. R.(1968). *Copyright in Historical Perspective.* Nashville, TN: Vanderbilt University Press.

Pesce, M.(2012). A shared future will connect society. *Sydney Morning Herald,* 2 January, p. 11.

Peters, J. D.(1994). The gaps of which communication is made. *Critical Studies in Mass Communication* 11/2: 117.

Peters, J. D.(1999). *Speaking into the Air: A History of the Idea of Communication.* Chicago, IL: University of Chicago Press.

Pinch, T. J., and Bijker, W. E.(1987). The social construction of facts and artefacts: or how the sociology of science and the sociology of technology might benefit each other. *Social Studies of Science* 14/3: 399~441.

Pittman, B.(1988). *AA, the Way it Began,* 1st edn. Seattle, WA: Glen Abbey Books.

Plumleigh, M.(1989). Digital audio tape: new fuel stokes the smoldering home taping fire. *UCLA Law Review* 37: 733~776.

Portwood-Stacer, L.(2013). Media refusal and conspicuous nonconsumption: the performative and political dimensions of Facebook abstention. *New Media & Society* 15/7: 1041~1057. doi:10.1177/1461444812465139

Predelli, S.(2003). Scare quotes and their relation to other semantic issues. *Linguistics and Philosophy* 26/1: 1~28.

Price, J. A.(1975). Sharing: the integration of intimate economies. *Anthropologica* 17/1: 3~27.

Price, L. L., & Belk, R. W.(2016). Consumer Ownership and Sharing: Introduction to the Issue. *Journal of the Association for Consumer Research* 1/2: 193~197.

Putnam, R. D.(2000). *Bowling Alone: The Collapse and Revival of American Community.* New York: Simon & Schuster.

Raymond, E. S.(1996). *The New Hacker's Dictionary,* 3rd edn. Cambridge, MA: MIT Press.

Reinecke, L., and Trepte, S.(2014). Authenticity and well-being on social network sites: a two-wave longitudinal study on the effects of online authenticity and the positivity bias in SNS communication. *Computers in Human Behavior* 30: 95~102.

Rheingold, H.(1993). *The Virtual Community: Homesteading on the Electronic Frontier.* Reading, MA: Addison-Wesley Pub. Co.

Rheingold, H.(2000). *The Virtual Community: Homesteading on the Electronic Frontier,* revsd edn. Cambridge, MA: MIT Press.

Rheingold, H.(2007). *Smart Mobs: The Next Social Revolution.* New York: Basic books.

Rieff, P.(1966). *The Triumph of the Therapeutic: Uses of Faith after Freud,* 1st edn. New York: Harper & Row.

Ripeanu, M., Mowbray, M., Andrade, N. and Lima, A.(2006). Gifting technologies: a BitTorrent case study. *First Monday* 11/11. Retrieved from: 〈http://firstmonday.org/ojs/index.php/fm/article/view/1412/1330〉.

Ripley, W. Z.(1926). Stop, look, listen: the shareholder's right to adequate information. *Atlantic Monthly* 138: 380~399.

Roberts, G.(2012). Can't afford that snazzy jacket? Then lease it; renting desirable but expensive outfits is the new way to shop. *Independent,* 22 March. Available at: 〈http://www.independent.co.uk/life-style/fashion/news/cant-afford-that-snazzy-jacket-then-lease-it-7555048.html〉.

Rose, R. L., and Wood, S. L.(2005). Paradox and the consumption of authenticity through reality television. *Journal of Consumer Research* 32/2: 284~296.

Rosenzweig, R.(1998). Wizards, bureaucrats, warriors, and hackers: writing the history of the Internet. *American Historical Review* 103/5: 1530~1552.

Roth, P.(1974). *My Life as a Man,* 1st edn. New York: Holt.

Russell, A. J.(1932). *For Sinners Only.* New York and London: Harper & Brothers.

Sandvine.(2014). *Global Internet Phenomena Report: 2H 2014.* Retrieved from: 〈https://www.sandvine.com/downloads/general/global-internet-phenomena/2014/2h-2014-global-internet-phenomena-report.pdf〉.

Sarton, M.(1950). *Shadow of a Man.* New York: Rinehart.

Scannell, P.(2009). The question of technology. In M. Bailey(ed.), *Narrating Media History.*

London; New York: Routledge, pp. 199~211.
Scholz, T.(2016). *Uberworked and Underpaid.* Cambridge, UK: Polity.
Schor, J., and Fitzmaurice, C.(2015). Collaborating and connecting: the emergence of the sharing economy. *Handbook on Research on Sustainable Consumption.* Cheltenham, UK: Edward Elgar, pp. 410~25.
Schwarz, J. A.(2014). *Online File Sharing: Innovations in Media Consumption.* New York: Routledge.
Searle, J. R.(1969). *Speech Acts: An Essay in the Philosophy of Language.* London: Cambridge University Press.
Shirky, C.(2008). *Here Comes Everybody: The Power of Organizing without Organizations.* New York: Penguin Press.
Shirky, C.(2010). *Cognitive Surplus: Creativity and Generosity in a Connected Age.* New York: Penguin Press.
Sigourney, L. H., and Lathrop, J.(1824). *Sketch of Connecticut, Forty Years Since.* Hartford: Oliver D. Cooke & Sons.
Singer, N.(2015). Twisting words to make 'sharing' apps seem selfless. *The New York Times,* 9 August, p. BU3.
Sinnreich, A.(2013). *The Piracy Crusade: How the Music Industry's War on Sharing Destroys Markets and Erodes Civil Liberties.* Amherst, MA: University of Massachusetts Press.
Skeggs, B.(2009). The moral economy of person production: the class relations of self-performance on 'reality' television. *The Sociological Review* 57/4: 626~644.
Slee, T.(2015). *What's Yours is Mine: Against the Sharing Economy.* New York; London: OR Books.
Sontag, S.(1978). *Illness as Metaphor.* New York: Farrar, Straus and Giroux.
Stalder, F.(1999). Beyond portals and gifts: towards a bottom-up net-economy. *First Monday* 4/1.
Stalder, F., and Sützl, W.(2011). Ethics of sharing. *International Review of Information Ethics* 15: 2.
Stefanone, M. A., Lackaff, D. and Rosen, D.(2010). The relationship between traditional mass media and 'social media': reality television as a model for social network site behavior. *Journal of Broadcasting & Electronic Media* 54/3: 508~525.
Stefansson, V.(1913). *My Life with the Eskimo.* New York: Macmillan Company.
Streeter, T.(2011). *The Net Effect: Romanticism, Capitalism, and the Internet.* New York: New York University Press.
Sweester, E.(1990). *From Etymology to Pragmatics.* Cambridge; New York: Cambridge University Press.
Tapscott, D., and Williams, A. D.(2006). *Wikinomics: How Mass Collaboration Changes Everything.* New York: Portfolio Trade.
Terranova, T.(2000). Free labor: Producing culture for the digital economy. *Social Text* 18/2: 33~58.
Tetzlaff, D.(2000). Yo-ho-ho and a server of warez. In A. Herman and T. Swiss(eds), *The*

World Wide Web and Contemporary Cultural Theory: Magic, Metaphor, Power. New York: Routledge, pp. 99~126.

Thomas, F. W., and Lang, A. R.(1937). *Principles of Modern Education.* Boston, MA: Houghton Mifflin Company.

Thomas, J.(1995). *Meaning in Interaction: An Introduction to Pragmatics.* London; New York: Longman.

Tomasello, M.(2009). *Why We Cooperate.* Cambridge, MA: MIT Press.

Turnbull, C. M.(1961). *The Forest People.* New York: Simon and Schuster.

Turnbull, C. M.(1972). *The Mountain People.* New York: Simon and Schuster.

Turner, F.(2006). *From Counterculture to Cyberculture: Stewart Brand, the Whole Earth Network, and the Rise of Digital Utopianism.* Chicago, IL: University of Chicago Press.

Turner, F.(2009). Burning Man at Google: a cultural infrastructure for new media production. *New Media & Society* 11/1~2: 73~94.

Turner, G.(2010). *Ordinary People and the Media: The Demotic Turn.* Los Angeles, CA: SAGE.

Van Dijck, J.(2013). *The Culture of Connectivity: A Critical History of Social Media.* Oxford; New York: Oxford University Press.

Van Dijck, J., and Nieborg, D.(2009). Wikinomics and its discontents: a critical analysis of Web 2.0 business manifestos. *New Media & Society* 11/5: 855~874.

Van Dijk, T. A.(1993). Principles of critical discourse analysis. *Discourse & Society* 4/2: 249~283.

Van Dusen, H. P.(1934). Apostle to the twentieth century: Frank N. D. Buchman, founder of the Oxford Group movement. *Atlantic Monthly* 154/1(July): 1~16.

Veale, K.(2003). Internet gift economies: voluntary payment schemes as tangible reciprocity. *First Monday* 8/12. Available at: 〈http://firstmonday.org/ojs/index.php/fm/article/view/1101〉. Verschueren, J.(1999). *Understanding Pragmatics.* London: Oxford University Press.

Vise, D. A., and Malseed, M.(2008). *The Google Story,* updated edn. New York: Delacorte Press.

Voloshinov, V. N.(1986). *Marxism and the Philosophy of Language.* Cambridge, MA: Harvard University Press.

Wallerstein, J. S., and Blakeslee, S.(1995). *The Good Marriage: How and Why Love Lasts.* Boston, MA: Houghton Mifflin.

Walmsley, A.(2011). The age of collaboration. *Marketing,* 26 October, p. 12.

Washburn, E.(1860). *A Treatise on the American Law of Real Property,* vol. 1. Boston, MA: Little, Brown and Company.

Waters, H. F.(1983). Welcome to therapy theater. *Newsweek,* 7 November, p. 116.

Weiner, A. B.(1992). *Inalienable Possessions: The Paradox of Keeping-while-Giving.* Berkeley, CA: University of California Press.

Wellman, B., and Gulia, M.(1999). Net surfers don't ride alone: virtual communities as communities. In B. Wellman(ed.), *Networks in the Global Village.* Boulder, CO: Westview Press, pp. 331~366.

Wharton, E.(1903). *Sanctuary.* New York: Charles Scribner's Sons.

Wierzbicka, A.(1997). *Understanding Cultures through Their Key Words: English, Russian, Polish, German, and Japanese.* New York: Oxford University Press.

Wiles, K.(1952). *Teaching for Better Schools.* New York: Prentice-Hall.

Williams, R.(1976). *Keywords: A Vocabulary of Culture and Society.* Oxford: Oxford University Press.

Williams, R.(1977). *Marxism and Literature.* Oxford; New York: Oxford University Press.

Wilson, B.(1979). *Alcoholics Anonymous Comes of Age: A Brief History of A.A,* 8th edn. New York: Alcoholics Anonymous Pub.

Winner, L.(1980). Do artifacts have politics? *Daedalus* 109/1: 121~136.

Wittel, A.(2011). Qualities of sharing and their transformations in the digital age. *International Review of Information Ethics* 15: 3~8.

Wodak, R., and Meyer, M.(eds).(2001). *Methods of Critical Discourse Analysis.* London ; Thousand Oaks, CA ; New Delhi: Sage.

Woodburn, J.(1998). 'Sharing is not a form of exchange': an analysis of property-sharing in immediate-return hunter-gatherer societies. In C. M. Hann(ed.), *Property Relations: Renewing the Anthropological Tradition.* Cambridge, UK: Cambridge University Press, pp. 48~63.

Woods, T.(2001). *How I Play Golf.* New York: Warner Books.

Woodstock, L.(2014). Tattoo therapy: storying the self on reality TV in neoliberal times. *The Journal of Popular Culture* 47/4: 780~799.

Wortham, J.(2010). New type of site gives people a thrifty way to build a sense of community: online 'neighbors' can borrow, share and rent products and services. *International Herald Tribune,* 27 August, p. 15.

Wuthnow, R.(1994). *Sharing the Journey: Support Groups and America's New Quest for Community.* New York: Free Press.

Yar, M.(2008). The rhetorics and myths of anti-piracy campaigns: criminalization, moral pedagogy and capitalist property relations in the classroom. *New Media & Society* 10/4: 605~623.

Yorburg, B.(1973). *The Changing Family.* New York: Columbia University Press.

Zarsky, T. Z.(2002). Mine your own business: making the case for the implications of the data mining of personal information in the forum of public opinion. *Yale Journal of Law and Technology* 5: 1~56.

Zimmer, M.(2008). The externalities of search 2.0: the emerging privacy threats when the drive for the perfect search engine meets web 2.0. *First Monday,* 13/3, Available at: 〈http://www.firstmonday.org/htbin/cgiwrap/bin/ojs/index.php/fm/article/view/2136/1944〉.

감사의 글

나는 2010년 예수살렘 히브루 대학교(Hebrew University of Jerusalem) 커뮤니케이션 및 저널리즘 학과(Department of Communication and Journalism)에 세계화와 다채널 텔레비전에 대한 박사 후 연구를 수행하기 위해 왔다. 그런데 '공유'라는 단어가 인터넷을 도배한 것처럼 보이는 점과 어쩐지 이것이 흥미로워 보인다는 점 때문에 곧 연구 주제를 바꾸었다. 구상 단계였던 나의 일부 생각을 폴 프로슈(Paul Frosh)와 리머 쉬프먼(Limor Shifman)에게 제시하자, 그들은 곧바로 나에게 그러한 생각을 발전시키도록 격려했고 또한 그렇게 하도록 도와주었다. 폴은 출판사를 섭외하는 과정을 도와주었으며, 리머는 공유에 대한 나의 첫 출판물에 대해 조언을 해주었는데 이는 매우 유용했다. 그들의 지원, 조언, 그리고 지적 기여가 없었다면 이 책은 출간되지 못했을 것이다. 이 프로젝트가 시작되었을 때 메나헴 블론하임(Menahem Blondheim), 엘리후 카츠(Elihu Katz), 타마 리브스(Tamar Leibes), 아미트 핀체브스키(Amit Pinchevski), 그리고 케렌 테넨보임-웨인블라트(Keren Tenenboim-Weinblatt) 등 다른 많은 사람들도 내가 새롭고 흥미로운 방향으로 나아가도록 나의 주의를 환기시켜 주었으며, 내 생각을 표현하고 일정한 형식을 갖추고자 하는 나의 노력에 귀기울여주면서 엄청난 지원과 도움을 주었다. 나는 1년 동안 벤저민 피터스(Benjamin Peters)와 연구실을 함께 썼는데, 그와 연구실을 함께 쓰는 동안 재미있었을 뿐만 아니라 지적으로도 보상을 받았다. 벤과 나는 공유에 대한 멋진 대화를 여러 차례 나누었으며 나는 그것에 대해 고맙게 생각한다. 이 책을 위한 연구를 진행하는 동안 나는 정말 운이 좋게도 예루살렘 히브루 대학교 커뮤니케이션 및 저널리즘 학과의 교수가 되었다. 나는 내 동료들이 매우 멋진 지적 환경을 만들어준 것에 대해 감사해하고 있다. 내 연구 조교인 츠릴 샤론(Tzlil Sharon)의 헌신적인 도움에 대해서도 고맙게 생각한다. 내 공유 프로젝트가 시작되고 이 책이 형태를 갖추어나가기 시작했을 때 끊임없이 격려해준 조하르 캠프(Johar Kampf)의 역할 또한 인정하지 않을 수 없다. 내 연구에 대한 그의 신념은 전염성이 있었다. 그의 신념이 없었다면 이 프로젝트가 이만큼 달성될 수 있었을지 의심이 들 정도이다. 나는 정말 그에게 감사한다.

학과 사람들 외에 다른 많은 사람들도 피드백과 의견을 주었고 제안도 해주었다. 특히 러셀 벨크의 지적 관용은 영감을 주었다. 러스(Russ)는 이 책 전체에 영향을 미쳤는데, 그 영향은 아마도 나의 견해와 그의 견해가 갈리는 부분에서 가장 크게 느껴질 것이다. 또한 나의 옛 지도교수였던 에바 일루즈에게도 감사를 표한다. 그녀는 내가 이 책의 집필을 시작하기 전에 이 책이 전체적으로 제시하는 의견을 날카롭게 다듬는 데 도움을 주었으며, 6장에서 논의되는 문제들에 활력을 불어넣어주었다. 런던 정경대학(London School of Economics: LSE) 미디어 및 커뮤니케이션학과에서 보낸 시간은 정말 소중했다. 로빈 맨셀(Robin Mansell), 바트 카마츠(Bart Cammaerts), 샤니 오가드(Shani Orgad), 그리고 앨리슨 파웰(Alison Powell)이 자신들의 생각과 지혜를 나누어준 데 대해 고맙게 생각한다.

끝으로 프레드 터너(Fred Turner), 제니 케네디(Jenny Kennedy), 미칼 하모(Michal Hamo)에게도 감사를 드린다. 벤저민 피터스의 디지털 키워드 수련회 참가자들이 이 책에 제시된 이슈와 저작물에 대해 의견과 조언을 제공하고 논의해준 데 대해서도 고마움을 전한다.

내가 예루살렘 히브루 대학교 커뮤니케이션 및 저널리즘 학과와 벤-구리온 네게브 대학교(Ben-Gurion University of the Negev) 커뮤니케이션 학과의 박사 후 연구원으로, 그리고 LSE 미디어 및 커뮤니케이션학과 방문 학자로 이 프로젝트를 진행하고 있을 때 나를 받아준 기관들에도 많은 빚을 졌다. 나아가 내 연구를 지원하기 위해 지급해준 연구비, 히브루 대학교 레이디 데이비스 펠로십 트러스트가 제공해준 연구비, 벤-구리온 대학교의 크레이트먼 고급대학원(Kreitman School of Advanced Graduate Studies)이 지급해준 장학금에 매우 감사한다. 나는 또한 이스라엘 과학재단(Israel Science Foundation)의 지원에 대해서도 깊은 감사를 표한다.

폴러티(Polity) 출판사 직원들과 함께 일한 것도 내게는 큰 즐거움이었다. 안드레아 드루건(Andrea Drugan)은 제안 단계에서 나를 이끌어주고 안내해주었으며, 로런 멀홀랜드(Lauren Mulholland)와 엘런 그리피스(Ellen Griffiths)는 내가 이 책을 쓰는 동안 나를 이끌어주었다. 이 책이 출간될 수 있도록 애써준 엘런, 엘런 맥도널드-크레이머(Ellen MacDonald-Kramer), 헬런 그레이(Helen Gray), 그리고 폴러티 출판사의 모든 분께 감사드린다.

에이럼 신라이크(Aram Sinnreich)에게 내가 마음에 두었던 이 책의 제목에 대해 이야기했을 때 그는 혀를 차면서 머리를 가로저었고, 몇 분 동안 생각한 다음 이렇게 말해주었다. "공유 시대(The Age of Sharing)." 에이럼, 고마워요.

가족과 친구들의 지원이 없었다면 이 책은 결코 세상에 나올 수 없었을 것이다. 나의 부모 롭(Rob)과 주디(Judi)는 매우 중요한 시기에 많은 도움을 주었고 나의 형제자매인 조이(Zoë)와 그레그(Greg)는 늘 나를 응원해주었다. 마크 고드프리(Mark Godfrey)는 내가 이 일을 끈기 있게 해오면서 그에게 얼마나 감화를 받았는지 잘 알지 못할 것이다.

이 책을 쓰는 동안 나는 그다지 재미없는 사람이었기 때문에 나와 함께 사는 사람들에게 가장 크고도 가장 진심어린 감사를 하지 않을 수 없다. 이 감사의 글에서 자신들의 이름을 보는 것만으로도 흥분할 마야(Maya)와 야스민(Yasmin)은 이 책이 나오기만을 기다려왔다. 우리는 자신들에게 공유가 의미하는 바가 무엇인지에 대해 몇 차례 의미 있는 대화를 함께 나누기도 했으며, 내가 이 책을 마무리할 무렵 그들이 이따금 제기한 질문은 그 어떤 것보다도 나에게 많은 동기를 부여했다. 그러나 그러한 모든 것의 한가운데에는 에티(Etty)가 있다. 그녀의 격려, 믿음, 그리고 지지와 함께 희생과 부담을 기꺼이 감수하고자 하는 의지가 있었기에 나는 이 책을 출간할 수 있었을 뿐만 아니라 다른 모든 것도 가능했다. 에티, 고마워.

지은이 **니컬러스 A. 존(Nicholas A. John)**

예루살렘 히브루 대학교(The Hebrew University of Jerusalem) 커뮤니케이션 및 저널리즘 학과(Department of Communication and Journalism) 부교수이다. 그의 연구 관심사는 기술과 사회, 인터넷, 소셜 미디어, 공유, 그리고 친구관계 끊기(unfriending)이다. 또한 디지털 문화에서 무시되고 있는 측면인 단절(disconnectivity)에도 관심이 많다. 특히 정치적인 동기로 페이스북 친구관계를 끊는 것에 깊은 관심을 가지고 있다.
저서로는 *Digital keywords: A vocabulary of information society and culture* 등이 있으며, 논문으로는 “Some of the social logics of sharing, File sharing and the history of computing: Or, why file sharing is called ‘file sharing’”, “The Social logics of sharing, Sharing and Web 2.0: The emergence of a keyword” 외 다수가 있다.

옮긴이 **배현석**

연세대학교 사회과학대학 신문방송학과를 졸업하고, 동 대학원에서 석사 과정을 마쳤다. 방송위원회(현 방송통신위원회) 연구원을 거쳐, 미시건 주립대 텔레커뮤니케이션 학과에서 박사 학위를 받았다. 지금은 영남대학교 언론정보학과 교수로 재직하고 있다. 주요 관심 분야는 미디어의 효과, 특히 교육적 오락물(Entertainment-Education)과 보건 커뮤니케이션이며, *Asian Journal of Communication* 편집자문위원으로 활동 중이다.
역서로는 『초연결시대: 인터넷, 디지털 미디어, 그리고 기술-사회 생활』, 『퍼블릭 스피치: 대중 앞에서 말하기』, 『디지털 시대의 위기 커뮤니케이션: 계획 수립, 관리, 대응』 외 다수가 있으며, 논문으로는 “Emotional engagement with the plot and characters: A narrative film on hearing-impaired sexual assault victims”, “Social influence of a religious hero: The late Cardinal Stephen Kim’s impact on cornea donation and volunteerism”, “Entertainment-education and recruitment of cornea donors: The role of emotion and issue involvement” 외 다수가 있다.

한울아카데미 2146

공유 시대

공유 개념과 공유 행위에 대한 분석

지은이 니컬러스 A. 존
옮긴이 배현석
펴낸이 김종수
펴낸곳 한울엠플러스(주)
편집 신순남

초판 1쇄 인쇄 2019년 2월 25일
초판 1쇄 발행 2019년 3월 8일

주소 10881 경기도 파주시 광인사길 153 한울시소빌딩 3층
전화 031-955-0655
팩스 031-955-0656
홈페이지 www.hanulmplus.kr
등록번호 제406-2015-000143호

Printed in Korea.
ISBN 978-89-460-7146-9 93300

※ 책값은 겉표지에 표시되어 있습니다.

※ 이 역서는 영남대학교 2018 연구년 결과물로 제출됨.